顾问：金春华

本书由北京信息科技大学促进高校内涵发展项目（项目
北京市"一带一路"国家人才培养基地项目（项目编号：
自然科学基金青年项目（项目编号：72002017）资助

U0671416

人力资源大数据分析：
理论、技术与实践

Big Data HR Analytics:
Theory, Technology and Practice

廉串德　刘佰明　等◎编著

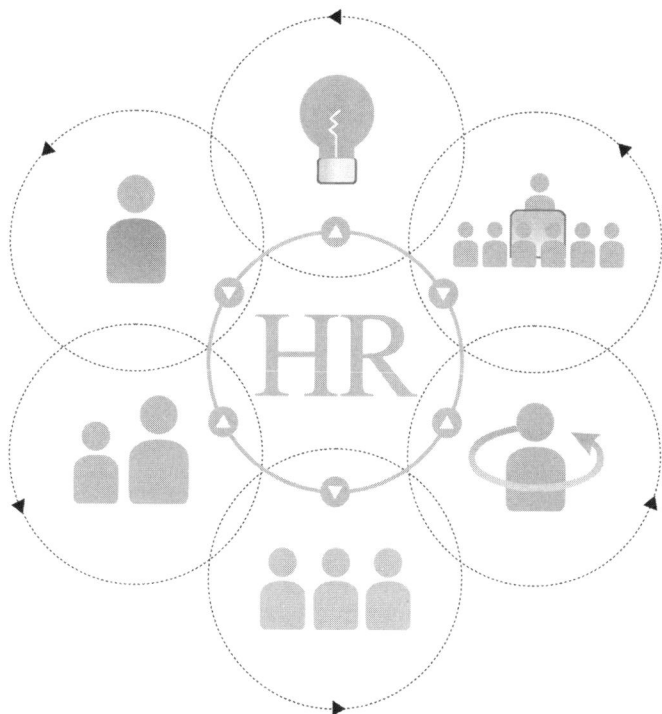

HR

经济管理出版社
ECONOMY & MANAGEMENT PUBLISHING HOUSE

图书在版编目（CIP）数据

人力资源大数据分析：理论、技术与实践/廉串德等编著 . —北京：经济管理出版社，2021.4

ISBN 978 - 7 - 5096 - 7933 - 3

Ⅰ. ①人… Ⅱ. ①廉… Ⅲ. ①数据处理—应用—人力资源管理—教材 Ⅳ. ①F243 - 39

中国版本图书馆 CIP 数据核字（2021）第 068230 号

组稿编辑：郭丽娟
责任编辑：魏晨红
责任印制：赵亚荣
责任校对：陈晓霞

出版发行：经济管理出版社
　　　　　（北京市海淀区北蜂窝 8 号中雅大厦 A 座 11 层　100038）
网　　址：www. E - mp. com. cn
电　　话：（010）51915602
印　　刷：唐山玺诚印务有限公司
经　　销：新华书店
开　　本：720mm × 1000mm/16
印　　张：17. 25
字　　数：310 千字
版　　次：2021 年 5 月第 1 版　　2021 年 5 月第 1 次印刷
书　　号：ISBN 978 - 7 - 5096 - 7933 - 3
定　　价：78. 00 元

编委会

前　言

生活在大数据时代，人们越来越重视数据的价值和数据分析的作用。人力资源大数据分析是基于循证人力资源管理的理念，用数据或大数据分析结果来证明人力资源管理实践对于组织成功的贡献与价值。因此，我们认为做好人力资源大数据分析，一方面要熟悉传统人力资源管理职能业务的内容；另一方面要掌握数据分析和数据挖掘的技术与方法，将大数据的分析技术应用于人力资源管理实践，帮助管理者进行科学决策。

本书的理论部分首先介绍了大数据对管理学特别是人力资源管理的作用和影响，然后对人力资源大数据分析的思维框架、企业人力资源管理的问题解决以及统计分析大数据典型算法进行了详细阐述；技术部分主要利用现有统计分析软件的操作过程介绍数据分析的三种常用技术，即数据获取技术、数据可视化技术和数据挖掘技术；实践部分采用实例的形式，介绍了企业人力资源大数据综合分析、社会网站人力资源大数据分析、基于 VR 的大数据人才测评和人力资源大数据研究前沿文本分析的具体实践。

为了顺利完成本书的撰写工作，我们汇集了北京信息科技大学人力系多位优秀的专业教师和研究生，并邀请了企业人力资源大数据分析的实务专家组成了编委会，期望通过多领域专业人员的协作配合，实现人力资源大数据分析的理论、技术和实践的有机结合。各章的撰写人员如下：

第一章：人力资源大数据分析概述（史珍珍、廉串德）

第二章：人力资源大数据分析思维框架（廉串德）

第三章：基于数据分析的人力资源问题解决（郭钟泽、王思明、省留杰、何濛、黄紫珊）

第四章：统计分析基础与大数据典型算法（张满、廉串德）

第五章：数据获取技术（姜雨、廉串德、刘佰明）

第六章：数据可视化技术（杨翠芬）

第七章：数据挖掘技术及操作示例（倪渊、王思明）

第八章：企业人力资源大数据分析综合实例（廉串德、倪渊）

第九章：社会网站人力资源大数据分析典型实例（史珍珍、李萌）

第十章：基于 VR 的大数据人才测评实例（刘佰明、张征辉、朱营）

第十一章：人力资源大数据研究前沿文本分析实例（王思明、廉串德）

当前北京信息科技大学强调人才培养的信息特色，本书的撰写定位于能够作为大数据人力资源管理课程的本科生教材，用于提升我校人力资源管理专业学生的培养质量。当然，我们也期望本书可以帮助相关专业的研究生和专业人士回顾大数据研究方法，了解人力资源大数据的应用实践，掌握相应的实战技术，以助力提升企业人力资源管理的效率和效能。

最后，我们特别感谢北京潜质大数据科学研究院刘佰明先生和小红书科技有限公司李萌先生的大力支持，感谢书中涉及研究成果的各位专家前辈。同时，在本书撰写过程中，我校人力资源管理专业的部分本科生也参与了素材整理，在此一并表示感谢。然而，由于我们在人力资源大数据领域的研究还不够深入、不够充分，很多内容还只是一种探索性尝试，不当之处望各位专家学者批评指正。

廉串德

2021 年 2 月 18 日于北京

目　录

第二部分　技术篇

第三部分　实践篇

第一部分　理论篇

第一章　人力资源大数据分析概述

本章首先回顾大数据的概念与特征，及其在企业管理中的应用。在此基础上，梳理人力资源大数据的概念，总结人力资源大数据分析的要点。最后总结人力资源大数据分析所面临的问题与障碍。

第一节　大数据与企业管理

一、大数据的概念与特征

伴随着社会进步和科学技术的飞速发展，尤其是近年来各大社交平台网络和硬件传感器的逐渐成熟，智能分析与云计算等互联网技术的广泛应用，产生了海量的结构化、非结构化与半结构化数据。当数据的体量发展到一定的级别之后，对海量数据进行存储与计算的方法就显得尤为重要，大数据的概念由此而生。

不同机构、政府对于大数据的定义稍有差异。美国国家科学基金会（National Science Foundation）将大数据定义为：基于仪器、传感器、互联网交易、电子邮件、视频等数据源所生成的大规模、多元化、综合的、追踪性的分布式数据集。基于这样一种思想，甲骨文公司（Oracle）对大数据的定义为传统数据库中的数据通过由新来源获取的非结构化数据等额外数据来丰富。这些来源可能包括博客、社交媒体、传感器网络和图形数据，以及其他大小、结构、格式不同的数据。因此，在这个定义中，强调非传统来源的新数据与现有的、传统数据源一起使用（Ward & Barker, 2013）。我国政府于 2015 年通过的《国务院促进大数据发展行动纲要》给出了明确定义：大数据是以容量大、类型多、存取速度快、应用价值高为主要特征的数据集合，正快速发展为对数量巨大、来源分散、格式多样的数据进行采集、存储和关联分析，从中发现新知识、创造新价值、提升新能力的新一代信息技术和服务业态。

虽然上述大数据的定义存在细微差别，但对大数据的特征基本达成共识，即从 4V 扩展为 5V。所谓"4V"即 Volume、Velocity、Variety、Value。Volume 即数据量巨大，表现为存储量和计算量巨大；Velocity 即高速，表现为大数据量的增长速度日新月异；Variety 即多样性，表现为数据来源增多，数据类型繁多，数据表现形式不断扩展；Value 即价值，表现为数据价值大和价值密度低。随着科技的发展进步与相关研究的深入，大数据由原本的 4V 特征增加了真实可靠性（Veracity）特征，变为目前的 5V 特征。增加了准确性和可信赖度，提升了数据的质量，同时也间接地提升了其他的 4V 水平。

二、大数据的主题与机制

（一）大数据的四大主题

大数据所具有的 4V 或 5V 特征使大数据实践包括四大主题：数据革命（Data Revolution）、高科技（High Technology）、转型（Transformation）和战略（Strategy）（Canchu L. et al.，2020），如图 1 - 1 所示。

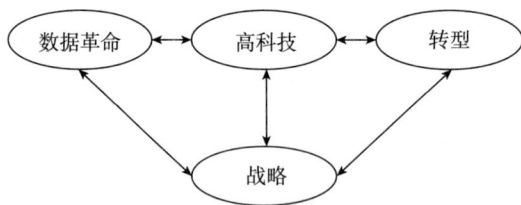

图 1 - 1 大数据实践的四大主题

资料来源：Canchu L.，Anand S. K.，Long L. Conceptualizing Big Data Practices［J］. International Journal of Accounting & Information Management，2020，28（2）：205 - 222.

"数据革命"是第一大主题，即产生的数据和存储规模是海量的，数据具有实时性，数据是多维的、可视化的、多种格式（数字、音频、文本等）的、结构化和非结构化的。数据生成的速度也是重要体现，如某能源公司一秒钟可以生成 70 万个不同的过程数据项（Canchu L. et al.，2020）。"高科技"是第二大主题，意味着大数据的前提是先进的技术，包括软件、硬件和基础设施。首先是必须创建新类型的数据库，或者开发新软件来处理不同格式的数据。其次是存储大量数据并运行分析的硬件设备。此外，必须拥有物联网等网络基础设施，以帮助他们收集到想要的数据源。"转型"是第三大主题，即有效、高效地利用大数据的过程。这种过程被认为比仅仅拥有大量数据更重要。公司应该设计开发出步骤、设备、机制、工具和算法来操控大数据，即"查询、汇总、分析和显示这些数据"。这是一个有意义的业务流程再造。"战略"是第四大主题，是指大数据的决策部分。一方面，大数据支撑内部战略决策，利用大数据可以扩充和加强生产运营和人力资源管理。例如，基于大数据，电信公司可监控文件、日志文件，对潜在故障进行预测建模。另一方面，大数据支撑外部战略决策，如利用大数据捕捉市场趋势、开发新产品和服务。例如，电信公司分析大数据后发现人们更多地在网上观看，从而提高下载速度。

（二）大数据的作用机制

大数据是一种知识创造，从而提升运营和战略绩效。从大数据产生价值的机制看，知识管理是组织成功的关键点。因为知识对于一个组织来说是独特的和最重要的战略资源。企业积累的知识越有价值，企业的绩效越好，组织绩效的差异主要由其异质的知识基础决定的。大数据分析将企业构建成一个知识创造和应用的动态系统。

大数据是一种组织能力。根据资源相互作用的观点，组织能力理论强调大数据和大数据分析能力、活动，以及处理大数据过程会对组织绩效产生影响（Gunther et al. , 2017）。一个企业在能够创造知识之前，它必须发展一种组织知识创造能力。从某种意义上说，组织能力是知识管理的前提条件。虽然组织能力的发展是内部知识积累的结果，但组织能力一旦得到充分发展，就成为知识管理的媒介和资源。这就解释了大数据助力组织成功的假设，大数据成功案例也就揭示了大数据产生知识有助于创造商业价值。

三、大数据与组织效能

大数据所具有的 4V 或 5V 特征，使大数据能够从优化流程、提高匹配、降低成本、预测等维度，提高组织效能。

首先，大数据驱动的决策与财务和运营绩效呈正相关。这一观点直接受到高管的认可。例如，埃森哲的一项调查显示，来自七个行业 19 个国家的公司89% 的受访高管认为大数据对企业数字化转型非常重要，其中 83% 的高管认为大数据为公司创造了价值（Business Wire，2014）。再如，美国某大型航空公司基于一个 Right ETA 的"到达估计计算服务"，将飞机预计到达时间（ETA）与实际到达时间之间的间隔缩小到最短，仅此就为公司每年节省了数百万美元的成本（McAfee & Brynjolfsson，2012）。

其次，大数据通过提高供需匹配效率、预测需求来增加销售额。优步（Uber）正是在充分利用大数据提供的数字数据流（Digital Data Streams，

DDS）功能基础上，创造了这样的典型平台公司。司机汽车大数据流的实时流与客户交通需求大数据流的实时流相匹配，创造出一家"出租车"公司，但该公司不拥有任何出租车，但价值约为500亿美元。同样道理，梅西百货基于苹果公司利用位置大数据流，提供定制商店交易、折扣、购物建议和奖励等信息，显著提高了销售额（Pigni et al.，2016）。沃尔玛通过使用大数据，在预测遭受飓风袭击地区最需要的物品方面比救灾专家更准确，并随后改进了它们的需求预测和库存管理（Waller & Fawcett，2013）。

第二节　人力资源大数据分析

一、人力资源大数据

人力资源管理作为一门重要的学科，与社会和经济环境的变化紧密联系且发展迅猛，在此情况下，如何把握和对待大数据和人力资源管理的创新是迫切需要探索的。数字化的发展为人力资源专业人员获取结构化和非结构化数据带来了便利，他们能够更好地分析人力资源管理决策制定涉及的复杂事物。数字技术几乎能够无限地提供种类繁多与组织员工有关的大量数据。数字通信数据和传感器技术的广泛应用，为测量和解释员工行为提供了新的方法和途径，其结果的准确性也有很大提升。

不同领域所呈现的大数据内容各不相同，对于人力资源管理而言，目前尚无一个得到学术界和实务界广泛认同的人力资源管理大数据的定义。Wang H.等（2018）认为，人力资源管理大数据的概念是通过分析大数据的影响，结合人力资源管理中的具体过程，为人力资源提供更好的解决问题的方法，它渗透在人才需求、人才招聘和选拔、人才激励和绩效考核、人才评估和发展等方面。也有观点认为，大数据人力资源管理是指充分运用大数据技术和其他数据处理技术，获取和分析包括人力资源大数据在内的一切有价值的数据，并将其转化为与人力资源管理相关的商业洞察用于指导人力资源管理实践，最终实现商业价值提升的人力资源管理模式。

根据大数据的概念与特征，我们认为人力资源大数据是指在信息技术和互联网技术发展的背景中产生的，可动态反映组织及其个体的行为、关系或状态的，并能够用于宏观微观层面人力资源管理研究的海量数据集。人力资源大数据分别从本公司人力资源部门的管理过程中和外部渠道的合作过程中获取，外部平台包括招聘网站、人才中介网站等;内部渠道不仅包括原有的人力资源信息系统(HRIS),还包括基于数据挖掘技术、AI技术等新技术获得的实时数据,如员工日常工作实施数据、个人绩效数据、培训与职业发展数据、内部沟通数据(如邮件往来、线上工作组群)等。

二、人力资源分析

人力资源分析是一个相对较新的概念。人力资源分析并不是测量方法,而是一种统计技术和实验方法,可以用来衡量人力资源活动的影响。人力资源分析并不等同于人力资源指标统计,即衡量人力资源管理结果的关键指标,而是涉及对人力资源数据更复杂的分析。除了人力资源职能数据,它还涉及整合不同的来自内部和外部的数据(Lawler et al.,2004)。人力资源分析涉及对信息技术的复杂使用,以收集、统计和分析数据支持与人力资源管理的有关决策。最重要的是,人力资源分析将人力资源决策与业务和绩效相联系,也将人力资源管理与企业战略人力资源管理相联系,促进人力资源管理在组织中发挥更大的战略作用。表1-1总结了学界对人力资源分析的界定。

表 1-1 学界对人力资源分析的定义

作者	定义
Lawler 等(2004)	人力资源分析(是一个过程)用于了解人力资源实践和政策对组织绩效的影响。统计技术和实验方法可以用来梳理特定的人力资源实践和绩效指标之间的因果关系,如客户满意度、每名员工的销售额,当然还有特定商业活动的盈利能力
Bassi(2011)	人力资源分析是一种基于证据的方法,用于在业务人员方面做出更好的决策;它由一系列工具和技术组成,范围从简单的人力资源指标报告一直到预测建模
Mondare 等(2011)	人力资源分析(被定义为)展示人员数据对重要业务成果的直接影响
Strohmeier(2015)	人力资源情报和分析是指以信息技术为基础为人力资源领域提供管理信息的整个过程
基金会(2016)	经济学人智库和SHRM劳动力分析使用统计模型和其他技术分析与员工相关的数据,让领导者提高与员工相关的决策和人力资源战略的有效性
Marler 和 Boudreau(2017)	利用信息技术对与人力资源流程、人力资本、组织绩效和外部经济基准相关的数据进行描述性、可视化和统计分析,从而建立业务影响并使数据决策成为可能

作者	定义
Van den Heuvel 和 Bondarouk（2017）	人力资源分析是系统地识别和量化业务成果的人力资源驱动因素，目的是做出更好的决策
CIPD（2018）	人力资源分析也被称为人员分析，是在分析过程中使用人员数据来解决业务问题。人力资源分析使用人力资源系统收集的人力数据和业务信息。人力资源分析的核心是让人力资源从业者和雇主了解他们的劳动力、人力资源政策和实践，关注劳动力的人力资本要素，并最终提供更多基于证据的决策
Tursunbayeva 等（2018）	人的分析是人力资源管理的实践，研究和创新涉及信息技术的使用，描述和预测数据分析和可视化工具生成可行的洞察关于员工动态，人力资本和个人与团队绩效，可以使用战略优化组织有效性、效率和结果和改善员工体验
Huselid（2018）	劳动力分析是指理解、量化、管理和提高人才在战略执行和价值创造中的作用的过程。人力资源分析不仅关注指标（如我们需要衡量关于我们的劳动力的什么），也关注分析（如我们如何管理和改进我们认为对业务成功至关重要的指标）
Falletta 和 Combs（2020）	人力资源分析是一个前瞻性和系统性的过程，用于收集、分析、沟通和使用基于证据的人力资源研究和分析洞察力，以帮助组织实现其战略目标

资料来源：笔者根据专业书籍和学术文献资料整理。

总之，人力资源分析是一种由信息技术支持的人力资源实践，它收集并利用与人力资源流程、人力资本、组织绩效和外部经济基准相关的数据，通过进行描述性、可视化和统计分析来建立商业影响并实现数据驱动决策。

三、人力资源大数据分析

人力资源大数据分析可视为更广泛的电子化人力资源管理（E-HRM）概念范畴。所谓电子化人力资源管理，是配置的计算机硬件、软件和电子网络资源，通过协调和控制个人和组级别的数据采集和信息，为预期或实际的人力资源管理活动（如政策、实践和服务）创造内部和跨组织边界的沟通（Marler & Parry，2015）。Bondarouk 和 Ruël（2009）认为，这是涵盖人力资源管理和信息技术之间所有可能的整合机制和内容，致力于为目标员工和管理层在组织内部和跨组织创造价值。由此可见，电子化人力资源管理的目标从提高效率到改善人力资源服务功能，以及人力资源职能的战略重新定位的转变。

人力资源大数据分析有助于突出人力资源管理的战略功能，将人力资源管理转变为组织直线管理的战略业务伙伴。从人力资源管理的战略作用看，传统的人力资源部门经常收集企业内部效率的数据，而忽略能够帮助企业制定战略决策的业务关联数据。实现转变的重要部分是，人力资源需要在其实践中向数据驱动和咨询导向转变，发展其数据驱动的决策能力，以在与人力资源相关的事务中对业务战略产生真正的影响。人力资源管理应通过决策科学及其提供的框架来发挥其与战略相关的作用，从而改善组织决策。

这种新的分析方式也适用于人力资源数据：企业组织内部有丰富的与员工相关的多方面信息，与组织绩效和各种外部数据资源结合在一起，可能被视作人力资源大数据。如果以开放的思维和适当的分析工具进行分析，这些数据可能为业务驱动的决策提供洞察力。然而，新技术提供机会的同时也引发了伦理方面的担忧。在处理与人相关的数据时，尤其是与人工智能和机器学习中使用的新型数据和不同算法相关的公平性和法律问题时，需要密切考虑人力资源分析中使用的解决方案。

此外，IT部门和人力资源部门之间保持一致的沟通、协作和共享的愿景，除了培训人力资源专业人员使用信息系统，还需要为使用人力资源信息系统和电子化人力资源管理提供技术支持。

第三节　人力资源大数据分析的问题与障碍

相对于其他学科，人力资源管理与大数据的深度如何发展仍处于起步阶段，而且关于人力资源大数据分析还存在很多的争论，有人认为它仅仅是一个管理界的时尚概念，也有人指出人力资源实际上并没有能够随意支配的大数据，因此目前人力资源大数据分析还面临一些问题和障碍。

一、现有人力资源管理大数据质量堪忧

在人力资源管理大数据分析中，数据质量和可获得性是人力资源从业人员非常关注的主题。如前文所述，企业内部与外部都是人力资源管理大数据的重要来源。外部招聘网站、人才中介网站等外部大数据来源，其数据存在界定不清、行业划分不标准等问题。一方面，对于基于企业内部人力资源管理资料、人力资源信息系统所产生的人力资源管理大数据而言，现行资料电子化程度较

低，导致数据质量无法保证。另一方面，现行人力资源信息系统也在不断完善中，其数据质量也需要持续关注。与此同时，人力资源数据往往分布在许多不同的人力资格信息系统中，而且各个系统不同程度地存在访问权限，导致基于人力资源信息系统的数据获取存在一定难度。

二、人力资源大数据分析切入点需深挖

对于人力资源管理领域而言，人力资源业内人员指出，企业中高层管理者以及人力资源管理从业人员首先要看到大数据对人力资源管理的重要价值。在此基础上，不仅要从人力资源职能的角度来运用这些大数据，比如，利用大数据可以分析人力资源部组织的某个培训项目是否达到预期的效果。进一步地，还要深入理解人力资源大数据潜在意义，并积极挖掘人力资源大数据分析的切入点，如将人力资源内部的数据源与其他职能部门拥有的数据源（如 CRM 和财务数据）联系起来，就可以看到人力资源部的工作是否对单位的整体绩效产生影响。

三、从业人员缺乏分析技能与战略视角

面对人力资源大数据分析，人力资源管理从业人员需要具备三个重要能力与技能：一是较强的数学知识和思维能力；二是使用分析工具和信息系统的技能；三是基于业务与战略视角进行人力资源管理大数据分析的能力。但就目前人力资源管理从业人员的学科培养、实践经验来看，从业人员还未掌握并熟练应用上述技能。首先，许多人力资源管理专业人员对数学和分析技能缺乏自信心，目前的人才培养体系中大数据分析思维与技能的培养不足。其次，传统的人力资源管理实践缺乏数据分析，使从业人员认为数据分析技能无用武之地，以致自学动力不足。最后，虽然人力资源管理的战略地位被不断强调，但在大多数企业中人力资源管理仍然被视为成本中心，使人力资源管理从业者在进行大数据分析过程中战略视角不明确。

四、数据基本分析到高级分析存在瓶颈

人力资源大数据分析过程中，人力资源从业人员从基础数据统计分析转向高级大数据分析也存在困难。目前人力资源内部使用数据的分析方法仍处于初级阶段，主要集中在简单描述统计方面。部分管理较为先进的企业，其人力资源管理从业人员可以围绕人力资源管理职能某个输出指标，采用相关分析或因果分析，进行较为复杂的数据分析。然而，绝大多数人力资源管理从业人员对

于高级数据分析，例如数据挖掘、机器学习、模拟预测等前沿技术还是很陌生。

本章小结

（1）大数据具有5V特征，即数据量巨大（Volume）、高速（Velocity）、多样性（Variety）、价值（Value）、可靠性（Veracity）；具有四大主题：数据革命（Data Revolution）、高科技（High Technology）、转型（Transformation）和战略（Strategy）。

（2）大数据从两个方面促进组织效能：一是大数据驱动的决策与财务和运营绩效呈正相关；二是通过提高供需匹配效率、预测需求来增加销售额。

（3）人力资源大数据是指在信息技术和互联网技术发展的背景中产生的，可动态反映组织及其个体的行为、关系或状态的，并能够用于宏观、微观层面人力资源管理研究的海量数据集。

（4）人力资源分析不等同于人力资源指标统计，不是测量方法，而是一种统计技术和实验方法，可以用来衡量人力资源活动的影响。

（5）人力资源大数据质量堪忧、人力资源大数据分析切入点需深挖、从业人员缺乏分析技能与战略视角、数据基本分析到高级分析存在瓶颈是目前人力资源大数据分析存在的问题与障碍。

思考题

（1）结合大数据概念与特征，请简要陈述人力资源大数据的来源与特征。

（2）如何解决人力资源大数据分析的问题与障碍，谈谈你的看法。

第二章 人力资源大数据分析思维框架

本章首先从人力资源数据分析的价值、关键要素以及类型三个方面介绍人力资源分析的基本概念。在此基础上进一步介绍人力资源大数据分析的思维模式。最后引入人力资源分析周期模型并介绍了其实施步骤。

第一节 人力资源分析概述

一、人力资源数据分析的价值

目前，数字化逐渐成为各行各业关注的焦点，移动互联网、社交应用、大数据等技术正在加速驱动企业人力资源管理向信息化转变的进程。如何以价值为导向，整理、分析、挖掘出关键信息加以利用，从而提升人力资源管理效益，是每一位管理者面临的问题。人力资源管理需要快速摆脱事务管理、主管评价、感性决策的现状，步入数据化、网络化的科学管理时代。

人力资源管理数据分析的价值，与管理科学的数据化进程息息相关，未来的管理活动都应该是无工具不管理、无数据不决策。德勤总结了人力资源数据分析的四个层面：第一个层面是操作层面，即有效而精准的数据分析。正确的思路是：管理者需要什么数据？人力资源部门通过什么样的方式快速提供这些数据？利用这些数据能否快速、准确地得出分析结果，而不是像以前一样进行大量的人为的重复计算；等等。第二个层面是发展层面，主要是在人力资源管理、发展过程中能够有助于职能体系设计的数据分析。第三个层面是战略层面，数据分析的结果要有助于企业业务发展战略，主要涉及人力资源规划、人力资源管理模式、人力资源管理体系。第四个层面是预测层面，数据可以预测未来，即数据能够预测将来什么业务应该配备什么样的人才。

因此，人力资源数据分析的核心价值可以总结概括为三个方面：明事实、察问题、预将来。企业首先要仔细了解企业人力资源管理的现状；其次通过这些数据发现已有或潜在的问题；最后通过这些问题制定未来的管理方向，制定规划并提出建议。

二、人力资源数据分析的关键要素

人力资源数据分析不在于数据量的多少，更重要的是数据的丰富性与连续性。有的企业可能认为企业人员没有那么多，人力资源数据不够"大"，因此觉得企业的人力资源数据分析没有价值，可以不用做数据分析，实则不然。人力资源的数据分析主要有三个关键要素：

第一，要全体不要抽样，也就是不再像以前采用抽样调查的模式，而是要全体数据，即全部员工的数据，越全越好。

第二，要相关不要因果，即我们在分析和应用数据的时候要相关性的，而不是因果性的，要考虑规律性的相关关系，也就是说，不是当 A 影响 B 时就完全影响 B，而是 A 的 80% 可能会影响 B，要的是这类相关因素。

第三，要有效果而不要绝对精确，我们在做数据分析时，很多数据更关注的是效果，而不是绝对准确，如日常应用中用到的平均年龄，28.1 岁与 28.2 岁可能就没有什么绝对的差别，这时候往往更关注的是效果。因此，对于人力资源数据而言，我们首先要考虑的是数据的丰富性、相关性、总体性，这样在作数据分析时就能够探索出各要素之间的相关性。

三、人力资源数据分析的类型

按照数据类型和分析功能的不同，人力资源数据分析通常可以划分为基础数据分析、业务数据分析和效能数据分析三种类型。

（一）基础数据分析

基础数据分析属于基于静态数据进行的分析，包括人员总量、人才结构、人员状态、人力资源配比等，这些都可以通过基础信息来获取，从而反映出企业人力资源现状。

基础数据分析是最基础、数量最多、最全面的数据分析，这类数据分析贯穿整个人力资源管理的始终。首先要了解企业各种人力资源总量。其次要了解各类人员的流动情况、变化情况，更多的是要进行人员结构分析，掌握职位、年龄、学历、性别、人力资源配比等情况，清楚地了解所需要的各类结构；不同行业、不同企业的人员结构各不相同，因此要根据企业的实际需要进行处理和分析。

（二）业务数据分析

业务数据分析就是通过人力资源业务活动，如员工关系、招聘、薪酬激励、学习发展、绩效考核等过程中产生的数据，对这类数据进行分析属于人力职能业务分析，可以反映出企业人力资源活力。业务数据分析主要包括绩效、招聘、培训等职能业务质量、状态、效果的分析。例如，招聘管理人员时，招聘评价指标的合理选取能帮企业快速发现问题，针对性地优化招聘流程、招聘渠道选择与招聘环节设计，确保快速精准地为组织提供人才。

（三）效能数据分析

效能数据分析就是要分析人力资源管理的价值，给企业带来效益、效能，包括要对人均单产、人工成本利润率、员工满意度等进行分析，反映出企业人力资源质量。

效能数据分析是基于前两类的数据结果或者数据状态来进行效益效能的整合分析。针对人力成本投入后的产出进行的分析，可分为显性收益分析、隐性收益分析两个方面。显性收益即销售额增长或利润增长，实际上隐性收益最能带来销售额、利润增长和员工满意度的提升，甚至会影响企业的长期发展。对于这些分析模型来讲，往往需要结合人力资源的整合数据以及业务数据来进行分析，如销售增长率、销售利润增长率以及人员的数量变动率，或者人均销售增长率、人均利润增长率等，这些都属于显性收益分析。隐性收益分析，就是分析如何能够通过员工满意度的提升，来促进员工工作质量的提升，从而达到客户满意度的提升，这就需要在做人力资源数据分析时，将提升员工敬业度的驱动力模型考虑在内，这往往是与岗位职责、企业管理水平、工作环境、薪酬水平以及员工职业发展通道相关联的，都可以通过数据分析来得到。

对于领导决策而言，领导在做企业业务发展规划的时候往往需要掌握人力资源现状、关键人才、人工成本等情况，这时动态的数据分析可以很好地指导决策，人力资源管理的价值也更好地体现出来。因此，人力资源分析需要进行基础信息的全面分析、业务职能数据的过程分析，以及人力资源价值反映的员工满意度、效益效能的数据分析。

第二节　大数据分析的思维模式

一、大数据思维

大数据思维伴随大数据一道产生，大数据思维是大数据技术应用的前提，这种思维是伴随着解决大数据采集、处理和结果可视化等问题而出现的。2015年，张义祯在《大数据带来的四种思维》一文中提出，大数据思维重要的转变在于从自然向智能的维度转变，其中表现出四个特点：总体思维、容错思维、相关思维和智能思维。[①]

（一）总体思维

社会科学的研究对象是社会现象的总体特征，以往通常采用抽取样本采集数据的方法获取研究信息，这是因为我们无法获得总体数据。在大数据时代，我们可以获得与分析更多的数据，甚至是与之相关的所有数据，而不再依赖于采样，从而可以带来更全面的认识，可以更清楚地发现样本数据无法揭示的细节信息。正如舍恩伯格[②]所言："我们总是习惯把统计抽样看作文明得以建立的牢固基石，就如同几何学定理和万有引力定律一样。但是，统计抽样其实只是为了在技术受限的特定时期，解决当时存在的一些特定问题而产生的，其历史不足一百年。如今，技术环境已经有了很大的改善。在大数据时代进行抽样分析就像是在汽车时代骑马一样。在某些特定的情况下，我们依然可以使用样本分析法，但这不再是我们分析数据的主要方式。"也就是说，在大数据时代，随着数据收集、存储、分析技术的突破性发展，我们可以更加方便、快捷、动态地获得与研究对象有关的所有数据，而不再因诸多限制不得不采用样本研究方法，相应地，思维方式也应该从样本思维转向总体思维，从而能够更加全面、立体、系统地认识总体状况。

（二）容错思维

在小数据时代，由于收集的样本信息量比较少，所以必须确保记录下来的数据尽量结构化、精确化，否则，分析得出的结论在推及总体上就会有较大误差，因此，就必须十分注重精确思维。然而，在大数据时代，得益于大数据技

---

① 张义祯. 大数据带来的四种思维 ［N］. 学习时报，2015 - 01 - 26（4）.
② 迈尔·舍恩伯格，库克耶. 大数据时代 ［M］. 杭州：浙江人民出版社，2013.

术的突破，大量的非结构化、异构化的数据能够得到储存和分析，这一方面提升了我们从数据中获取知识和洞见的能力，另一方面也对传统的精确思维造成了挑战。舍恩伯格指出，"执迷于精确性是信息缺乏时代和模拟时代的产物。只有5%的数据是结构化且能适用于传统数据库的。如果不接受混乱，剩下95%的非结构化数据都无法利用，只有接受不精确性，我们才能打开一扇从未涉足世界的窗户"。也就是说，在大数据时代，思维方式要从精确思维转向容错思维，当拥有海量即时数据时，绝对的精准不再是追求的主要目标，适当忽略微观层面上的精确度，容许一定程度的错误与混杂，反而可以在宏观层面拥有更好的知识和洞察力。

（三）相关思维

在小数据世界中，人们往往执着于现象背后的因果关系，试图通过有限样本数据来剖析其中的内在机理。小数据的另一个缺陷就是有限的样本数据无法反映出事物之间的普遍性的相关关系。而在大数据时代，人们可以通过大数据技术挖掘出事物之间隐蔽的相关关系，获得更多的认知与洞见，运用这些认知与洞见就可以帮助我们捕捉现在和预测未来，而建立在相关关系分析基础上的预测正是大数据的核心议题。线性的相关关系和复杂的非线性相关关系，可以帮助人们看到很多以前不曾注意的联系，还可以掌握以前无法理解的复杂技术和社会动态，相关关系甚至可以超越因果关系，成为我们了解这个世界的更好视角。舍恩伯格指出，大数据的出现让人们放弃了对因果关系的渴求，转而关注相关关系，人们只需知道"是什么"，而不用知道"为什么"。我们不必非得知道事物或现象背后的复杂深层原因，而只需要通过大数据分析获知"是什么"就意义非凡，这会给我们提供非常新颖且有价值的观点、信息和知识。也就是说，在大数据时代，思维方式要从因果思维转向相关思维，努力颠覆千百年来人类形成的传统思维模式和固有偏见，才能更好地分享大数据带来的深刻洞见。

（四）智能思维

不断提高机器的自动化、智能化水平始终是人类社会长期不懈努力的方向。计算机的出现极大地推动了自动控制、人工智能和机器学习等新技术的发展，"机器人"研发也取得了突飞猛进的成果并开始应用。应该说，自进入信息社会以来，人类社会的自动化、智能化水平已得到明显提升，但始终面临瓶颈而无法取得突破性进展，机器的思维方式仍属于线性、简单、物理的自然思维，智能水平仍不尽如人意。但是，大数据时代的到来，可以为提升机器智能带来契机，因为大数据将有效推进机器思维方式由自然思维转向智能思维，这才是大数据思维转变的关键所在、核心内容。众所周知，人脑之所以具有智能、智慧，就在于它能够对周遭的数据信息进行全面收集、逻辑判断和归纳总结，获得有关事物或现象的认识与见解。同样，在大数据时代，随着物联网、云计算、社会计算、可视技术等的突破发展，大数据系统也能够自动地搜索所有相关的数据信息，并进而类似"人脑"一样主动、立体、逻辑地分析数据、做出判断、提供洞见，那么，无疑也就具有了类似人类的智能思维能力和预测未来的能力。"智能、智慧"是大数据时代的显著特征，大数据时代的思维方式也要求从自然思维转向智能思维，不断提升机器或系统的社会计算能力和智能化水平，从而获得具有洞察力和新价值的东西，甚至类似于人类的"智慧"。

二、数据挖掘的方法论

商用数据挖掘是一个从商业中来到商业中去的过程，分析师或客户首先提出一个商业问题，然后在企业或者组织中需要结合三方面的资源——高质量的数据、业务知识和数据挖掘软件进行数据挖掘，从而从大量数据中获取有业务价值的洞察力，继而将这些业务洞察力以某种形式嵌入业务流程，从而实现业务目标。例如，销售收入或者利润的提高、成本的下降、运行效率的提升等。

在这个过程中，尽管数据挖掘的各种算法是数据挖掘过程的核心步骤，但并不是全部，为了保证数据挖掘项目的成功实施，还有很多决定性因素，例如商业问题如何界定、数据如何选取、生成的模型如何嵌入现有的业务流程等问题都将直接影响数据挖掘是否能够取得商业上的成功。

为了使数据挖掘过程更加标准化，产生了很多指导数据挖掘过程的方法论。以下重点介绍跨行业数据挖掘标准流程（CRISP - DM），其整个方法论如图 2 - 1 所示，它将整个数据挖掘过程分解为商业理解、数据理解、数据准备、建立模型、模型评估和结果部署六个步骤。

该方法论认为：数据挖掘过程是循环往复的探索过程，六个步骤在实践中并不是按照直线顺序进行，而是在实际项目中经常会回到前面的步骤。例如，在数据理解阶段发现有的数据无法解决商业理解阶段提出的商业问题时，就需要回到商业理解阶段重新调整和界定商业问题；到了建立模型阶段发现数据无法满足建模的要求时，则可能要重新回到数据准备过程；到了模型评估阶段，当发现建模效果不理想时，也可能需要重新回到商业理解阶段审视商业问题的界定是否合理，是否需要做些调整。每个步骤的具体描述如下：

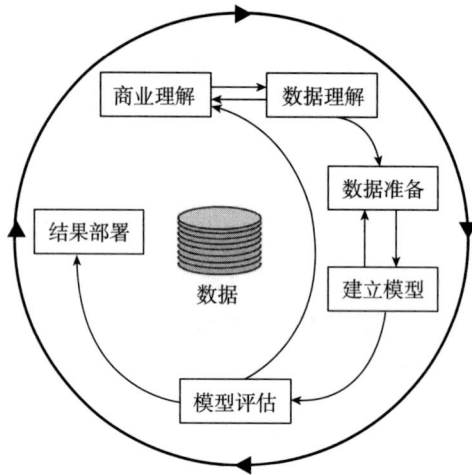

图 2 - 1　数据挖掘方法论的六个步骤

资料来源：张文彤，钟云飞. IBM SPSS 数据分析与挖掘实战案例精粹［M］. 北京：清华大学出版社，2013.

1. 商业理解

商业理解（Business Understanding）阶段主要完成对商业问题的界定，以及对企业内外部资源的评估和组织，主要产生以下结果：

（1）确定商业目标。包括商业背景、商业目标、成功标准等。

（2）形势评估。包括企业拥有资源、需求、假定和限制、风险偶然性、专业术语、成本收益等。

（3）确定数据挖掘目标。包括数据挖掘目标、数据挖掘成功标准等。

（4）制订项目计划。包括项目计划、工具方法评估等。

2. 数据理解

数据理解（Data Understanding）阶段主要完成对企业数据资源的初步认识和清理，主要产生以下结果：

（1）收集原始数据，产生数据收集报告。

（2）数据描述，产生数据描述报告。

（3）数据探索性分析，产生探索性数据分析报告。

（4）数据质量描述，产生数据质量报告。

3. 数据准备

数据准备（Data Preparation）阶段主要完成在建立数据挖掘模型之前对数据的最后准备工作，数据挖掘模型要求的数据将是一张二维表，而在现实企业中，数据往往被存储在不同的部门、不同的数据库或者数据库中不同的数据表中。这一步骤将把这些数据集整合在一起，生成可以建立数据挖掘模型的数据集和数据集描述。这个阶段将产生以下结果：

（1）选择数据。不是所有数据都会适合数据挖掘，在数据准备阶段要确定数据挖掘应该包含及剔除的数据。

（2）数据清理。在建立模型之前，必须对数据进行适当的清理，即对不符合实际情况的数据进行调整或者剔除，并生成数据清理报告。

（3）数据重构。生成新的字段和记录。

（4）整合数据。对相关的数据进行合并处理。

（5）格式化数据。使之适合数据挖掘的需要。

4. 建立模型

建立模型（Modeling）是数据挖掘工作的核心阶段，按照大类来分，数据挖掘模型可以分为数据描述和汇总（Data Description and Summarization）、细分（Segmentation）、概念描述（Concept Description）、分类（Classification）、预测（Prediction）和相关性分析（Dependency Analysis）等。这一步骤具体产生以下结果：

（1）选择建模技术。模型的假定和要求以及对模型技术进行评估。

（2）产生检验设计。从技术角度分析如何对模型效果进行检验。

（3）建立模型。完成模型参数的设定，建立模型并对模型做适用性概述。

（4）模型评价。对模型使用的评价以及对各参数做调整。

5. 模型评估

模型评估（Evaluation）是数据挖掘整个流程中非常重要的环节，这一步将直接决定模型是否达到了预期的效果，是可以发布应用还是必须重新进行调整。模型评估可以分为两部分：一个是技术层面，主要由建模人员从技术角度对模型效果进行评估；另一个是商业层面，主要由业务人员对模型在现实商业环境中的适用性进行评估。这一阶段将产生以下结果：

（1）结果评估。评估产生的数据挖掘模型，从中筛选出被认可的数据挖掘模型。

（2）数据挖掘过程回顾。查找是否存在疏忽和遗漏之处。

（3）确定下一步的工作内容。列出所有可能的行动方案，以进行决策。

6. 结果部署

结果部署（Deployment）阶段是运用数据挖掘结果解决现实商业问题的过程，这一阶段将实现数据挖掘的商业价值，具体产生以下结果：

（1）结果发布计划。

（2）监测和维护模型计划。随着商业环境的变化，模型的适用性和效果也可能发生改变，必须建立对模型进行监测和维护的机制。

（3）生成最终的数据挖掘报告。

（4）项目回顾。总结项目中的经验教训，为以后的数据挖掘项目进行经验积累。

第三节　人力资源分析模型

一、人力资源分析的基本理念

（一）基于统计框架的分析理念

人们通常把人力资源分析看作一种统计方法。虽然统计在人力资源管理中确实扮演着重要的角色，但是人力资源分析首先应该被认为是一种由一组统计操作支持的思维框架，其关键是试图理解与要解决问题相关的各种因素之间的相互作用和关系。如果缺乏这方面的理解，人力资源分析所提供的价值就会很低，这是因为缺乏与组织策略的联系，无法被最终用户理解，无法嵌入组织的流程中，也就无法在正确的时间采取必要的行动。无论如何，使用数据分析的企业应该保持一种坚定的信念，即人力资源分析是有价值的。

仅仅为了进行数据分析而分析没有任何价值。我们需要找到现实中存在的挑战，分析企业需要实际解决和回答的问题。人力资源分析需要的是以学术思维来考虑业务改进，以便为需要的人提供准确、全面、可操作的信息，以满足决策需要，主要是支持与员工相关的决策。

（二）基于业务绩效的分析理念

为了验证人力资源活动对企业绩效的影响，我们需要使用分析模型，运用实验方法收集分析数据，建立输入的员工变量和输出的结果变量之间的因果关系，以提出改进组织绩效的员工管理决策建议。因此，人力资源管理需要发展成为一门独立的决策科学，类似于会计和财务管理，利用数据分析增强员工管理决策的科学性，无论这些决策是在人力资源部门内部，还是企业的其他部门。

（三）基于决策科学的分析理念

决策科学为优化关键资源的决策提供了逻辑严密的框架，提供帮助识别和分析数据以改进决策的指导，但它并不直接提供正确的答案或行动方案。通常来说，人力资源分析的价值主张是以证据为基础的基于数据分析的决策替代了管理者的主观决策。研究表明，在企业的人力资源实践中，应优先考虑人力资源投入的价值，使人力资源管理更加严格，把人力资源管理从直觉取向转为客观取向。这是人力资源分析的价值主张。但是，需要记住的是，即使是从大量的数据源中提取最复杂的分析模型，如果他们不能正确地回答问题，也不会产生多少具体的价值。人力资源管理的重点是确认内部的功能实践，如培训项目的投资回报率（ROI）或入职培训的效率，而分析重点应该是为商业决策增加价值。

二、人力资源分析周期模型

（一）模型概述

Salvatore 和 Wendy（2020）提出了人力资源分析周期的概念，基于全面战略性人力资源分析框架，将人力资源分析周期视为一个主动的、系统化的过程，其目的是实现人力资源战略、基于证据的决策和执行整体业务战略。人力资源分析周期作为构建人力资源分析系统性方法，能够使人力资源管理的决策建立在富有洞察力的数据分析基础上，这种分析具有一定的预测性，其价值也得到了相关研究证据的支持。人力资源分析周期的七个步骤如图 2-2 所示。

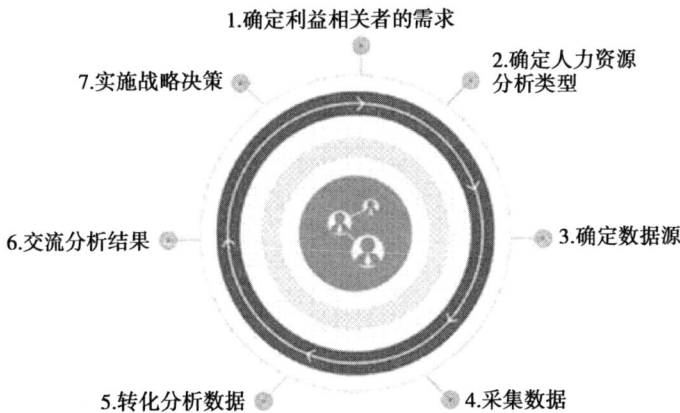

图 2-2　人力资源分析周期模型

资料来源：Salvatore V. F., Wendy L. C. The HR Analytics Cycle：A Seven - step Process for Building Evidence - based and Ethical HR Analytics Capabilities ［J］. Journal of Work - Applied Management Emerald Publishing Limited，2020（5）：2205 - 2062.

（二）分析步骤简述

1. 确定利益相关者的需求

人力资源分析的首要步骤就是要明确利益相关者的需要，这是分析计划实施的关键。谁是利益相关者？从广义上讲，利益相关者是任何直接或间接受到人力资源分析工作影响的人，包括高管、基层管理人员、高级人力资源领导、人力资源业务合作伙伴、普通员工。在某些情况下，还包括人力资本技术供应商。

每个利益相关者对人力资源分析实践和活动有不同的观点和关注点。例如，基层管理人员通常最感兴趣的是关键指标和数据可视化报告，而高管和高级人力资源领导更感兴趣的通常是人力资源分析如何服务于人力资源战略的执行、关键员工决策和其他重要的业务活动。

研究表明：财富 1000 强企业人力资源分析 40% 的研究分析主题和优先事项是由人力资源研究和分析团队确定的；而 60% 左右是由利益相关者提出来的（Falletta，2014）。因此，明确利益相关者的需求对于确定人力资源研究和分析问题、确定战略性和战术性人力资源分析的优先事项、确保利益相关者的支持以及研究分析计划的持续进展都是至关重要的。

2. 确定人力资源分析类型

一旦明确了利益相关者的需求和期望，就应该确定人力资源分析的类型。人力资源研究和分析可以是长期的，也可以是短期的，业务性质是确定分析类型的依据。目前，数据可视化、人工智能算法和自动化技术越来越普及，长期也不再是 3 ~ 5 年，一年的数据都被认为是长期分析的数据标准。相反，短期分析需求往往需要与本组织的月度业绩考核或季度业绩考核相一致。需要注意的是，短期分析并不一定意味着战术性或反应性，长期也不等同于战略性。短期分析和长期分析只是数据跨度的分类，都可以是战略的分析或战术性的分析。

3. 确定数据源

确定研究类型后会制订分析方案，首先要确定能够解决研究问题的数据来源。数据源可以是公共的数据源，也可以是企业的内部数据。公共数据通常保存在大学图书馆、政府数据库和各类社会网站。企业的内部数据主要是企业人力资源信息系统中的内部员工数据，还有些委托外部机构的调查数据等。在考虑数据来源时，主要的判断标准是这些数据对于人力资源分析相关主题的价值。当然，根据研究分析的主题，数据来源可能存在，也可能不存在，这取决于企业的人力资源信息化的程度和相关数据的积累。

4. 收集数据

根据研究分析的目的，收集数据包括通过收集一手数据、二手数据和挖掘使用人力资源信息系统数据等多种方法开展初级研究或二级研究。如果一个企业具有一定的人力资源研究和分析能力，可以开展内部数据初级研究；二级研究是指在内部数据研究的基础上，利用外部来源获得的数据和信息，采用数学建模和数据挖掘算法，对管理决策提供支持的分析。但是，不管采用何种收集方式，都要重视伦理道德和法律责任。

5. 转化分析数据

在人力资源分析周期中，将数据转化为有用的并有助于洞察业务是最重要的，也是最具挑战性的一步。通常需要利用一些市场化分析软件和可视化平台，开展预测分析、流程分析、文本情绪分析以及实时分析等。这些软件平台主要是对我们收集的不同类型"大数据"进行编码、分析、可视化和解释。在人力资源战略的背景下，大部分工作仍然由人力资源研究人员、分析师和数据科学家共同完成。企业应该从小处着手，逐步建立人力资源分析能力，也可以对少数目标数据源执行元分析（Meta–analysis），即分析结果的分析，是探索和理解多个数据源之间相互关系的实用方法。例如，个人360°评估的结果与员工调查数据、离职调查数据或实际离职率在多大程度上一致？高潜员工、管理者是否每年都出于同样的原因离开公司，如晋升机会少、内部沟通少、缺乏决策权、薪酬低？元分析能否回答这些问题，在很大程度上还取决于所收集的数据的性质、人力资源分析研究人员能力以及分析过程等因素。

6. 交流分析结果

真正的人力资源分析能力更注重讲述数据背后的故事，并能够提供与企业最核心问题相关的可视化数据。讲故事是交流数据分析的主要方法，无论是文字还是视觉，因为它能够引发大脑事实和数据不同的处理方式。然而，讲故事不应成为向高管们讲述他们想听的内容或"挑选"数据的幌子或借口。例如，Rotolo 和 Church（2015）指出，人力资源分析可能会被滥用，以维持现状和推动管理者中意的某个项目。当你知道自己想讲什么故事，然后去寻找数据来支持想要的结果。此外，我们需要考虑"故事的真实性"以及数据驱动使用方式的道德性，不准确或误导性分析将不可避免地导致错误的员工决策和严重的组织后果（Church & Dutta，2013）。因此，沟通和报告人力资源分析结果不仅涉及人力资源分析团队的某些道德解释，而且涉及数据结果应用的问题。

7. 实施战略决策

人力资源分析周期的最后一步是实现人力资源战略的制定和基于证据的决

策。针对组织成功一个常见的说法是，"每一个成功的组织背后都有一个行之有效的战略"。但战略到底是什么？战略是一个多维的概念，可以用多种方式定义。Mintzberg（2005）将战略界定为一个计划、策略、模式、定位和观点。作为一项计划，战略与领导者为组织确立的总体方向有关。作为一种策略，战略就是要操纵和战胜竞争对手。作为一种模式，战略包括参与特定的行为和一致的行动，以有效地实施战略。战略也是组织如何在竞争激烈的市场中脱颖而出的一个定位。最后，战略还是一种反映组织文化与特征的观点。简言之，战略就是在适当的时间做正确的事情，循证决策，科学确定优先事项和目标，并有效管理执行。人力资源战略倾向于将员工政策、实践和流程与整体业务战略相结合，以实现组织的目标任务。人力资源战略还包括做出更明智的人力资源决策。从理论上讲，人力资源战略的制定应该与整个企业的业务战略相一致，但是在管理实践中却很难实现。因此，人力资源分析的主要目标是实现人力资源战略和科学决策。人力资源分析得出的数据结果和问题洞察，可能更有利于战略一致性的达成。

本章小结

（1）人力资源数据分析的核心价值可以总结概括为三个方面：明事实、察问题、预将来，企业首先要仔细了解企业人力资源管理的现状；其次通过这些数据发现已有或潜在的问题；最后通过这些问题制定未来的管理方向，制定规划并提出建议。

（2）人力资源的数据分析主要有三个关键要素：一是要全体不要抽样，二是要相关不要因果，三是要有效果而不要绝对精确。

（3）企业的人力资源管理的数据类型主要包括三种：事实性数据、动态性数据、整合性数据。

（4）人力资源数据分析模型也可以分成三种类型：第一类是基础数据分析，第二类是业务数据分析，第三类是效能数据分析。

（5）数据分析思维决定了你如何界定问题，如何思考问题，如何科学使用各种数据挖掘以及分析方法，如何得出专业的结论。

（6）本章重点介绍跨行业数据挖掘标准流程（CRISP‑DM），它将整个数据挖掘过程分解为商业理解、数据理解、数据准备、建立模型、模型评估和结果部署六个步骤。

（7）人力资源分析周期是一个主动的、系统化的过程，用于建立一个全面的战略人力资源分析框架，以实现人力资源战略、基于证据的决策和执行整体业务战略。

思考题

（1）结合实例，请简要陈述人力资源分析周期的基本思路。

（2）在大数据背景下，如何建立数据分析思维，请根据实际情况谈谈自己的看法。

第三章　基于数据分析的
人力资源问题解决

本章从数据分析的视角，整合传统人力资源管理六大模块所面临的问题及对策，以期探索和回应人力资源大数据分析的理论需求。首先，从数字时代人力资源管理，追溯人力资源从1.0到3.0的演变，并指明人力资源分析的大数据来源。其次，分别阐述人力资源规划、招聘与甄选、绩效管理、薪酬管理、企业培训、员工关系管理的概述以及基于数据的员工关系热点问题分析与对策。

第一节　数字时代的人力资源管理

一、数字时代人力资源面临的挑战与重塑

全新的市场格局迫使企业调整战略和业务模式，推进数字化转型。企业纷纷大规模部署新技术，以便能够充分利用物联网（IoT）等设备生成和捕获的海量数据。与此同时，企业还利用这些新技术，尤其是人工智能（AI）和自动化技术，构建全新的业务平台，重构工作流程。

近期的全球疫情导致工作地点大规模转变，显著加快了转型的速度。其中，人是关系到转型成功与否的关键，包括提出转型的人、参与转型的人以及直接或间接受到转型影响的人。疫情导致人际接触减少，企业现在必须进行人性化管理，促进远程员工之间的互动，在充满不确定性的时期建立信任，培养一支富有弹性和多样化的员工队伍，确保他们能够面对未来的任何情况。

即使现在已经有领先的企业率先转变了人力资源管理模式，但很明显，数字化时代的人力资源管理并非终点，只是HR之旅中的一站。世界变化如此之快，我们不能故步自封。在这个风险无处不在的世界里，企业必须重新制定规划和战略，进行投资以及开展日常业务的方式。

二、从 HR1.0 到 HR3.0

过去几十年来，人力资源发生了巨大的变化，以满足不断变化的商业环境（见表 3 - 1）。在工业时代，我们称为 HR 1.0 的运营模式主要关注项目和职位，而企业通常将工资和行政系统外包。首席人力资源官（CHRO）为该职能领域培养了强大的行政技能，并在部门内树立了注重质量与合规的文化。互联网的兴起为资源整合与全球化提供了前所未有的新机遇。在这种发展趋势的推动下，HR 从 1.0 升级至 2.0，职能重点转移到流程和人员上，效率被视为首要目标。HR 2.0 职能依赖于整合的 HR 模式，建立正式的专业知识中心，包括正式的服务交付团队，可以围绕该职能对 HR 专业人员进行交叉培训和轮岗。

表 3 - 1　人力资源管理的演变

阶段	工业时代 HR 1.0	互联网时代 HR 2.0	数字时代 HR 3.0
主要关注点	合规 行政设计 项目和职位	流程卓越 标准化 自助服务 共享服务	员工体验 认知 个性化 透明
组织	职能，服务中心，人力资源伙伴区域化	卓越中心，共享服务，人力资源业务伙伴大部分实现全球标准化	解决方案经理，智能聊天机器人，快速响应小组，人力资源业务伙伴
设计驱动因素	最佳实践对标	流程专家	用户设计思维
决策驱动因素	直觉	基于人力资源历史数据的分析	基于预测性 AI 和海量内外数据形成可付诸行动的洞察
关键衡量指标领域	职位评价 绩效评估 人才流失率 员工满意度	编制 能力 多样化体现 效率指标 员工参与度	关键技能 领导后备梯队多元化 包容性 人才流失率 净推荐值（NPS），敬业度调查

资料来源：IBM 商业价值研究院 2020 年研究报告：加速 HR 3.0 转型之旅：十大举措助力企业升级。

现在，业务环境所面临的就是持续不断的颠覆，因此首席人力资源官及其团队必须进行重大的模式转变，迈出变革性的一步，进入 HR 3.0 时代。

三、人力资源分析的大数据来源

目前人力资源管理中的"大数据"主要源自人力资源部门在开展"人"与"事"的各类工作中所产生的业务、资料、政策、行为、过程等各项信息内容，包括基础、能力、效率、潜力类数据。在具体实施过程中，根据数据产生的场所分为组织内数据和组织外数据，组织内数据即个体在日常工作中所产生的各种结构化数据，包括人员数据、项目数据和绩效数据；组织外数据即个体在组织外部非工作时间产生的各种半结构化或非结构化数据，比如人们使用社交网络产生的海量数据。2018 年翰威特的调查指出，在美国有 93% 的招聘人员利用社交网络进行招聘，其中 73% 的招聘人员为企业招到了合适人才，51% 的招聘人员则运用社交网络直接拒绝了应聘者，HR 采用社交网络招聘的趋势正在不断加强[①]。表 3 - 2 罗列了常用于人力分析（People Analytic，PA）的数据来源。

表 3 - 2　人力分析的数据来源

组织内数据	人员数据	性别、年龄、教育水平、家庭情况、收入等
	项目数据	人才培训与开发、领导力培养、组织核心战略、团建及工会等活动与项目参与记录
	绩效数据	绩效评价等级、360°评价数据、目标达成数据、继任人才计划、出勤记录等"八小时内行为数据"
组织外数据		网络使用（关注、分享、发帖等）、消费、社交（频次、内容、语气等）、出行、情感行为等

资料来源：萧鸣政，唐秀锋. 中国人才评价应用大数据的现状与建议［J］. 中国行政管理，2017，389（11）：6 - 11.

第二节　人力资源规划问题解决

一、企业人力资源规划概述

（一）人力资源规划的基本概念

人力资源规划（Human Resource Plan，HRP）也称人力资源计划，是指根

---

① 李育辉，唐子玉，金盼婷，梁骁，李源达. 淘汰还是进阶？大数据背景下传统人才测评技术的突破之路［J］. 中国人力资源开发，2019，36（8）：6 - 17.

据企业内外环境和条件的变化，为达到企业发展的战略目的，完成企业的生产经营目标，通过对企业未来的人力资源的需求和供给状况的评估与分析，运用科学的方法进行组织设计，对人力资源的获取、配置、使用、保护等各个环节进行职能性策划，制订企业人力资源供需平衡计划，以确保组织在需要的时间和需要的岗位上，获得各种必需的人力资源，保证事（岗位）得其人、人尽其才，从而实现人力资源与其他资源的合理配置，并且能够有效开发和激励员工的规划。

（二）人力资源规划的内容构成

人力资源规划一般包括人力资源战略规划、人员供求规划、培训与开发规划、绩效规划、薪酬福利规划、员工关系规划以及各种与人力资源有关的规划活动。

（三）大数据时代的人力资源规划

随着大数据的脚步日益加快，企业应保持人力资源战略与企业战略的一致性，依据现状和企业战略及目标确定企业未来发展的人力资源需求；树立企业员工的数据化意识，将数据化投入企业的日常经营生产和组织文化，变革员工的职能定位、观念和行为模式，数据化平台能及时有效地对各个岗位做出对应的分析，并辅助人力资源规划向企业战略靠拢，数据背后所蕴含的价值能给企业带来更大的利润和竞争力，从而在同行业竞争者中脱颖而出。

二、基于数据的人力资源规划热点问题分析

（一）数据来源

为保证数据资料能够涵盖"人力资源规划"的研究热点和前沿并体现其发展趋势，将收录文献较为全面的 CNKI 中国知网中与"人力资源规划"相关的期刊文章作为研究的数据来源。数据下载时间为 2021 年 1 月 31 日，检索条件为：高级检索—期刊—主题"人力资源规划"—同义词拓展—主要主题，出于数据资料完整性的考虑，不设时间跨度。符合检索条件的原始数据有 633条，为了保证研究的严谨性和准确性，借助文献管理软件 NoteExpress 对所收集到的原始数据进行人工复检，由两人各复检一次，剔除公认的与研究主题不相关的数据，如新闻报道、会议通知以及招生简章等，最终得到有效文献 618篇，将筛选后的文献作为本研究的基础数据。

（二）研究热点

研究热点是在某一时期内，有内在联系的、讨论比较多的热门问题或专题。对"人力资源规划"的研究热点的探析，可以通过对高频关键词和关键词共现图谱来实现。

1. 高频关键词

文献关键词词频的高低分布可以用来研究该领域发展动向和研究热点，关键词中心度反映了其在整个关键词共现网络中的重要性，代表了一定时期内核心的研究主题（龚伯韬，2019）。

设置 Nodes（Top N，e）＝3.0，时间跨度为 2000～2020 年，时间切片为 3 年，节点类型选择关键词，Top N%＝10，NoteType 选择 Keyword，网络裁剪方式选择 Pathfinder、Pruning sliced networks、Pruning the merged network，运行后共生成节点 621 个，连线 1118 条，得到高频关键词，按词频排序选取排名前 34 的关键词进行研究热点的探究，表 3－3 列举了出现频次较高的前 34 个关键词。

表 3－3 "人力资源规划"高频关键词

序号	关键词	共现次数	序号	关键词	共现次数
1	人力资源规划	420	18	企业发展	9
2	人力资源	160	19	煤炭企业	7
3	规划	104	20	措施	7
4	人力资源管理	58	21	对策措施	6
5	企业	46	22	策略	6
6	企业战略	42	23	柔性管理	5
7	中小企业	35	24	需求预测	5
8	对策	24	25	企业战略目标	5
9	问题	23	26	危机	5
10	电力企业	18	27	企业人力资源	5
11	战略	16	28	供给预测	5
12	人力资源部门	15	29	企业管理	5
13	事业单位	12	30	战略规划	4
14	国有企业	11	31	职务分析	4
15	现状	10	32	人力资源计划	4
16	研究	10	33	人力资源结构	4
17	管理	9	34	预测	4

由表 3 –3 所示的高频关键词可知，共现次数较多的关键词如“企业战略”“问题”“对策”等很有可能是人力资源规划研究的热点，各关键词之间的联系还需要借助高频关键词的共现图谱来分析。

2. 高频关键词共现图谱

关键词共现分析可以发现一个领域的研究热点、子领域及其关系和领域的知识结构。在保持上述设置不变的情况下，利用 CiteSpace 生成关键词共现图谱，如图 3 –1 所示。

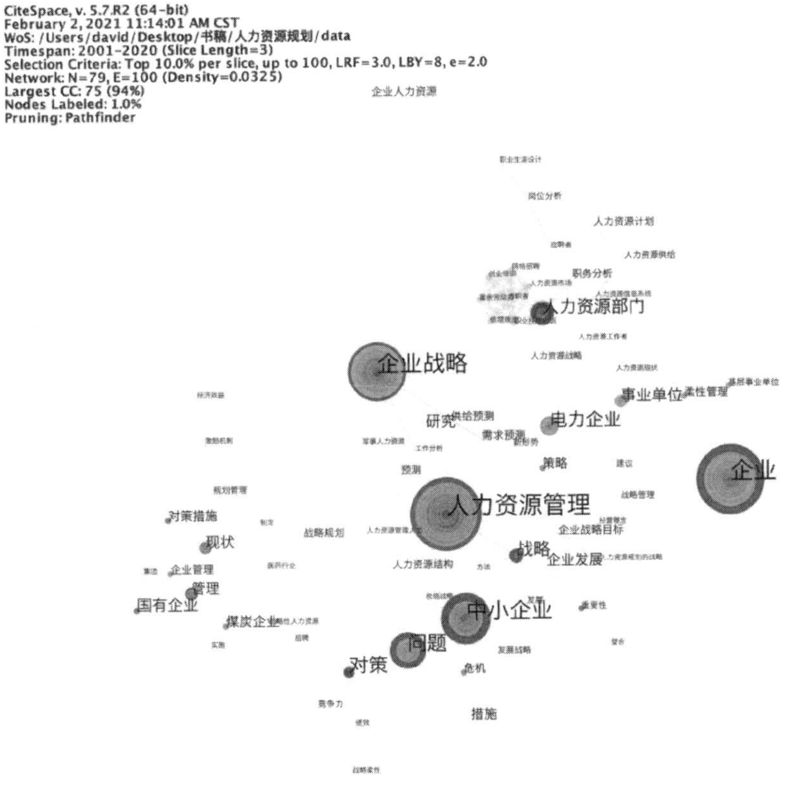
CiteSpace, v. 5.7.R2 (64-bit)
February 2, 2021 11:14:01 AM CST
WoS: /Users/david/Desktop/书稿/人力资源规划/data
Timespan: 2001-2020 (Slice Length=3)
Selection Criteria: Top 10.0% per slice, up to 100, LRF=3.0, LBY=8, e=2.0
Network: N=79, E=100 (Density=0.0325)
Largest CC: 75 (94%)
Nodes Labeled: 1.0%
Pruning: Pathfinder
企业人力资源
人力资源计划
职务分析
人力资源部门
企业战略
事业单位
柔性管理
电力企业
研究
供给预测
需求预测
策略
企业
人力资源管理
对策措施
现状
战略规划
企业战略目标
战略
企业发展
人力资源结构
企业管理
管理
国有企业
中小企业
煤炭企业
问题
对策
发展战略
危机
措施

图 3 –1 “人力资源规划”高频关键词共现图谱

图 3 –1 展示了高频关键词之间的联系，由图 3 –1 和表 3 –3 可以看出，与“人力资源规划”相关的研究中，中小企业、电力企业、煤炭企业、国有企业、事业单位等组织中，“人力资源规划的现状”“存在的问题以及对策”“企业战略目标与规划”“企业人力资源管理”“需求与供给预测”“职务分

析""柔性管理"等是与人力资源规划领域相关的研究热点。

3. 研究前沿

研究前沿的识别与追踪能够为研究者提供学科研究的最新演化动态，预测研究领域的发展，识别需要进一步探索的问题。为保证对研究前沿界定的客观性和准确性，本部分采用关键词突现检测来考察"人力资源规划"的新兴趋势和研究前沿。

"突现"是指一个变量的值在短期内有非常大的波动。突现检测是根据词在时间顺序上的阶段性发展，挖掘突发词突变率的变化，进而发现那些低频且具有情报意义的词（曹文杰、赵瑞莹，2019）。相对于传统的高频主题词分析，突现主题术语更适合探测研究前沿。借助 CiteSpace 的突现词探测功能生成的关键词突现图谱，可以反映出关键词突现的时间、持续的期间以及突现的强度和变化趋势，可以反映研究前沿发展变化的基本特点。

突现词探测的构建过程是，时间跨度设置为 2001～2020 年，时间切片设置为 1 年，Top N% =30，其他参数不变，运行后共生成节点 72 个，连线 134 条，运用突现词探测功能，探测模型设置如下：

$f(x) = ae^{-ax}$，$a_1/a_0 = 2.0$

$a_i/a_{i-1} = 2.0$

The number of states = 2

$\gamma\,[0,\,1]\,= 1.0$

Minimum Duration = 2

按照模型，按照首次出现的年份，算法自动生成突现强度最高的 8 个关键词，表 3 -4 列示了 8 个突现词、突现强度、突现的起止年份以及持续的时间，突现强度的数值越大，表明该术语在一段时期内越活跃，突现的持续状态越靠近当下，越有可能是研究的前沿。

表 3 -4 "人力资源规划"关键词突现信息分析

突现词	突现强度	开始年份	结束年份	持续状态
人力资源规划	11.93	2001	2020	
人力资源管理	3.33	2004	2020	
人力资源部门	5.41	2006	2020	
现状	3.43	2011	2020	
管理	3.28	2012	2020	

续表

突现词	突现强度	开始年份	结束年份	持续状态
问题	3.83	2013	2020	▬▬▬▬▬▬
电力企业	3.81	2015	2020	▬▬▬▬▬▬
事业单位	5.34	2017	2020	▬▬▬▬▬▬

由表 3-4 可以看出，"人力资源规划的现状""人力资源管理的战略""人力资源规划存在的问题""电力企业的人力资源规划""事业单位的人力资源规划"占据了研究的前沿位置。

三、企业人力资源规划的问题与对策

（一）问题与对策的综合模型

基于对人力资源规划问题的研究分析可见，目前，很多企业人力资源规划都存在一些常见问题，如表 3-5 所示。

表 3-5　人力资源规划的问题分析与对策研究

人力资源规划	问题	对策
人力资源战略规划	人力资源规划缺乏战略一致性	实现人力资源规划与公司战略的一致性
	管理决策仅是在经营层之间进行信息共享	建立高效的决策机制，发挥人力资源在公司决策中的作用
人员供求规划	人才供应不能满足企业需要	优化人才引进及内部配置策略
员工关系规划	员工职业生涯规划不清晰	建立员工职业生涯规划

（二）综合模型的具体解释

实现人力资源规划与公司战略的一致性。首先，确定未来的战略定位，确定主要业务，因此需要结合各业务板块实际发展需要，科学预测人力资源需求和供给。一方面通过人才盘点、人才测评等方式梳理现有人员的技能水平、能力素质、人才种类等；另一方面运用多种预测方法对未来三年的人力资源需求和供给进行预测，针对重大项目、核心业务的发展壮大，提前做好内外部人员的选拔工作，储备优秀人才。针对公司业务发展方向可能出现的人员需求方向的调整，提前做好现有冗员的安置计划。其次，提高站位。人力资源管理者要成为企业战略伙伴，从企业永续运营、长期发展的角度去看待人力资源工作，

指导各部门拟订中长期发展目标。

为了避免管理决策权只掌握在少数人手中，要给予人力资源部门更多的参与决策权。经营层保持原有的对传统人事管理部门的态度，人力资源部门参与不到公司的战略决策，大部分的工作因为未被授权而只能从事传统的人事管理工作，这样的情况会阻碍人力资源管理作用的发挥。因此，企业应优化组织架构，进行人力资源管理组织架构的调整，由管理驱动转变为业务驱动。同时对具体职能内容和工作范围重新界定，从而提升人力资源管理的效率和价值。[①]

在大数据技术飞速发展的背景下，人才供应常常不能满足企业需要，包括一些行业快速发展导致人才流动加速、向异地项目派驻人员困难、人员配置管理不够科学以及一些新兴行业专业教育滞后跟不上行业需求等问题。所以，为使人员供求规划更加合理有效，要优化人才引进及内部配置策略。首先，推行分层分类的人才引进策略，可以从人才的可替代性和对公司的影响实行差异化的引进策略。其次，关注重点人才队伍建设，针对稀缺的重点人才实行个性化培养。另外，还要加强后备人才队伍建设，建设人才数据库和管理配套机制，建立动态的后备人才评价体系建设，以及后备人才任职能力储备，如轮岗锻炼、设置特定的副职等。[②]

目前，很多企业还没有建立起员工职业生涯管理规划，企业并没有完整的员工晋升体系和制度。对于新员工，在接受简单培训后就会很快投入相关岗位。之后，新人除了向主管部门领导或者老员工请教外，只能自己在不断的摸索中成长。并且，若员工在工作中并无任何潜质或突出优势表现出来，那他就不会得到过多关注，也没有任何内部或外部的培训机会。这就使许多经验丰富、有一定资历的老员工因长期没有提拔、不受领导关注进而减少工作动力，工作机械、态度消极在一定程度上会阻碍企业今后的长足发展。因此，要建立员工职业生涯规划。首先，明确目的。设定职业生涯规划，为员工指明了前进的方向，从而能够留住关键员工、增强企业竞争力。其次，用人原则。在保证企业业务稳定的前提下，优先从企业内部选拔，同时以外部招聘作为辅助手段，遵循"优则用"的原则。另外，晋升方式。采用直接晋升、多途径晋升和水平历练多种方式相结合。同时企业要落实员工提出的职业生涯需求，对于

---

① 闵敏. W公司人力资源管理问题诊断与对策研究［D］. 中国矿业大学硕士学位论文，2020.
② 郑康豪. 成长型房地产企业人力资源管理问题与对策研究——以深圳X房地产公司为例［D］. 天津大学硕士学位论文，2014.

不同的岗位要设置相应的岗位职责说明，当出现空缺岗位时，企业应优先考虑企业内部符合岗位能力的员工。[①]

第三节　招聘与甄选问题解决

一、招聘与甄选概述

（一）招聘与甄选的基本概念

人员的招聘和甄选是指企业为了生存和发展的需要，在人力资源规划工作完成之后，组织可能会发现自己的某个职位或某些职位在当前或未来需要找到新的人员来填补，寻找、吸引那些知识、技能、能力，且有兴趣到组织任职的人员，并从中选出合适的人员予以录用的过程。

（二）招聘与甄选的内容构成/类型

1. 招募

招募是指企业通过各种信息发布，把具有应聘资质（即具有所需知识、能力和其他特征）的申请者（包括内部员工或外部人员）吸引到组织空缺岗位的过程。

2. 选拔

选拔是指采用适当的甄选方法和程序，从应征的候选者中挑选出符合企业需要的人，实现人岗匹配的过程。

3. 聘用

聘用是指将应聘候选人录用，转化为内部员工的过程。

（三）大数据时代的招聘与甄选

在大数据背景下，社交网络和招聘信息对求职者会更加详细。由于互联网的深入，网络招聘已经逐渐替代传统招聘成为主流形式，信息的交互可以使招聘者和求职者从更多渠道了解企业信息、员工动向和招聘标准。企业人力资源管理部门可以利用大数据对求职者的信息进行整理分析，挑选出与岗位最适配的员工；在岗位分析时，可通过人才数据库，量化岗位的选拔标准，更科学地做出人岗匹配决策。

---

① 侯健俣.SHY 公司人力资源管理诊断与对策分析［D］.哈尔滨工业大学硕士学位论文，2015.

二、基于数据的招聘与甄选热点问题分析

(一) 数据来源

本部分选取 CNKI 中国知网中与"员工招聘"相关的期刊文章作为研究的数据来源。数据下载时间为 2021 年 1 月 31 日，检索条件为：高级检索—期刊—篇名"员工招聘"—同义词拓展，出于数据资料完整性的考虑，不设时间跨度。符合检索条件的原始数据有 273 条，为了保证研究的严谨性和准确性，借助文献管理软件 NoteExpress 对收集到的原始数据进行人工复检，由两人各自复检一次，剔除公认的与研究主题不相关的数据，如新闻报道、会议通知以及招生简章等无关内容，最终得到有效文献 259 篇，将筛选后的文献作为研究的基础数据。

(二) 研究热点

1. 高频关键词

设置 Nodes（Top N, e）=3.0，时间跨度为 2008～2020 年，时间切片为 1 年，节点类型选择关键词，Top N% = 30，NoteTypes 选择 Keyword，网络裁剪方式选择 Pathfinder、Pruning sliced networks、Pruning the merged network，运行后共生成节点 375 个，连线 809 条，得到高频关键词，按词频排序选取排名前 30 的关键词进行研究热点的探究，表 3 - 6 列举了出现频次较高的前 30 个关键词。

由表 3 - 6 可知，在"员工招聘"相关的研究领域中，与招聘相关的"对策""中小企业""招聘渠道""问题""员工""招聘管理""基层员工""胜任力"等关键词共现次数较多，属于员工招聘研究领域的热点关键词。

2. 高频关键词共现图谱

关键词共现分析可以发现一个领域的研究热点、子领域及其关系和领域知识结构。在保持上述设置不变的情况下，利用 CiteSpace 生成关键词共现图谱，如图 3 - 2 所示。

由图 3 - 2 可知，学者对与员工招聘相关的问题与对策、招聘渠道、中小企业的员工招聘、人力资源管理中的人才测评以及胜任力等方向关注较多，属于该领域的研究热点。

3. 研究前沿

本部分采用关键词突现检测来考察"员工招聘"的新兴趋势和研究前沿。

表 3 - 6 "员工招聘"高频关键词

序号	关键词	共现次数	序号	关键词	共现次数
1	员工招聘	89	16	招聘方法	4
2	招聘	39	17	国有企业	4
3	对策	17	18	人力资源部	4
4	中小企业	14	19	知识型员工	4
5	人力资源	13	20	核心员工	4
6	人力资源管理	12	21	招聘风险	4
7	招聘渠道	7	22	招聘流程	4
8	企业	7	23	人力资源部门	4
9	问题	7	24	风险	4
10	招聘工作	6	25	内部招聘	3
11	员工	6	26	招聘体系	3
12	招聘管理	6	27	员工招聘与选拔	3
13	基层员工	5	28	防范	3
14	胜任力	5	29	策略	3
15	应聘者	5	30	员工招聘与配置	3

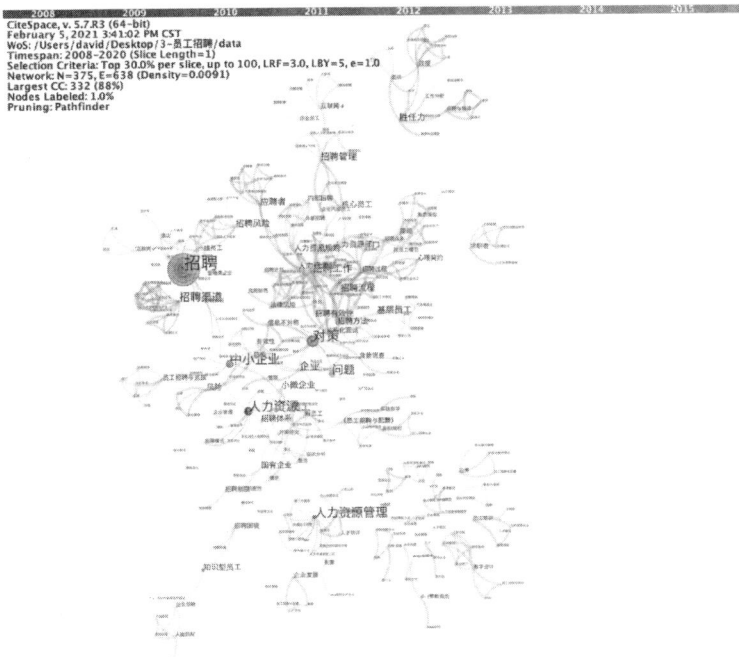

图 3 - 2 "员工招聘"高频关键词共现图谱

借助 CiteSpace 的突现词探测功能生成的关键词突现图谱。突现词探测的构建过程是，时间跨度设置为 2001～2020 年，时间切片设置为 1 年，Top N% = 30，其他参数不变，运行后共生成节点 72 个，连线 134 条，运用突现词探测功能，探测模型设置如下：

$f(x) = ae^{-ax}$，$a_1/a_0 = 2.0$

$a_i/a_{i-1} = 2.0$

The number of states = 2

$\gamma [0, 1] = 0.7$

Minimum Duration = 2

按照模型，按照首次出现的年份，算法自动生成突现强度最高的 5 个关键词，表 3-7 列示了 5 个突现词、突现强度、突现的起止年份以及持续的时间，突现强度的数值越大，表明该术语在一段时期内越活跃，突现的持续状态越靠近当下，越有可能是研究的前沿。

表 3-7 "员工招聘"关键词突现信息分析

突现词	突现强度	开始年份	结束年份	持续状态
应聘者	1.97	2009	2012	——
知识型员工	1.87	2015	2016	——
中小企业	2.74	2016	2018	——
对策	1.87	2016	2020	——
招聘体系	2.03	2018	2020	——

由表 3-7 可知，"应聘者""知识型员工""中小企业""对策"以及"招聘体系"占据了研究的前沿位置。

三、招聘与甄选的问题与对策

（一）问题与对策的综合模型

基于对招聘和甄选问题的研究分析可见，目前，很多企业在招聘和甄选都存在一些常见问题。如表 3-8 所示。

（二）综合模型的具体解释

很多公司对于招聘计划的管理存在缺失，没有把控好招聘流程的进度，也不清楚招聘岗位的具体要求，因此需要计划性地开展招聘工作。首先，要确定

表 3 - 8　招聘与甄选的问题分析与对策研究

招聘与甄选	问题	对策
招募	招聘缺乏计划性	计划性地开展招聘工作
	招聘缺乏有效性，招聘完成率和人才储备效果欠佳	创新引才方式，提高招聘完成率和人才储备效果
选拔	招聘到岗人员准确率低，能级偏低	招聘人员培训考评，完善各岗位说明书，实行 HRBP 制度

公司的定岗定编，梳理出整体缺编的岗位及具体需求信息。其次，明确招聘计划的提报流程。由本部各部门、各子公司年初提报年度人员需求计划，人力资源管理部负责汇总审核，报办公会研究同意后，形成公司年度人员需求计划。最后，由人力资源部根据计划分步组织招聘，并对招聘过程进行监控，对于因新设部门、新增岗位、新添项目而产生的人员需求，各部门需填写人员需求申请表，经有权审批人同意后方可进行招聘。

企业在人才方面的储备不能满足新项目的人员需求，人才库的建设工作开展缓慢，本身所处城市人才供给又较少，不能满足组织战略发展的人才需求，因此需要创新引才方式，提高招聘的前瞻性和效果。一是拓展招聘渠道，创新引才方式。积极拓展内部招聘渠道，如内部竞聘、内部培养、人才轮岗等方式从内部选拔人才。在外部招聘方面，除了拓展传统的网站招聘渠道外，引入"全员猎聘"理念，利用企业每一位人员的行业圈子，传播企业良好的雇主品牌形象。二是人才库的建设。根据企业和地域的特性，注重本地人才的挖掘和培养，优先引进本地大学生或定居的优秀社会人才，为企业发展储备稳定的人才库。借助公司全部布局的战略规划，助力企业占领人才高地，吸引各方面的尖端人才。探索校企合作新模式，牵头各子公司与各大院校建立紧密联系，探索校企合作新模式，建立毕业生就业实习基地。探索与外部人才服务机构合作，建立战略合作伙伴关系，为企业提供专业人才。三是加大对中高级人才引进的力度。积极探索建立健全职业经理人工作机制，密切关注所在地区各类人才引进政策与计划，引进管理类、运营类高水平人才。[①]

企业面临大量的人才补充的时候，招聘的精准高效也同样受到质疑。准确率低，能级偏低主要体现在招聘工作的以下三点：一是招聘人员不能准确聚焦于目标人选；二是招聘人员对业务部门的需求岗位标准不明确；三是招聘人员

---

① 闵敏. W 公司人力资源管理问题诊断与对策研究［D］. 中国矿业大学硕士学位论文，2020.

对业务条线的专业知识待提升。所以，要提升招聘人员的专业能力。招聘人员和面试官培训考评，结合阶段性业务重点，不定期地开展专项培训，保证招聘工作的一致性和有效性。完善各岗位工作说明书，先对关键岗位进行试点，联合业务部门和区域公司职能部门力量，自上而下推进岗位说明书更新，统一招聘语言，切实反映每个工作岗位的详细内容与职责。实行 HRBP 制度，对岗位需求大、岗位种类多、人员流动性大的部门作为 HRBP 的试点岗具有实际工作效益。[①]

第四节　绩效管理问题解决

一、企业绩效管理概述

（一）绩效的基本概念

绩效是在工作过程中所表现出来的，与组织目标相一致的，能通过制度被评价的有效劳动，包括结果和行为，可具体化为工作业绩、工作能力和工作态度。

（二）绩效管理的过程

绩效管理的过程包括绩效计划、绩效辅导、绩效考核、绩效反馈与面谈和绩效结果的应用。绩效计划是绩效管理的起点，是被评估者和评估者双方对员工应该实现的工作绩效进行沟通的过程，并将沟通的结果落实为订立正式书面协议即绩效计划和评估表。绩效辅导是在工作过程中，管理者对员工进行沟通辅导，帮助员工更好地实现绩效考核目标的过程。绩效考核是依照一定标准，采用科学的方法，对员工的工作业绩、工作能力、工作态度等进行考核。绩效反馈与面谈是通过考核者与被考核者的面谈沟通，对考核结果进行反馈，使员工意识到考核周期内自身存在的优点和不足。绩效结果的应用指通过对绩效优异者的奖励和绩效较差者的惩罚，鼓励企业内部的正确行为、激励企业员工为实现企业目标而共同努力。

（三）大数据背景下的绩效管理

绩效管理是企业进行人力资源管理工作的核心，可以充分激发企业内部成

---

① 石佩佩. XZXC 公司招聘管理工作现状调查与对策研究［D］. 中国矿业大学硕士学位论文，2020.

员的工作积极性、有效优化企业运转模式，从而确保组织战略目标的实现。随着信息技术的快速发展，通过将大数据应用于企业人力资源绩效管理中，可以对企业所制定的人力资源管理模式进行优化，使企业传统的以主观考核为主的绩效管理转变为以客观数据分析为基础的绩效管理。

二、基于数据的绩效管理热点问题分析

（一）数据来源

选取 CSSCI 中国社会科学引文索引中与"绩效管理"相关的期刊文章作为研究的数据来源。数据下载时间为 2021 年 1 月 31 日，检索条件为：高级检索——关键词或篇名"绩效管理"，出于数据资料的完整性的考虑，不设时间跨度。符合检索条件的原始数据有 733 条，为了保证研究的严谨性和准确性，借助文献管理软件 NoteExpress 对收集到的原始数据进行人工复检，由两人各自复检一次，剔除公认的与研究主题不相关的数据，最终得到有效文献 719 篇，将筛选后的文献作为研究的基础数据。

（二）研究热点

1. 高频关键词

设置 Nodes（Top N，e）= 3.0，时间跨度为 2001~2020 年，时间切片为 1 年，节点类型选择关键词，Top N% = 10，NoteTypes 选择 Keyword，网络裁剪方式选择 Pathfinder、Pruning sliced networks、Pruning the merged network，运行后共生成节点 98 个，连线 114 条，得到高频关键词，按词频排序选取排名前 32 的关键词进行研究热点的探究，表 3-9 列举了出现频次较高的前 32 个关键词。

由表 3-9 可知，在与"绩效管理"相关的研究领域中，"政府绩效管理""预算绩效管理""绩效考核""绩效评估""平衡计分卡""绩效管理体系"等关键词共现次数较多，属于绩效管理研究领域的热点关键词。

2. 高频关键词共现图谱

为了进一步探索热点关键词之间的联系以及相关的研究方向，在保持上述设置不变的情况下，利用 CiteSpace 生成关键词共现图谱，如图 3-3 所示。

由图 3-3 可知，与"绩效管理"相关的研究领域中，"政府绩效管理""绩效评估""绩效考核""平衡计分卡"等是比较受关注的研究方向，属于该领域的研究热点。

表 3 – 9　DK "绩效管理" 高频关键词

序号	关键词	共现次数	序号	关键词	共现次数
1	绩效管理	423	17	公务员	4
2	政府绩效管理	76	18	高校教师	4
3	预算绩效管理	32	19	国有企业	4
4	绩效考核	29	20	公共价值	4
5	绩效评估	29	21	政府绩效评估	4
6	平衡计分卡	22	22	绩效预算	4
7	绩效评价	19	23	评价指标	4
8	地方政府	14	24	绩效管理模式	4
9	政府绩效	13	25	电子政务	4
10	人力资源	11	26	公共图书馆	4
11	人力资源管理	10	27	绩效考评	4
12	绩效管理体系	8	28	资源型城市	3
13	政府管理	7	29	全面实施绩效管理	3
14	平衡记分卡	7	30	卓越绩效管理	3
15	绩效审计	6	31	政府预算	3
16	企业绩效管理	6	32	国家审计	3

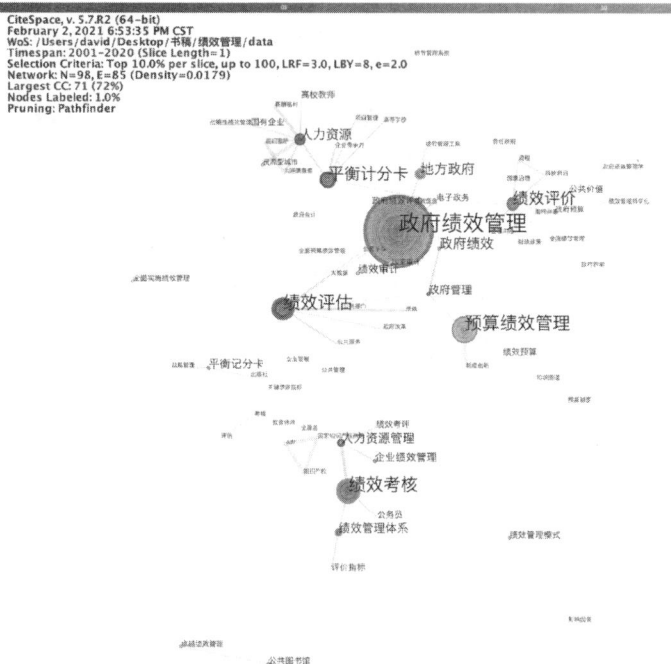

图 3 – 3　"绩效管理" 高频关键词共现图谱

3. 研究前沿

借助 CiteSpace 的突现词探测功能生成的关键词突现图谱，突现词探测的构建过程是，时间跨度设置为 2001~2020 年，时间切片设置为 1 年，Top N% = 30，其他参数不变，运行后共生成节点 98 个，连线 114 条，运用突现词探测功能，探测模型设置如下：

$f(x) = ae^{-ax}$，$a_1/a_0 = 2.0$

$a_i/a_{i-1} = 2.0$

The number of states = 2

$\gamma[0, 1] = 0.7$

Minimum Duration = 2

按照模型，按照首次出现的年份，算法自动生成突现强度最高的 12 个关键词，表 3-10 列示了 12 个突现词、突现强度、突现的起止年份以及持续的时间，突现强度的数值越大，表明该术语在一段时期内越活跃，突现的持续状态越靠近当下，越有可能是研究的前沿。

表 3-10　"人力资源规划"关键词突现信息分析

突现词	突现强度	开始年份	结束年份	持续状态
绩效管理	4.65	2002	2020	
绩效考核	5.54	2003	2020	
人力资源管理	3.43	2004	2020	
人力资源	2.64	2006	2020	
绩效管理体系	2.72	2006	2020	
企业绩效管理	3	2007	2020	
平衡计分卡	3.09	2008	2020	
地方政府	3.03	2010	2020	
国有企业	2.4	2010	2020	
政府绩效管理	4.19	2013	2020	
公共价值	2.41	2014	2020	
预算绩效管理	15.46	2018	2020	

通过表 3-10 可以看出，"绩效考核""绩效管理体系""企业绩效管理""平衡计分卡""政府绩效管理""公共价值""预算绩效管理"等是该领域的研究前沿。

三、绩效管理的问题与对策

（一）问题与对策的综合模型

通过梳理了近十年来人力资源管理方面的文献，关于绩效管理方面发现的问题及相关解决对策如表3-11所示。

表3-11　绩效管理问题与对策

绩效管理	问题	对策
绩效计划	计划制订不合理	考虑员工实际能力
		细化企业战略目标
绩效辅导	绩效辅导不到位	关注员工的工作进展情况
绩效考核	缺乏科学性	制定灵活的考核指标
		制定合理的考核周期
		细分考核主体
绩效反馈与面谈	环节缺失，反馈不及时	加强对绩效反馈的重视
		选择有效的绩效反馈形式
绩效结果的应用	应用不合理	广泛应用绩效考核结果

（二）综合模型的具体解释

在绩效计划环节，很多企业更重视结果，而忽略了制订绩效计划的合理性和规范性。在制订计划上，易出现目标设定不清晰、对员工的难度较大等情况。因此，在绩效计划方面，考核者应充分考虑不同员工的能力差异，注重绩效计划对员工的可实现性。此外，绩效计划应对公司的战略目标进行细化分解，并落实到下属的部门和每一名员工身上，通过广大员工的绩效计划的实现，促进公司战略目标的达成。[1]

绩效辅导对广大员工认识到自己在工作中的不足和疏漏，进而采取必要的改进措施，提高自身工作技巧和工作能力具有重要价值（吕雪梅，2020）。在这一过程中，常出现因辅导不到位导致无法实现绩效辅导对员工及企业的实际意义。对此，考核者应及时掌握员工的工作进展情况，了解员工在工作中的表现以及困难，及时发现问题、纠正问题。[2]

---

[1]　吕雪梅.M公司绩效管理优化研究［D］.南京邮电大学硕士学位论文，2020.

[2]　李冻.D公司员工绩效管理设计研究［D］.吉林大学硕士学位论文，2012.

很多企业在绩效考核上缺乏科学性，使绩效考核结果难以令人信服，导致员工的工作积极性和满意度降低。针对绩效考核，企业应从考核指标、考核周期、考核主体多方面来提高绩效考核的科学性。在考核指标上，如果定性指标较多而定量指标较少，绩效考核会过于依靠考核者的主观判断，不利于考核结果的客观性，也易使考核工作产生矛盾分歧。对此，企业应制定灵活的考核指标，合理分配定性指标与定量指标的比例，保证考核结果的科学性和公平性。在考核周期上，企业应根据实际情况进行考核周期的设定，周期太长或太短都无法达到绩效管理最大的效能。考核太频繁既会增加工作量，也会降低评价的全面性；考核周期太长会降低绩效的紧迫感①，也会因员工只记得近期的工作表现，对考核结果产生异议。在考核主体上，应让考核者的层级更加全面，从而避免单一的考核主体造成过于主观的考核结果。

有效的绩效反馈会在考核周期结束时让管理者与员工进行面谈，让员工了解考核结果，降低因信息不对称造成的分歧和误解，并由管理者指导员工在下一周期如何改进绩效。② 但常有企业会出现绩效反馈不及时的问题，甚至忽略这一环节。因此，企业首先要加强对绩效反馈这一环节的重视，宣传绩效反馈对企业的重要性，从而让管理者对员工展开有效的绩效反馈工作。此外，针对不同层级、不同性格的员工，管理者应选择不同的反馈方式③，提高绩效反馈工作的有效性。

将绩效考核结果应用到不同方面，能够最大限度发挥绩效考核的作用和价值。企业普遍会将绩效考核结果应用于发放绩效奖励上，应用面较为单一。对此，企业应注重考核结果的应用，可以将考核结果应用于下一周期绩效计划的参照、员工晋升或降职、人才培养等多个方面。

第五节　薪酬管理问题解决

一、薪酬管理概述

（一）薪酬的基本概念

薪酬是在雇佣关系中，员工为企业付出不同形式的劳动而获得的报酬。

① 张海霞. HG 公司绩效管理体系及其优化研究［D］. 苏州大学硕士学位论文，2020.
② 李丽华. NN 电视台员工绩效管理优化研究［D］. 广西大学硕士学位论文，2012.
③ 于小龙. M 煤炭公司绩效管理优化研究［D］. 内蒙古大学硕士学位论文，2017.

（二）薪酬的构成

薪酬由基本薪酬、可变薪酬、福利薪酬三部分构成。

基本薪酬又称固定薪酬，是员工因在企业中工作而获得的较为稳定的经济报酬。可变薪酬是薪酬体系中与绩效直接挂钩的经济性报酬，有时也被称为浮动薪酬、绩效薪酬、绩效奖励或奖金。福利薪酬一般包括各种法定保险、企业补充保险、非工作时间付薪、向员工个人或家庭提供的服务、健康及医疗保险等。

（三）大数据背景下的薪酬管理

薪酬管理作为人力资源管理中重要一环，其激励效果的好坏将直接影响组织人才的培养与保留、组织内部运营和外部竞争。企业中的薪酬管理也应随着时代发展趋势进行创新变革，才能更好地适应当前激烈的市场竞争环境。基于大数据的人力资源薪酬管理，利用大数据技术的优势促进企业人力资源管理中的薪酬管理与时俱进，有助于企业在市场环境中不断提升竞争实力，对企业的持续、稳定的发展有着积极作用。

二、基于数据的薪酬管理热点问题分析

（一）数据来源

本部分将收录文献较为全面的 CNKI 中国知网中与"薪酬管理"相关的期刊文章作为研究的数据来源。数据下载时间为 2021 年 1 月 31 日，检索条件为：高级检索—期刊—篇名"薪酬管理"—同义词拓展—北大核心和 CSSCI，出于数据资料的完整性的考虑，不设时间跨度。符合检索条件的原始数据有302 条，为了保证研究的严谨性和准确性，借助文献管理软件 NoteExpress 对所收集到的原始数据进行人工复检，由两人各自复检一次，剔除公认的与研究主题不相关的数据，最终得到有效文献 270 篇，将筛选后的文献作为研究的基础数据。

（二）研究热点

1. 高频关键词

设置 Nodes（Top N，e）= 3.0，时间跨度为 2008 ~ 2020 年，时间切片为 1年，节点类型选择关键词，Top N% = 30，NoteTypes 选择 Keyword，网络裁剪方式选择 Pathfinder、Pruning sliced networks、Pruning the merged network，运行后共生成节点 435 个，连线 945 条，得到高频关键词，按词频排序选取排名前19 的关键词进行研究热点的探究，表 3 - 12 列举了出现频次较高的前 19 个关键词。

表 3 - 12　"薪酬管理"高频关键词

序号	关键词	共现次数	序号	关键词	共现次数
1	薪酬管理	69	11	公立医院	4
2	企业薪酬管理	11	12	对策	4
3	高管薪酬	8	13	激励机制	4
4	薪酬	8	14	中小企业	4
5	国有企业	7	15	宽带薪酬	4
6	全面薪酬管理	7	16	企业	3
7	人力资源	7	17	年薪制	3
8	激励	6	18	优化策略	3
9	民营企业	5	19	知识型员工	3
10	教师薪酬	5			

由表 3 - 12 可知，在"薪酬管理"领域的相关研究中，"高管薪酬""国有企业""全面薪酬管理""激励""民营企业""教师薪酬"等关键词共现次数较多，属于薪酬管理研究领域的热点关键词。

2. 高频关键词共现图谱

为了进一步探索热点关键词之间的联系以及相关的研究方向，在保持上述设置不变的情况下，利用 CiteSpace 生成关键词共现图谱，如图 3 - 4 所示。

由图 3 - 4 可知，"国有企业的薪酬管理""全面薪酬管理""激励""民营企业""教师薪酬"等相关研究为绩效薪酬领域的研究热点。

3. 研究前沿

本部分通过突现词来探测研究前沿，突现词探测的构建过程是，时间跨度设置为 2001 ~ 2020 年，时间切片设置为 1 年，Top N% = 30，其他参数不变，运行后共生成节点 72 个，连线 134 条，运用突现词探测功能，探测模型设置如下：

$f(x) = ae^{-ax}$，$a_1/a_0 = 3.0$

$a_i/a_{i-1} = 2.0$

The number of states = 2

$\gamma [0, 1] = 0.5$

Minimum Duration = 2

按照模型，按照首次出现的年份，算法自动生成突现强度最高的 9 个关键词，表 3 - 13 列示了 9 个突现词、突现强度、突现的起止年份以及持续的时

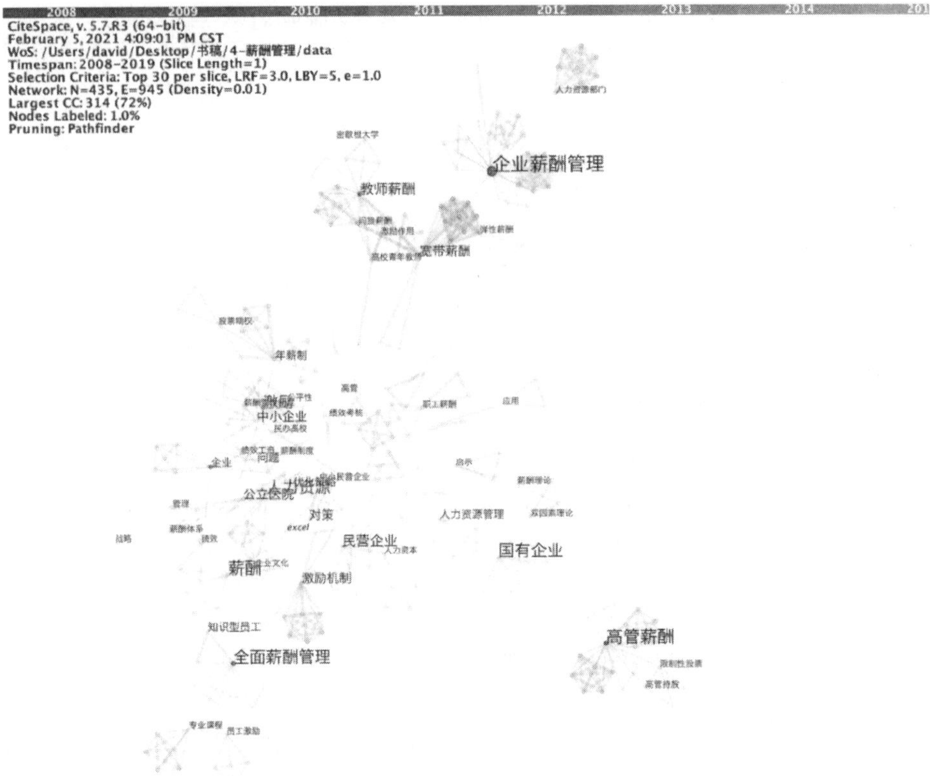

图 3-4 "薪酬管理"高频关键词共现图谱

表 3-13 "人力资源规划"关键词突现信息分析

突现词	突现强度	开始年份	结束年份	持续状态
高校青年教师	1.36	2008	2009	
高管薪酬	2.68	2009	2010	
中小企业	1.41	2010	2011	
国有企业	2.06	2012	2013	
人力资源管理	1.89	2013	2015	
管理	1.54	2013	2014	
高管	1.63	2014	2015	
绩效工资	1.63	2014	2015	
优化策略	1.61	2016	2019	

间，突现强度的数值越大，表明该术语在一段时期内越活跃，突现的持续状态越靠近当下，越有可能是研究的前沿。

由表 3-13 可知，"高校青年教师的薪酬管理""高管薪酬管理""中小企业以及国有企业的薪酬管理""绩效工资管理"以及"薪酬管理的优化策略"为薪酬管理领域的研究前沿。

三、企业薪酬管理的问题与对策

（一）问题与对策的综合模型

通过梳理了近十年来关于人力资源管理方面的文献，在薪酬方面发现的问题及相关解决对策如表 3-14 所示。

表 3-14　薪酬管理问题与对策

薪酬	问题	对策
基本薪酬	未体现岗位差异	进行岗位分析评价
可变薪酬	绩效考核指标单一，缺乏内部公平性	制定科学的绩效考核指标
	绩效考核制度不完善，与绩效考核相脱节	改进优化绩效考核制度
福利薪酬	激励机制单一，缺乏激励性	了解员工需求
		引进"弹性福利制度"

（二）综合模型的具体解释

一般而言，基本薪酬是根据员工的岗级、职位、价值等核定的。企业在对员工基本薪酬的核算上易出现平均主义的情况，处于同一级别的员工薪酬标准相同，没有很好地体现各岗位之间在工作责任、工作技能、工作强度、工作条件之间的差别，未能真正体现岗位的差别和贡献的大小。[①] 企业应对不同的岗位进行分析评价，确立各种岗位在工作内容上的相似性和差异性，对工作内容、所需技能、对组织的价值等方面进行岗位评价，公平对待不同岗位员工。

关于可变薪酬，很多企业在考核过程中大多是对考勤、企业规范纪律遵守情况的考核，而就员工的业务能力、工作态度、劳动贡献等都没有制定具体的考核指标，导致制定薪酬时缺乏科学的依据，导致员工之间的可变薪酬差距较小，缺乏内部公平性。对此，企业应制定科学的绩效考核指标，提高内部公平性以及准确性，充分发挥绩效考核体系的作用价值。此外，企业绩效考核制度不完善，会导致绩效考核脱离实际或流于形式，无法有效发挥激励和凝聚作

---

① 刘俊群. X 石油公司基本薪酬分配制度分析［D］. 华中科技大学硕士学位论文，2013.

用，执行力不强。[①] 企业应优化改进考核制度，制定有效的绩效考核制度，从多个角度出发，激发员工的工作潜力，端正工作态度，充分提高员工的工作积极性。[②]

在福利薪酬方面，很多企业只是按照自己的喜好或者人力资源部门相关人员的偏好制定福利制度，激励机制单一，福利政策相对滞后，缺乏激励的差异性。对此，企业应对员工的福利需求展开调查，对不同性别、年龄、职务和文化层次员工的不同需求进行了解和统计，作为设计员工福利模式的参考依据。[③] 企业可以基于广泛信息源，挖掘员工多层面的需求，改变千人一面的传统福利模式，对员工薪酬实施差异化福利措施。[④] 此外，企业可以通过引进"弹性福利"制度，以弹性积分的形式实施福利弹性计划，使用弹性积分自主选购福利产品，员工可以根据自身需求自主选择从实物类到服务类的各类型福利产品。[⑤] 企业通过福利薪酬可最大化激励员工，满足员工的个性化需求，吸引和留用优秀人才，促进企业的长远发展。

第六节　企业培训问题解决

一、企业培训概述

（一）企业培训概念

培训是指各组织为适应业务及培育人才的需要，采用补习、进修、考察等方式，进行有计划的培养和训练，使其适应新的要求，不断更新知识，更能胜任现职工作及将来更能担任重要职务，适应新技术革命所带来的知识结构、技术结构、管理结构等方面的变化。

（二）企业培训的内容构成

员工培训有三种类型：①职前培训：职前培训是指新聘员工熟悉和适应工

---

① 吴怡. G 公司薪酬管理体系优化研究［D］. 郑州大学硕士学位论文，2020.

② 潘丽好. A 公司薪酬管理体系优化及应用研究［D］. 华南理工大学硕士学位论文，2019.

③ 王喜丽. 哈尔滨汽轮机厂有限责任公司薪酬体系改进研究［D］. 哈尔滨工业大学硕士学位论文，2016.

④ 徐宗本，冯芷艳，郭迅华，曾大军，陈国青. 大数据驱动的管理与决策前沿课题［J］. 管理世界，2014（11）：158 - 163.

⑤ 李惠青，胡同泽. 体验式激励：重塑互联网时代下员工激励模式——以"i 福励"忠诚度管理云平台为例［J］. 中国人力资源开发，2016（16）：6 - 10.

作环境的过程，它的目的是使新聘人员进入工作岗位之前掌握必要的工作技能和业务知识。②继续教育：继续教育就是根据对职业技能和产业结构变化引起的就业趋势进行预测，有计划地制订培训项目，改进劳动者的知识、技能、文化观念和工作行为，适应社会的发展。③职业教育：职业教育应使劳动者了解本职工作的特点和意义，培养职业自豪感和职业道德意识，强化做好本职工作的思想。

（三）大数据时代的企业培训

员工培训是现代组织人力资源管理的重要组成部分。基于大数据分析的培训管理体系，能够实时、高效地对当前培训管理体系中存在的不足之处进行修改完善，可以结合实际和相关的管理理念来对整个培训管理体系进行优化升级，促使企业培训全过程形成较为高效的运转模式，对我国企业发展建设、培训资源高效转化有着极为重要的推动意义。

大数据还可以分析员工的培训需求及培训效果。例如，利用在线培训，分析得出职工的培训需求，进而使培训工作变得更有针对性；通过对培训后员工行为数据的分析，判断培训效果；等等。

二、基于数据的企业培训热点问题分析

（一）数据来源

为保证数据资料能够涵盖"员工培训"的研究热点和前沿并体现其发展趋势，将收录文献较为全面的 CNKI 中国知网中与"员工培训"相关的期刊文章作为研究的数据来源。数据下载时间为 2021 年 1 月 31 日，检索条件为：高级检索—期刊—篇名"员工培训"—同义词拓展—北大核心和 CSSCI，出于数据资料完整性的考虑，不设时间跨度。符合检索条件的原始数据有 310 条，为了保证研究的严谨性和准确性，借助文献管理软件 NoteExpress 对收集到的原始数据进行人工复检，由两人各自复检一次，剔除公认的与研究主题不相关的数据，最终得到有效文献 303 篇，将筛选后的文献作为研究的基础数据。

（二）研究热点

研究热点是在某一时期内，有内在联系的、讨论比较多的热门问题或专题。对"员工培训"的研究热点的探析，可以通过对高频关键词和关键词共现图谱来实现。

1. 高频关键词

设置 Nodes（Top N，e）= 3.0，时间跨度为 2008～2020 年，时间切片为

1 年，节点类型选择关键词，Top N% ＝30，NoteTypes 选择 Keyword，网络裁剪方式选择 Pathfinder、Pruning sliced networks、Pruning the merged network，运行后共生成节点 342 个，连线 602 条，得到高频关键词，按词频排序选取排名前 24 的关键词进行研究热点的探究，表 3 - 15 列举了出现频次较高的前 24 个关键词。

表 3 - 15 "员工培训" 高频关键词

序号	关键词	共现次数	序号	关键词	共现次数
1	员工培训	75	13	企业培训	4
2	企业	15	14	问题	4
3	博弈分析	13	15	胜任力	4
4	西部地区	13	16	培训体系	4
5	培训	12	17	培训模式	3
6	企业员工培训	10	18	现状	3
7	人力资本	7	19	企业文化	3
8	员工培训体系	6	20	风险	3
9	对策	6	21	职业培训	3
10	中小企业的员工培训	6	22	胜任力模型	2
11	人力资源管理	5	23	培训管理体系	2
12	新员工培训	5	24	员工培训机制	2

由表 3 - 15 可以看出，"博弈分析""西部地区""企业员工培训""员工培训体系""对策""中小企业的员工培训""新员工培训""胜任力""培训体系" 及 "培训模式" 等共现频率较高，很有可能是该领域的研究热点。

2. 高频关键词共现图谱

关键词共现分析可以发现一个领域的研究热点、子领域及其关系和领域知识结构。在保持上述设置不变的情况下，利用 CiteSpace 生成关键词共现图谱，如图 3 - 5 所示。

结合表 3 - 15 和图 3 - 5 可知，"博弈分析""西部地区""企业员工培训""员工培训体系""对策""中小企业的员工培训""新员工培训""胜任力""培训体系及培训模式" 等共现频率较高，相关的研究都围绕这些关键词展开，

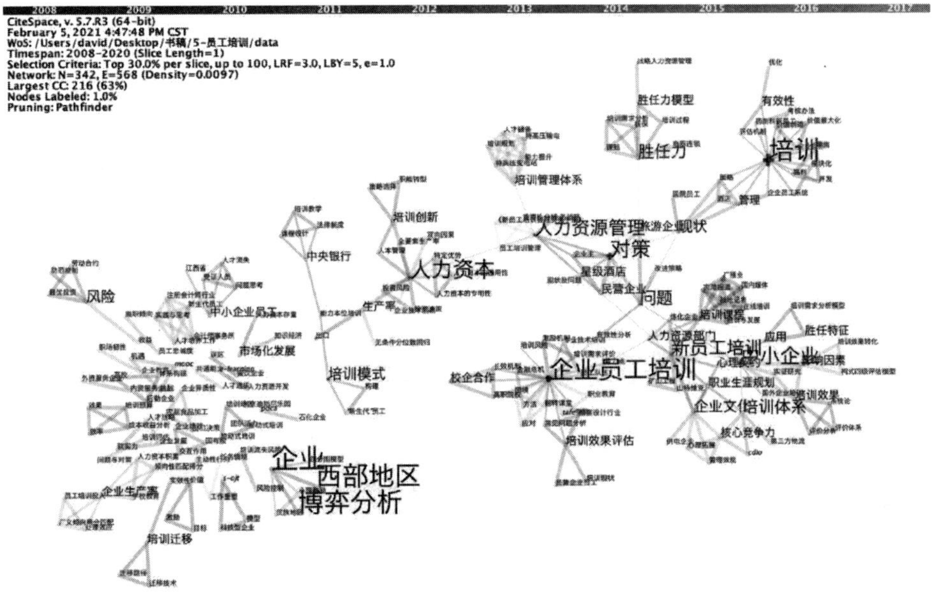

图 3 – 5 "员工培训"高频关键词共现图谱

由此可知，这些主题是该领域的研究热点。

3. 研究前沿

采用突现词探测的方式来探索员工培训领域的研究前沿，突现词探测的构建过程是，时间跨度设置为 2001～2020 年，时间切片设置为 1 年，Top N% = 30，其他参数不变，运行后共生成节点 72 个，连线 134 条，运用突现词探测功能，探测模型设置如下：

$f(x) = ae^{-ax}$，$a_1/a_0 = 3.0$

$a_i/a_{i-1} = 2.0$

The number of states = 2

$\gamma [0, 1] = 0.5$

Minimum Duration = 2

按照模型，按照首次出现的年份，算法自动生成突现强度最高的 9 个关键词，表 3 – 16 列示了 9 个突现词、突现强度、突现的起止年份以及持续的时间，突现强度的数值越大，表明该术语在一段时期内越活跃，突现的持续状态越靠近当下，越有可能是研究的前沿。

表 3-16 "员工培训"关键词突现信息分析

突现词	突现强度	开始年份	结束年份	持续状态
中小企业	2.81	2011	2012	▬▬▬
问题	2.23	2011	2012	▬▬▬
新员工培训	1.96	2011	2012	▬▬▬
培训体系	1.38	2012	2013	▬▬▬
在岗培训	1.68	2013	2014	▬▬▬
企业培训	1.47	2013	2020	▬▬▬
影响因素	1.36	2014	2016	▬▬▬
生产率	1.68	2015	2016	▬▬▬

由表 3-16 可知，"中小企业""问题""新员工培训""培训体系""在岗培训""企业培训""影响因素""生产率"等是员工培训领域的研究前沿。

三、企业员工培训的问题与对策

（一）员工培训问题与对策的综合模型

基于对员工培训问题的研究分析可见，目前，很多企业培训都存在一些常见问题。如表 3-17 所示。

表 3-17 员工培训问题与对策

培训	问题	对策
职前培训	对岗前培训的认识存在许多误区	岗前培训理念的更新
	培训内容单一	岗前培训内容的创新
	缺乏对新员工的区分	岗前培训人员的区分
	新员工入职培训缺乏监管和信息反馈	岗前培训监督的实施
继续教育	缺少与企业战略发展配套的培训计划	建立以公司战略为先导的培训体系建设
	缺乏完善的培训制度	建立完善的培训流程体系
	没有有效的评估体系，缺乏相应的激励措施	加强培训过程管理，建立科学的培训评估考核激励体系

培训	问题	对策
职业教育	现有的有关法律政策体系不健全	完善企业参与职业教育法律法规体系
	已有的法律政策执行不力，操作性不强，也缺乏系统保障机制	建立开放式合作的职业教育模式

（二）综合模型的具体解释

公司管理者和岗前培训体系的设计人员，在设计岗前培训各项细则和工作条款时，要把岗前培训管理工作对象的视角转移到员工身上来，不能仅仅侧重于培训内容和培训基础设施建设。管理方法则是要从过去的就事论事转变为真正意义上的人力资源管理，具体如下：①学会尊重知识和人才。②重视引入优秀人才。③注重人力资源的充分开发。岗前培训内容要进行创新，例如以访谈、座谈、面对面交流的方式，对每一名接受岗前培训员工的基本信息进行了解，在大致摸清员工的性格、精神面貌以及学习态度后，再逐步开展以多元化为主的培训方法，设计更加完善的培训内容，增强岗前培训的针对性和实用性。对接受岗前培训的新员工分类区分，区分标准可以是新员工的毕业年限，区分哪些员工拥有丰富工作经验，哪些员工在经验储备上比较落后。另外，还可以从技术能力上，对一些拥有专业技术的员工进行识别，了解哪些员工具备行政管理能力，哪些员工拥有一线操作能力，公司可以根据分类得到的结果，对不同类别的员工开展不同类别的培训，提高培训内容的针对性。此外还要进行岗位培训的监督，体系的构建离不开各种制度的制定和推行，而制定的落实难免会出现各种各样的问题，在岗前培训开展的过程中，公司所有员工都可以通过相关渠道向新设立的信息员反馈自己的意见，再由信息员上报给公司管理层，管理层经过核查后确实存在问题的，则第一时间进行解决或者改善。①

在继续教育中，员工培训会出现缺少与企业战略发展配套的培训计划、缺乏完善的培训制度和没有有效的评估体系、缺乏相应的激励措施等问题。企业可以采取以下对策：①建立以公司战略为先导的培训体系建设。员工培训是为企业战略服务的，公司的培训体系需以公司战略为基础，明确培训目标、培训职能、培训对象和培训内容，不断吸纳人才、培养人才、留住人才——为企业赢得核心竞争力。②建立完善的培训流程体系。为了保障公司的培训体系具有

---

① 刘海涛. 中国人寿保险 X 分公司员工岗前培训提升研究 ［D］. 西安科技大学硕士学位论文，2019.

较强的可操作性，使员工培训工作自始至终都有据可依，每一个步骤和细节操作都能使培训部门负责人一目了然，提高了该流程实际应用中的可操作性，从而有效地开展培训工作和培训管理工作。③加强培训过程管理，建立科学的培训评估考核激励体系。培训后评估考核是培训体系发展的内在动力，激励是培训体系发展的原动力。要完善培训评估考核体系和激励措施，同时构建培训后跟踪反馈体系，更好地推进培训成果。[①]

在职业教育中，存在现有的有关法律政策体系不健全和已有的法律政策执行不力、操作性不强，也缺乏系统保障机制的问题。有两个方面的解决对策：①完善企业参与职业教育法律法规体系。政府在职业教育中承担的首要责任是政策制定、提供经费、协调关系、制定标准。在现阶段，政府应该着力完善有关行业企业参与职业教育法律法规体系，明确职业教育的定位，确立企业参与职业教育的主体地位。②建立开放式合作的职业教育模式。中小企业可以项目为载体从国家或者地方政府得到一定的补助金节约人力资源开发的成本，还可以通过与专家或者高校科研机构合作研发新的产品，以增强企业竞争力。此外，企业通过与同行其他企业或者其他行业协作来培养复合式创新型人才，优化企业自身的人力资源，增强企业的潜在利益。政府在此过程中仍然要发挥引导与规范作用，保证各个合作主体的规范性以及人才培养的合理性与科学性。[②]

第七节　员工关系管理问题解决

一、企业员工关系概述

（一）员工关系管理概念

从广义上讲，员工关系管理是在企业人力资源体系中，各级管理人员和人力资源职能管理人员，通过拟订和实施各项人力资源政策和管理行为，以及其他的管理沟通手段调节企业和员工、员工与员工之间的相互联系和影响，从而实现组织的目标并确保为员工、社会增值。从狭义上讲，员工关系管理就是企

---

① 韩素婷. 瑞博培训机构员工继续教育管理方案设计［D］. 兰州大学硕士学位论文，2014.

② 王琼艳. 日本企业职业培训的发展现状以及对我国的启示［J］. 职业教育研究，2019（11）：92－96.

业和员工的沟通管理，这种沟通更多采用柔性的、激励性的、非强制的手段，从而提高员工满意度，支持组织其他管理目标的实现。

（二）员工关系管理的类型

劳动关系管理。劳动争议处理，员工上岗、离岗面谈及手续办理，处理员工申诉、人事纠纷和以外事件。

员工人际关系管理。引导员工建立良好的工作关系，创建利于员工建立正式人际关系的环境。

沟通管理。保证沟通渠道的畅通，引导公司上下及时的双向沟通，完善员工建议制度。

员工绩效管理。制定科学的考评标准和体系，执行合理的考评程序，考评工作既能真实反映员工的工作成绩，又能促进员工工作积极性的发挥。

企业文化建设。建设积极有效、健康向上企业文化，引导员工价值观，维护公司的良好形象。

（三）大数据时代的员工关系管理

大数据时代下，信息更新速度较快，员工们所接收的信息也较以往有着较大的差别，伴随着员工思想和行为的变化，原先员工对某一份工作的依赖性很强，不会轻易改变工作现状，而当前大部分员工更关注企业的价值观与个人思维方式、个人价值观是否一致，他们更多的是考虑自身的感受，会选择自己喜欢的企业环境，在员工关系上更有自己的态度。大数据时代下，员工的需求呈现出多样化、人员的潜在流动性增加和工作模式变化较大等特点，随着信息的快速传播，人们对信息的判断标准也发生了很大的变化，由此发展出了新生态的员工关系。各行各业对互联网的依赖性逐步增强，传统的经营模式、组织结构和管理理念、企业文化都受到了冲击。当竞争者紧跟互联网浪潮，采取适应当前经济市场发展时，企业要想在多变的互联网经济中获得胜利，就必须采取改变。

二、基于数据的员工关系热点问题分析

（一）数据来源

为保证数据资料能够涵盖"员工关系管理"的研究热点和前沿并体现其发展趋势，将收录文献较为全面的 CNKI 中国知网中与"员工培训"相关的期刊文章作为研究的数据来源。数据下载时间为 2021 年 1 月 31 日，检索条件为：高级检索—期刊—篇名"员工关系管理"—同义词拓展，出于数据资料的完整性的考虑，不设时间跨度。符合检索条件的原始数据有 232 条，为了保

证研究的严谨性和准确性，借助文献管理软件 NoteExpress 对收集到的原始数据进行人工复检，由两人各自复检一次，剔除公认的与研究主题不相关的数据，最终得到有效文献 232 篇，将筛选后的文献作为研究的基础数据。

（二）研究热点

研究热点是在某一时期内，有内在联系的、讨论比较多的热门问题或专题。对"员工培训"的研究热点的探析，可以通过对高频关键词和关键词共现图谱来实现。

1. 高频关键词

设置 Nodes（Top N，e）＝3.0，时间跨度为 2008～2020 年，时间切片为 1 年，节点类型选择关键词，Top N% ＝30，NoteTypes 选择 Keyword，网络裁剪方式选择 Pathfinder、Pruning sliced networks、Pruning the merged network，运行后共生成节点 324 个，连线 583 条，得到高频关键词，按词频排序选取排名前 34 的关键词进行研究热点的探究，表 3 - 18 列举了出现频次较高的前 33 个关键词。

表 3 - 18 "员工关系管理"高频关键词

序号	关键词	共现次数	序号	关键词	共现次数
1	员工关系管理	123	18	员工	4
2	员工关系	60	19	人力资源部门	4
3	管理	18	20	企业管理	4
4	企业文化	15	21	劳动合同法	4
5	人力资源管理	11	22	离职面谈	4
6	心理契约	11	23	员工离职	3
7	企业	8	24	国企改革	3
8	企业人力资源	8	25	"90 后"	3
9	中小企业	7	26	企业发展	3
10	关系管理	6	27		
11	国有企业	5	28	发展	3
12	策略	5	29	对策	3
13	重要性	5	30	员工满意度	3
14	劳动关系	5	31	企业员工	3
15	组织变革	4	32	知识型企业	3
16	管理沟通	4	33	沟通	3
17	人力资源管理部门	4	34	劳动争议	3

由表3-18可知,"企业文化""心理契约""企业人力资源""中小企业""国有企业""重要性""劳动关系""组织变革""管理沟通""劳动合同法""离职面谈""员工离职""员工关系管理""发展"及"对策"等关键词共现次数较多,属于该研究领域的高频关键词。

2. 高频关键词共现图谱

由关键词共现分析可以发现一个领域的研究热点、子领域及其关系和领域知识结构。在保持上述设置不变的情况下,利用CiteSpace生成关键词共现图谱,如图3-6所示。

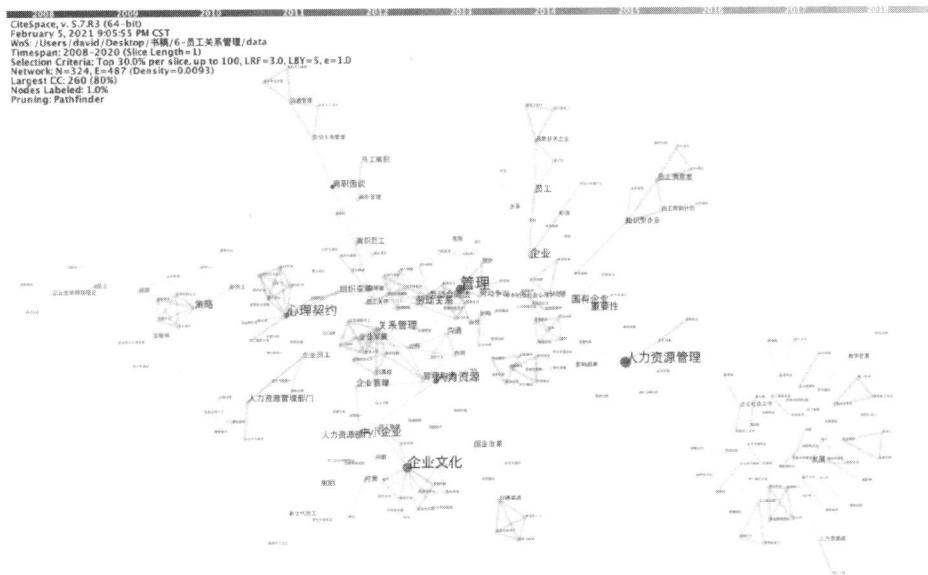

图3-6 "员工关系管理"高频关键词共现图谱

由图3-6可以看出,"企业文化""心理契约""企业人力资源""中小企业""国有企业""重要性""劳动关系""组织变革""管理沟通""劳动合同法""离职面谈""员工离职""员工关系管理""发展"及"对策"等共现频率较高,且相关研究都是围绕这些关键词展开,属于该领域的研究热点。

3. 研究前沿

突现词探测的构建过程是,时间跨度设置为2001~2020年,时间切片设置为1年,Top N% =30,其他参数不变,运行后共生成节点72个,连线134条,运用突现词探测功能,探测模型设置如下:

$f(x) = ae^{-ax}$，$a_1/a_0 = 3.0$

$a_i/a_{i-1} = 2.0$

The number of states $= 2$

$\gamma [0, 1] = 0.7$

Minimum Duration $= 2$

按照模型，按照首次出现的年份，算法自动生成突现强度最高的10个关键词，表3-19列示了10个突现词、突现强度、突现的起止年份以及持续的时间，突现强度的数值越大，表明该术语在一段时期内越活跃，突现的持续状态越靠近当下，越有可能是研究的前沿。

表3-19 "员工关系管理"关键词突现信息分析

突现词	突现强度	开始年份	结束年份	持续状态
组织变革	2.17	2008	2009	▬▬▬▬
知识型企业	2.32	2009	2010	▬▬▬▬
员工离职	2.32	2009	2010	▬▬▬▬
人力资源部门	1.99	2009	2010	▬▬▬▬
企业员工	2.41	2013	2014	▬▬▬▬
策略	2.11	2013	2015	▬▬▬▬
企业文化	2.4	2015	2016	▬▬▬▬
人力资源	2.85	2018	2020	▬▬▬▬
人力资源管理	2.17	2018	2020	▬▬▬▬
重要性	1.89	2018	2020	▬▬▬▬

由表3-19可知，"组织变革""知识型企业""员工离职""企业文化"等占据了该领域的研究前沿位置。

三、企业员工关系的问题与对策

（一）问题与对策的综合模型

基于对员工关系的研究分析可见，目前，很多企业员工关系都存在一些常见问题。如表3-20所示。

表 3 - 20　员工关系问题与对策

员工关系	问题	对策
劳动关系管理	劳动争议调节机制需要健全	完善劳动争议处理机制
	员工职业生涯规划有待改进	做好职业发展规划，共同创造公司未来
	劳动保护和工作环境有待提升	关心员工身心健康，完善压力管理
员工人际关系管理	员工参与民主管理意愿低	拓宽员工参与体系
	激励措施单一	完善员工关怀体系
沟通管理	公司内部沟通不顺畅	参与式管理
	上下级沟通不足	增进管理者与员工互动
员工绩效管理	缺乏完善的培训绩效考核制度	构建适合企业发展阶段的、科学的绩效管理体系
	绩效考核内容单一	加强关系绩效的考核
	缺乏监管与激励体制	加大绩效监管力度，建立与绩效管理相适应的激励机制
企业文化建设	企业缺乏文化建设的具体措施	教育引导员工认同企业的愿景和价值观保持和谐关系
	员工关系管理缺乏系统指导理念	明确管理者的责任，确保员工关系管理体系的建立
	重视员工精神需求，但缺乏精神激励手段	建立全员激励体制

（二）综合模型的具体解释

劳动争议处理是企业劳动关系管理的重要一环，由于劳动关系双方在各方面存在差异，任何时期劳动争议都是无法避免的。在劳动关系研究中，要承认劳动争议的客观性。完善劳动争议处理机制，在处理劳动争议时秉持"公正合法，预防为主，调节优先"的原则。企业所拥有的资源共同作用于企业的发展，如果员工认为自己的职业生涯前景黯淡，就会直接降低工作热情，从而影响工作绩效。企业将员工写进未来，能够增强员工的归属感，员工的职业发展规划必须受到公司的重视，让员工出于内心的付出和贡献才能促进企业的长远发展。快节奏的生活、忙碌的工作使现代人承受着多方面的压力，许多人备受工作压力的困扰，影响工作效率。公司可就压力管理的相关内容设计成一个专题，进行集中培训，普及压力管控的措施，邀请专家讲解一些生动的案例和便捷的缓解方法。①

在员工人际关系管理方面，企业存在员工参与民主管理意愿低和激励措施单一的问题，有以下两个对策：①拓宽员工参与体系。员工没有较强的参与意向，使公司信息共享缺乏效率。参与管理指的是鼓励下属员工参与组织的发展，增强员工的自主性，使他们可以更多地参与组织的决策管理，有效的员工参与可以极大地提高员工的工作积极性。②完善员工关怀体系。企业内部和谐团队的建立，需要企业和员工之间建立起信任的桥梁，彼此理解，具有共同的目标和利益。建立以物质奖励为主的激励机制，确实刺激了员工的危机感，但会导致公司内部人际关系越来越紧张，容易引发不满情绪，进而导致员工离职率升高。将员工放在首位的企业，员工的积极性和创造性都会很高，因此，完善员工关怀体系十分必要。可以通过以下几点完善员工关怀体系：①建立内部服务体系。②满足员工多样化需求。③加强服务与支持力度。②

为了有效提高员工的内外部工作满意度，从而确保企业的良性发展，增强市场竞争力，企业应当采取各项措施用于提高员工的积极性和企业归属感，达到企业员工双赢的局面。让员工参与公司和部门的管理决策，收集每个员工的特点和擅长领域，结合员工的意向，适当给予指导，增强员工参与感，同时也可以在员工参与时发现新的有效工作方式和创新方式，引导员工积极参与管理的方法有以下几种：①致力于让所有职员参与经营，营造积极民主的文化氛围。②组建"头脑风暴"讨论小组，鼓励职员写出对部门的想法和建议。③信息公开，让员工知晓企业经营状况并集思广益。公司应完善内部沟通机制和沟通渠道，加强管理者与员工的互动，营造和谐的沟通氛围，利用正式沟通和非正式沟通方式，遵循礼貌沟通的原则，双方互动沟通，信息共享，将发现的问题通过沟通协商，及时讨论出解决方法，并进行有效的实施，降低企业成本，提高企业效益和促进企业可持续发展。与员工沟通时，管理者必须把自己和员工置于相同的位置，开诚布公，否则处于不同的位置会导致心理障碍，导致沟通失败。③

绩效管理方面企业可能会出现缺乏完善的培训绩效考核制度、绩效考核内容单一和缺乏监管与激励体制等问题。针对这些问题有以下几个建议：①构建适合企业发展阶段的、科学的绩效管理体系。通过企业战略目标进行流程诊

① 徐冉. Y 公司劳动关系研究［D］. 内蒙古大学硕士学位论文，2020.
② 赵新宇. 辽宁北辰内部人际关系管理诊断研究［D］. 辽宁工程技术大学硕士学位论文，2017.
③ 尹卓，浅析我国企业员工关系管理的问题、策略与发展——以亚马逊公司员工关系管理实践为例［J］. 劳动保障世界，2018（8）：8–13.

断、工作分析，以战略为导向，建立以 KPI 为核心的绩效指标体系，并形成 PDCA 循环过程的多层次绩效管理体系。②加强关系绩效的考核。在项目管理过程中，如果各部门各自为政的话会与项目目标相偏离，进而影响项目质量和速度，因此在进行绩效考核设置时，项目协调部门的关系绩效所占比例应占与任务绩效比例相当或略低。这样员工及管理者才能真正重视协调绩效。③加大绩效监管力度，建立与绩效管理相适应的激励机制。再完美的绩效管理系统，只要监控不到位，都可能导致所有的流程和表格流于形式。绩效监控可以为员工绩效提供依据，确保公平公正，达到较好的激励效果。此外，还要通过构建宽带薪酬激励制度和福利制度来建立与绩效管理相适应的激励机制。①

在企业文化建设方面，企业可能缺乏文化建设的具体措施，很多时候文化价值观只是一种口号，员工把文化当成一种浮于表层的思想。因此，需要教育引导员工与企业的愿景和价值观保持和谐关系。同时，还要建立有效的沟通渠道，确保员工和企业、员工与管理者之间的有效沟通。沟通有助于了解彼此需求，企业应当鼓励员工主动表达自己的想法，积极与上级沟通交流，保持面对面的工作作风，对于员工的想法和建议热情欢迎，鼓励员工与企业沟通。此外要建立全员激励机制，企业的主体是员工，员工若对企业没有认同感和归属感，员工就不会发挥自身的潜力和优势为企业服务。所以，企业在员工激励方面应重点满足员工的精神需求，主动了解员工的精神世界，通过员工参与、座谈和团队建设等达到激励员工的效果。②

📋 本章小结

（1）人力资源从 1.0 到 3.0 的演变过程，业务环境所面临的就是持续不断的颠覆，人力资源管理进入 HR 3.0 时代。

（2）在人力资源规划方面，"人力资源规划的现状""人力资源管理的战略""人力资源规划存在的问题""事业单位的人力资源规划"等占据了研究的前沿位置。

（3）在招聘与甄选方面，"知识型员工""中小企业的招聘""员工招聘所存在问题的对策""招聘体系"等占据了研究的前沿位置。

---

① 钟锐. 基于组织公民行为的民营环保工程企业员工绩效管理研究 [D]. 浙江大学硕士学位论文，2017.

② 刘敏. 基于企业文化的员工关系管理研究 [D]. 首都经济贸易大学硕士学位论文，2014.

（4）在绩效管理方面，"绩效考核""绩效管理体系""企业绩效管理""平衡计分卡""政府绩效管理""公共价值""预算绩效管理"等是该领域的研究前沿。

（5）在薪酬管理方面，"高管薪酬""全面薪酬管理""激励""教师薪资"等关键词共现次数较多，属于薪酬管理研究领域的热点关键词。

（6）在员工培训方面，"西部地区""员工培训体系""中小企业的员工培训""新员工培训""培训体系及培训模式"等共现频率较高，是该领域的研究热点。

（7）在员工关系管理方面，"企业文化""心理契约""组织变革""管理沟通""劳动合同法""离职面谈""员工离职"等关键词共现次数较多，属于该领域的高频关键词。

思考题

（1）如何理解信息时代人力资源管理的功能变迁。

（2）人力资源不同功能模块的价值和研究热点有哪些？

（3）简述大数据背景下基于数据分析解决人力资源问题的思考路径。

第四章　统计分析基础与大数据典型算法

本章首先对数据的统计分析基础，包括数据类型、变量统计描述、常用统计分析方法等内容进行简单回顾，为后面的大数据学习奠定一定的基础。其次介绍了典型的数据挖掘算法，如决策树、关联规则、贝叶斯、聚类挖掘的一些基本理论。最后介绍了文本大数据挖掘的基本概念、挖掘过程和基本技术。

第一节　数据的统计分析基础

一、数据类型

根据数据所采用的单位及参照点，通常将数据从低级到高级分成四种，分别为标称型数据（Nominal）、排序型数据（Ordinal）、间隔型数据（Interval）和比率型数据（Ratio），分别对应定类、定序、定距和定比。高级别数据除了具备低级别数据的性质和功能外，还有自身的特点。在进行统计处理时，必须在数据所允许的统计分析范围内展开。

（一）标称型数据

标称型数据也称类别数据。数据本身互斥、无序，但是有类别。数据的不同取值仅仅代表不同类别的事物，这样的变量称为定类变量。比如：男 =1，女 =2，没有任何数值意义，只是表明类别：男女两类人。又如足球运动员背心上的号码，只代表他个人，无任何其他意义。对于这种变量来说，加减乘除的运算是没有意义的。

（二）排序型数据

排序型数据也称定序数据。数据有顺序、有类别，但是无运算意义。数据的值不仅可以代表事物的类别，还可以表示事物的某种特性的顺序或大小，这样的变量也称为有序变量。比如学生考试成绩排名次，就包含有数量关系，第

1 名成绩高于第 2 名，第 2 名高于第 3 名，这些数据可以排序，也有一定的实际意义，但是由于数值之间的差值不等价，数值加减乘除的运算也没有实际意义。

（三）间隔型数据

间隔型数据也称定矩数据。数据之间的间隔，变量之间的值可以比较大小，差值有实际意义，此类变量可以称为定距变量。它不仅有大小关系，而且又有相等的单位，可以加减运算，但没有绝对零点，所以不能做乘除运算。温度是典型的例子，10℃ 与 15℃ 的差别，同 15℃ 与 20℃ 的差别是一样的，但不能说某物的温度是另一物温度的多少倍，因为它的零点是人定的。

（四）比率型数据

比率型数据也称定比数据。既有相等的单位，又有绝对零点，0 值有明确的含义，比如质量、高度的 0 值就表示没有质量和高度。比率型数据不仅可以知道事物之间在某种特点上相差多少，还可以进行乘除运算知道它们之间的倍数关系。定比变量和定距变量统计分析中一般不加以区分，二者区别在于数值的解释，定距变量为 0 时不表示没有，只是值为 0，定比变量为 0 时表示没有。

在统计分析中，我们通常把间隔型数据和比率型数据作为连续变量进行统计处理，把标称型数据和排序型数据作为分类变量进行统计处理。

二、变量的统计描述

（一）连续变量的统计描述

连续变量统计指标主要包括集中趋势、离散趋势和分布特征。

1. 集中趋势的描述指标

集中趋势用于描述数据的平均水平，这可能是人们希望了解的最基本的汇总信息。针对不同的数据分布状况，统计学家提供了多种统计量来代表原始数据的中心趋势：

（1）算术均数（Arithmetic Mean）。是常用的描述数据分布集中趋势的统计指标，往往直接简称为均数。均数的算法为各数据直接相加，再除以样本数。均数是最常用的集中趋势描述指标，它适用于单峰和基本对称分布的数据，不适用于对严重偏态分布的变量进行描述。

（2）中位数（Median）。是将全体数据按大小顺序排列，在整个数列中处于中间位置的那个值。它把全部数值分成两部分，比它小和比它大的数值个数正好相等。中位数适用于任意分布类型的资料，但由于中位数只考虑居中位置，对信息的利用不充分，所以当样本量较小时数值会不太稳定。因此对于对称分布的资料，分析者会优先考虑使用均数，仅仅在均数不能使用的情况下才用中位数加以描述。

（3）几何均数（Geometric Mean）。适用于原始数据分布不对称，但经对数转换后呈对称分布的资料。可以发现，几何均数实际上就是对数转换后的数据 lg X 的算术均数的反对数。

（4）截尾均数（Trimmed Mean）。由于均数较易受极端值的影响，因此可以考虑按照一定比例去掉两端的数据，然后再计算均数。如果截尾均数和原均数相差不大，则说明数据不存在极端值，或者两侧极端值的影响正好抵消。常用的截尾均数有 5% 截尾均数，即两端各去掉 5% 的数据。

（5）其他集中趋势描述指标。除了上述最常用的几种指标外，还会遇到众数、调和均数等，前者是指样本数据中出现频次最大的那个数字，后者是指观察值 X 倒数之均数的倒数，这些指标的实际应用都比较少见。

2. 离散趋势的描述指标

数据的离散趋势反映了数据的波动范围，常用的统计量有：

（1）全距（Range）。全距又称为极差，即一组数据中最大值与最小值之差，它是最简单的变异指标，但因其过于简单，因此一般只用于预备性检查。

（2）方差（Variance）和标准差（Standard Deviation）。这两个指标是应用最广泛的离散程度描述指标，由于标准差和方差的计算利用到每个原始变量值，所以它们反映的信息在离散指标中是最全的，因此也是最理想、最可靠的变异描述指标。但也正是由于标准差和方差的计算用到每一个变量值，所以它们会受到极端值的影响，当数据中有较明显的极端值时不宜使用。实际上，方差和标准差的适用范围应当是服从正态分布的数据。

（3）百分位数、四分位数与四分位间距。百分位数（Percentile）是一种位置指标，一个百分位数 Px 将一组观察值分为两部分，理论上有 x% 的观察值比它小，有 (100 − x)% 的观察值比它大。中位数实际上就是一个特定的百分位数，即 P50。除中位数外，常用的百分位数还有四分位数，即 P25、P50 和 P75 分位数的总称。这三个分位数正好能够将总体单位按标志值的大小等分为四部分，且 P25 和 P75 这两个分位数间包括中间 50% 的观察值，因此四分位间距既排除了两侧极端值的影响，又能够反映较多数据的离散程度，它是当方差、标准差不适用时较好的离散程度描述指标。

（4）变异系数（Coefficient of Variation）。当需要比较两组数据离散程度大小的时候，如果两组数据的测量尺度相差太大，或者数据量纲不同，直接使用标准差来进行比较不合适，此时就应当消除测量尺度和量纲的影响，而变异系数可以做到这一点，它是标准差与其平均数的比。变异系数显然没有量纲，同时又按照其均数大小进行了标准化，这样就可以进行客观比较了。

3. 分布特征、其他趋势的描述指标

除了以上两大基本趋势外，随着对数据特征了解的逐步深入，研究者常常会提出假设，认为该数据所在的总体应当服从某种分布。那么，针对每一种分布类型，都可以由一系列的指标来描述数据偏离分布的程度。例如对正态分布而言，偏度系数和峰度系数可以用来反映当前数据偏离正态分布的程度。

（1）偏度（Skewness）。用来描述变量取值分布形态的统计量，指分布不对称的方向和程度。样本偏度是与正态分布相比较而言的统计量。偏度值大于0时，数据分布为正偏或右偏，即长尾在右，峰尖偏左；偏度值小于0时，数据分布为负偏或左偏，即长尾在左，峰尖偏右；偏度值等于0时，数据分布为对称状态。

（2）峰度（Kurtosis）。用来描述变量取值分布形态陡缓程度的统计量，是指分布图形的尖峭程度或峰凸程度。样本峰度也是与正态分布相比较而言的统计量，峰度值大于0时，峰的形状比较尖，比正态分布峰要陡峭；峰度值小于0时，形状比正态分布平坦；峰度值等于0时，数据分布为正态峰。

（二）分类变量的统计描述

相对于连续变量而言，分类变量的统计描述指标体系非常简单，主要是对各个类别取值进行各自的频数和比例计算，再进一步计算一些所需的相对数指标。

1. 频数分布

对于分类变量，分析中首先应当了解各类别的样本数有多少，以及各类别占总样本量的百分比为多少。这些信息往往会被整理在同一张频数表中加以呈现。对于有序分类变量，除给出各类别的频数和百分比外，往往还要统计累计频数和累计百分比，即低于或高于某类别取值的案例所占的次数和百分比。

2. 集中趋势

除原始频数外，研究者如果希望了解哪一个类别的频数最多，还可以使用众数（Mode）来描述它的集中趋势。显然，众数只反映频数最多的类别的情况，而浪费了所有其他信息，因此只有集中趋势显著时，众数才较有价值。而当变量的类别数不多时，原始频数表的观察并不复杂，此时众数的使用价值并不高。

3. 离散趋势

分类变量基本上不需要专门分析其离散趋势，因为对分类数据而言，其数据的离散程度实际上和集中趋势有关联，它们受同一个参数的控制，因此不需要分别描述。

4. 相对数指标

除以上比较简单的频数、比例外，研究者还经常为分类数据计算一些原始频数的相对指标，用于统计描述，这些指标称为相对数：

（1）比（Ratio）。指两个有关指标之比 A/B，用于反映这两个指标在数量和频数上的大小关系。事实上，比也可以被拓展到连续变量的范畴，如本月销售额与销售人员数。

（2）构成比（Proportion）。用于描述某个事物内部各构成部分所占的比重，其取值在 0%～100%。事实上，前面提到的百分比就是一个标准的构成比，而累计百分比则是构成比概念的直接延伸。

5. 多个分类变量的联合描述

在工作中，往往需要对两个甚至多个分类变量的频数分布进行联合观察，此时涉及多个分类变量的联合描述。例如两个分类变量的类别相互交叉，就会构成一张二维交叉表，表格中的每个单元格除给出两变量分别取值为某种类别时的原始频数外，还可能给出行百分比、列百分比和总百分比等，分别用于反映该单元格频数占所在行、列及总样本的构成比情况。

三、常用统计分析方法

（一）假设检验

1. 小概率事件的概念

衡量一个事件发生与否的可能性的标准用概率来表示，通常概率大的事件容易发生，概率小的事件不容易发生。习惯上将发生概率很小，如 $P \leqslant 0.05$ 的事件称为小概率事件，表示在一次实验或观察中该事件发生的可能性很小，因此如果只进行一次试验，可以视为不会发生。

2. 小概率反证法原理

假设检验的基本思想是统计学的"小概率反证法"原理：对一个小概率事件而言，其对立面发生的可能性显然要大大高于这一小概率事件，可以认为小概率事件在一次试验中不应当发生。因此可以假定需要考察的假设是成立的，然后基于此进行推导，计算在该假设所代表的总体中进行抽样研究，得到当前样本的概率。如果结果显示这是一个小概率事件，则意味着如果假设成立，则在一次抽样研究中竟然就发生了小概率事件。这显然违反了小概率原理，因此可以按照反证法的思路推翻所给出的假设，认为它们实际上是不成立的，这就是小概率反证法原理。

3. 假设检验的标准步骤

根据大量的实践经验，假设检验的步骤一般可以归纳如下：

（1）建立假设。根据问题的需要提出原假设 H_0，以及其对立面备选假设 H_1。

（2）确立检验水准。设立小概率事件的界值，称为 α 水准。这一步一般非常简单，习惯上会使用0.05作为界值。

（3）进行试验。得到用于统计分析的样本，并以该试验的结果作为假设检验的根据。

（4）选定检验方法，计算检验统计量。所谓各种假设检验方法，其主要差异之一就是所使用的统计量并不相同，但其应用目的却都是一致的，即通过统计量的概率分布得到 P 值。

（5）确定 P 值，做出推断结论。当 P 值小于或等于检验水准 α 时，意味着小概率事件 A 在一次试验中发生了，这与小概率事件实际不应该发生的原理相矛盾，从而推翻原假设 H_0，接受其对立面 H_1；反之，若 P 值大于 α，则找不到任何理由来推翻原假设，因此最终的结论只能是不能拒绝无效假设，这等于什么也没说。当然，从实用的角度出发，在检验所得到的概率值非常大时，研究者往往会将结果引申为接受 H_0，但这仅仅是一个引申，和统计学已经无关了。

（二）相关分析

尽管在提及相关分析时往往考察的都是两个连续变量的相关关系，但实际上对任何类型的变量，都可以使用相应的指标进行相关关系的考察。下面介绍一下不同类型变量的相关分析指标：

（1）连续变量的分析指标。此时一般使用积差相关系数来表示其相关性的大小，其数值介于 -1 ~ 1。当两变量相关性达到最大，散点呈一条直线时取值为 -1 或 1，正负号表明了相关的方向；如果两变量完全无关，则取值为 0。严格地讲，该系数只适用于两变量呈线性相关的情况。

（2）有序变量的分析指标。对于有序的等级资料的相关性，我们往往称其为一致性，所谓一致性高，就是指行变量等级高的列变量等级也高，行变量等级低的列变量等级也低。如果行变量等级高而列变量等级低，则称为不一致。此类相关指标中最常用的是 Gamma 统计量，其取值介于 -1 ~ 1。当观察值集中于对角线处时，其取值为 -1 或 1，表示两者取值绝对一致或绝对不一致；如果两变量完全无关，则取值为 0。

（3）名义变量的分析指标。对于名义变量，实际上卡方检验中的卡方值就用于测量两个变量的相关性，常见的是列联系数（Contingency Coefficient），其值介于 $0 \sim 1$，越大表明两变量间相关性越强。

（三）回归分析

回归分析指研究一组随机变量和另一组变量之间关系的统计分析方法，常用回归分析方法包括线性回归和逻辑回归。

1. 线性回归（Linear Regression）

线性回归是利用线性回归方程表示一个或多个自变量和因变量之间关系的统计分析方法。只有一个自变量的情况称为简单回归（一元线性回归），大于一个自变量情况的叫作多元线性回归。实际上，线性回归模型和方差分析模型是完全等价的，只是其对应的自变量为连续变量。所谓线性回归，指的是所有自变量对因变量的影响均呈线性关系，假设希望预测因变量 y 的取值，诸影响因素为自变量 x_1、x_2、$\cdots$、x_m，则自变量和因变量间存在如下关系：

$$\hat{y} = a + b_1 x_1 + b_2 x_2 + \cdots + b_m x_m \tag{4.1}$$

其中表述的为 y 的估计值，如果希望用该公式精确地表示每一个体的测量值，则假设在相应的自变量取值组合下，相应的个体因变量实测值围绕平均水平 $\hat{y}$ 上下波动，即 y_i 可表示如下：

$$y_i = \hat{y} + e_i = a + b_1 x_{1i} + b_2 x_{2i} + \cdots + b_m x_{mi} + e_i \tag{4.2}$$

其中，e_i 为随机误差，被假定为服从均数为 0 的正态分布。即对每一个体而言，在知道了所有自变量取值时，我们只能确定因变量的平均取值，个体的具体取值在其附近范围内。

2. Logistic 回归模型

Logistic 回归模型的基本架构直接来自多重线性回归模型。在实际工作中，我们经常会遇到因变量为分类变量的情况，比如发病与否、死亡与否等，需要研究该分类变量与一组自变量之间的关系。此时，若对分类变量直接拟合回归模型，则实质上拟合的是因变量某个类别的发生概率，参照线性回归模型的架构，可以很自然地写出下面形式的回归模型：

$$\hat{P} = \alpha + \beta_1 x_1 + \cdots + \beta_m x_m \tag{4.3}$$

该模型可以描述当各自变量变化时，因变量的发生概率会怎样变化，可以满足分析的基本需要。但是会出现预测概率值超过 $0 \sim 1$ 的有效区间，以及残差不应当服从二项分布等问题，为此 Cox 引入了 logit 变换，成功地解决了上述问题。所谓 logit 变换，就是 $\mathrm{logit}\, P = \ln(P/(1 - P))$ 通过变换，logif P 的取值范围被扩展为以 0 为对称点的整个实数区间 $(-\infty, +\infty)$，使得在任何自变量取值下，对 P 值的预测均有实际意义。相应地，包含 p 个自变量的 Logistic 回归模型如下：

$$\text{logit}(P) = \beta_0 + \beta_1 x_1 + \cdots + \beta_p x_p \tag{4.4}$$

（四）信度分析

信度是心理测量的重要指标，指测验结果的一致性程度或者可靠性程度。如果用直观的方式来表达，信度指的就是测量结果的稳定性，如果多次重复测量的结果都很接近，则可以认为测量的信度很高。在各种调查研究中，对调查问卷的结果进行统计分析之前必须先对其信度进行检验。只有当信度在研究范围内可以接受时，问卷收集的数据结果才是相对可靠的。信度分析通常采用 SPSS 软件中"度量"的"可靠性分析"，提供 α 系数和分半信度的检验结果。

第二节　数据挖掘模型

数据收集和数据存储技术的快速进步使得各组织机构可以积累海量数据。然而，提取有用的信息已成为巨大的挑战。通常由于数据量太大，无法使用传统的数据分析工具和技术处理它们，即使数据集相对较小，由于数据本身的非传统特点，也不能使用传统的方法，这就需要开发新的方法。数据挖掘是一种技术，它将传统的数据分析方法与处理大量数据的复杂算法相结合。数据挖掘为探查和分析新的数据类型以及用新方法分析原有传统数据类型提供了更多的机会。这里列出的方法实际上应当被纳入多变量模型或者多元模型体系中，但是由于它们主要应用于数据挖掘领域，并且可能不具有简单的模型表达式，因此将其单独归类加以介绍。

一、决策树模型

（一）决策树模型概述

决策树也称树模型、树结构模型，是一种决策支持工具，在数据挖掘领域应用非常广泛。其原理并不复杂，基本思想与方差分析中的变异分解极为相近，其基本目的是将总研究样本通过某些特征（自变量取值）分成数个相对同质的子样本。每一子样本内部因变量的取值高度一致，相应的变异/杂质尽量落在不同子样本间。

决策树是一种机器学习的方法，用于对实例进行分类的树形结构，一种依托于策略抉择而建立起来的树。它采用自上而下的递归方式，在决策树的内部节点进行属性值的比较,并根据不同的属性值从该节点向下分支,叶节点是要学习划分的类。从根到叶节点的一条路径就对应着一条合取规则,整个决策树就对应着一组析取表达式规则。

决策树是一个类似流程图的树结构,其中每个内部节点表示在一个属性上的测试,每个分支代表一个判断结果的输出,最后每个叶节点代表一种分类结果,树的最顶层节点是根节点。由判定树可以很容易得到"IF THEN"形式的分类规则。方法是沿着由根节点到树叶节点的路径,路径上的每个属性值对形成"IF"部分的一个合取项,树叶节点包含类预测,形成"THEN"部分。在机器学习中,决策树是一个预测模型,它代表的是对象属性与对象值之间的一种映射关系。

基于决策树模型的分类可以看作一种归纳分类的过程,主要包含两个步骤:首先在训练样本集合的基础上,挖掘出分类的规则,从而可以对新样本的类别进行预测,这个过程为训练阶段,也称为决策树构建阶段。其次是分类阶段,针对给定的未知样本,从根开始,按照各层的属性及判断规则向下遍历,直到叶子节点为止,从而获得该样本对应的类别。在决策树构建时,一般需要实现特征的选择,找出那些具有良好分类特征的特征。因此,特征选择也是决策树算法的重要组成部分。

(二)决策树典型算法

当前比较具有代表性的决策树构建方法有 ID3 算法、C4.5 算法、SLIQ 算法、SPRINT 算法。①

1. ID3 算法

ID3 算法的核心是在决策树各级节点上选择属性时,用信息增益(Information Gain)作为属性的选择标准,使在每一个非叶节点进行测试时,能获得关于被测试记录最大的类别信息。其具体方法是:假设具有 p 个属性,即属性集为 $A = (A_1, A_2, \cdots, A_P)$。检测所有的属性,选择信息增益最大的属性产生决策树节点,由 A_k 属性的不同取值建立分支,再对各分支的子集递归调用上述方法建立决策树节点的分支,直到所有子集仅包含同一类别的数据为止。最后得到的一棵决策树,它可以用来对新的样本进行分类。

ID3 算法具有理论清晰、方法简单、学习能力较强的优点。但只对比较小的数据集有效,且对噪声比较敏感。由于每次产生决策树节点时都要对备选属性的信息增益进行计算,并判断信息增益最大的属性,所以运算量大。当训练

---

① 岳晓宁,赵宏伟. 统计分析与数据挖掘技术[M]. 北京:清华大学出版社,2019.

数据集加大时，决策树可能会随之改变。

2. C4.5 算法

ID3 算法是将信息增益最大的属性作为最佳分裂属性，但用信息增益选择分类属性的方法有一个很大的缺陷，它总是会倾向于选择属性值多的属性，这样的分类有时没有意义，它没有任何泛化能力。C4.5 算法继承了 ID3 算法的优点，并在以下几个方面对 ID3 算法进行了改进。

用信息增益率来选择属性，克服了用信息增益选择属性时偏向选择取值多的属性的不足，在树构造过程中进行剪枝，完成对连续属性的离散化处理，对不完整数据进行处理。

C4.5 算法与其他分类算法（如统计方法、神经网络等）比较起来，具有产生的分类规则易于理解、准确率较高的特点。但在构造树的过程中，需要对数据集进行多次的顺序扫描和排序，因而导致算法低效。此外，C4.5 算法只适合于能够驻留于内存的数据集，当训练集大得无法在内存容纳时程序无法运行。

3. SLIQ 算法

（1）SLIQ 算法是对 C4.5 决策树分类算法的改进。SLIQ 算法对 C4.5 决策树分类算法的实现方法进行了改进，在决策树的构造过程中采用了预排序和广度优先策略两种技术。

1）预排序。连续属性在每个内部节点寻找其最优分裂标准时，都需要对训练集按照该属性的取值进行排序，而排序是很浪费时间的操作。因此，SLIQ 算法采用了预排序技术。所谓预排序，就是针对每个属性的取值，把所有的记录按照从小到大进行排序，以消除决策树的每个节点对数据集进行的排序。具体实现时需要为训练数据集的每个属性创建一个属性列表，为类别属性创建一个类别列表。

2）广度优先策略。在 C4.5 算法中，树的构造是按照深度优先策略完成的，需要对每个属性列表在每个节点处都进行一通扫描，很费时，为此 SLIQ 采用广度优先策略构造决策树，即在决策树的每一层只需对每个属性列表扫描一次，就可以为当前决策树中每个叶子节点找到最优分裂标准。所谓广度优先，即输入样本后，一层一层的分裂属性，优先访问一层节点。

（2）SLIQ 算法存在的问题。SLIQ 算法由于采用了上述两种技术，使该算法能够处理比 C4.5 大得多的训练集，在一定范围内具有良好的随记录个数和属性个数增长的可伸缩性。

然而它仍然存在以下缺点：

1）由于需要将类别列表存放于内存，而类别列表的元组数与训练集的元组数是相同的，这就在一定程度上限制了可以处理的数据集的大小。

2）由于采用了预排序技术，而排序算法的复杂度本身并不是与记录个数形成线性关系，因此，SLIQ 算法不可能达到随记录数目增长的线性可伸缩性。

4. SPRINT 算法

为了减少驻留于内存的数据量，SPRINT 算法进一步改进了决策树算法的数据结构，去掉了在 SLIQ 中需要驻留于内存的类别列表，将它的类别列表合并到每个属性列表中。这样，在遍历每个属性列表寻找当前节点的最优分裂标准时，不必参照其他信息，将对节点的分裂表现在对属性列表的分裂，即将每个属性列表分成两个，分别存放属于各个节点的记录。

SPRINT 算法在寻找每个节点的最优分裂标准时变得更简单，但对非分裂属性的属性列表进行分裂变得很困难。解决的办法是对分裂属性进行分裂时用哈希表记录下每个记录属于哪个叶子节点，若内存能够容纳下整个哈希表，其他属性列表的分裂只需参照该哈希表即可。由于哈希表的大小与训练集的大小成正比，当训练集很大时，内存容量有限制，哈希表无法大量存储，此时分裂只能分批执行，所以 SPRINT 算法的可伸缩性仍然不是很好。

二、贝叶斯模型

（一）贝叶斯模型概述

贝叶斯网络又称信度网络，是 Bayes 方法的扩展，它对解决复杂设备不确定性和关联性引起的故障有很大的优势，是目前不确定知识表达和推理领域最有效的理论模型之一。

贝叶斯网络是一种图形模型，可显示数据集中的变量（通常称为节点）以及概率，还可以显示这些变量之间的条件和独立性。贝叶斯网络可呈现节点之间的因果关系，但网络中的链接（也称为 arcs）没有必要呈现直接因果关系。例如，当指出是否存在某些症状并提供其他的相关数据时，如果图形中所显示的症状和疾病之间的概率独立性属实，则贝叶斯网络可用来计算患者患有某种特殊疾病的概率。这种网络非常稳健，即使在信息缺失时，也可以利用现有的信息做出最佳预测。

诸多算法中朴素贝叶斯分类模型是最早的，其算法逻辑简单，构造朴素。贝叶斯分类模型结构也比较简单，运算速度比同类算法快很多，分类所需的时间也比较短，并且大多数情况下分类精度也比较高，因而在实际中贝叶斯分类器得到了广泛的应用。该分类器有一个朴素的假定：以属性的类条件独立性假

设为前提，即在给定类别状态条件下，属性之间相互独立。贝叶斯分类是统计学的分类方法，基于贝叶斯公式即后验概率公式，朴素贝叶斯分类的分类过程是令每个数据样本用一个 P 维特征向量 $X = (X_1, X_2, \cdots, X_P)^T$ 表示，其中，$x_k(i=1, 2, \cdots, p)$ 是属性 A_k 的值，所有的样本分为 m 类，即 $C_1, C_2, \cdots, C_m$。对于一个类别的标记未知的数据记录而言，若 $P(C_i|X) > P(C_j|X)$，$1 \leq j \leq m$，$j \neq i$，也就是说，在条件 X 下，数据记录属于 C_i 类的概率大于或等于其他类的概率的话，贝叶斯分类将把这条记录归类为 C_i 类。

（二）朴素贝叶斯分类算法

朴素贝叶斯法是基于贝叶斯定理与特征条件独立假设的分类方法，使用概率统计的知识对样本数据集进行分类的算法。在许多场合，朴素贝叶斯（NB）分类算法可以与决策树和神经网络分类算法相媲美，该算法能运用到大型数据库中，方法简单、分类准确率高、速度快。

1. 朴素贝叶斯分类模型

假设样本空间有 m 个类别 $C_1, C_2, \cdots, C_m$，数据集有 p 个属性 $A_1, A_2, \cdots, A_p$，给定一未知类别的样本 $X = (x_1, x_2, \cdots, x_p)^T$，其中，$x_i$ 表示第 i 个属性的取值，即 $x_i \in A_i$，则可用贝叶斯公式计算样本 $X = (x_1, x_2, \cdots, x_p)^T$ 属于类别 C_i（$1 \leq i \leq m$）的概率。由贝叶斯公式，有：

$$P(C_i|X) = \frac{P(X|C_i)}{P(X)}P(C_i) \propto P(C_i)P(X|C_i) \tag{4.5}$$

即要得到 $P(C_i|X)$ 的值关键要计算 $P(X|C_i)$ 和 $P(C_i)$。令 $C(X)$ 为 X 所属的类别标签，由贝叶斯分类准则，如果对于任意 $i \neq j$ 都有 $P(C_i|X) > P(C_j|X)$ 成立，则把未知类别的样本 X 指派给类别 C_i，贝叶斯分类器的计算模型为：

$$C(X) = \arg\{\max_i P(X|C_i)P(C_i)\} \tag{4.6}$$

由朴素贝叶斯分类器的属性独立性假设，假设各属性 $A_k(k=1, 2\cdots, p)$ 间相互类条件独立，则：

$$P(X|C_i) = \prod_{k=1}^{p} P(x_k|C_i) \tag{4.7}$$

于是式（4.7）被修改为：

$$C(X) = \arg\{\max_i P(C_i) \prod_{k=1}^{p} P(x_k|C_i)\} \tag{4.8}$$

$P(C_i)$ 为先验概率，可通过 $P(C_i) = c_i/s$ 计算得到，其中，c_i 表示类别 C_i 的训练样本个数，s 表示训练样本的总数。若属性 A_k 是离散的，则概率可

由 $P(x_k|C_i)=d_{ik}/c_i$ 计算得到，其中，d_{ik} 是训练样本集合中属于类 C_i 并且属性 A_k 取值为 x_k 的样本个数，c_i 是属于类 C_i 的训练样本的个数。

2. 朴素贝叶斯分类模型的算法描述

算法：朴素贝叶斯分类算法。

输入：训练集和测试集。

输出：分类准则及测试集分类结果。

算法步骤如下所述：

第一步，对训练样本数据集和测试样本数据集进行离散化处理和缺失值处理。

第二步，扫描训练样本数据集，分别统计训练集中类别 C_i 的个数 c_i 和属于类别 C_i 的样本中属性 A_k 取值为 x_k 的实例样本个数 d_{ik}，构成统计表。

第三步，计算先验概率 $P(C_i)=c_i/s$ 和条件概率 $P(x_k|C_i)=P(A_k=x_k|C_i)=d_{ik}/d_i$，构成概率表。

第四步，构建分类模型 $C(X)=\{\max_i P(X|C_i)P(C_i)\}$。

第五步，扫描测试集的样本数据集，调用已得到的统计表、概率表以及构建好的分类准则，得出分类结果。

第六步，算法结束，输出分类准则及测试集分类结果。

3. 朴素贝叶斯分类器的优缺点

朴素贝叶斯分类算法有诸多优点，如逻辑简单、易于实现、分类过程中算法的时间空间开销比较小；算法比较稳定、分类性能对于具有不同数据特点的数据集合其差别不大，即具有比较好的健壮性；等等。

尽管在实际情况中难以满足朴素贝叶斯模型的属性类条件独立性假定，但它的分类预测效果在大多数情况下仍比较精确。原因有以下几个：要估计的参数比较少，从而加强了估计的稳定性；虽然概率估计是有偏的，但人们大多关心的不是它的绝对值，而是它的排列次序，因此有偏的概率估计在某些情况下可能并不重要；现实中很多时候已经对数据进行了预处理，比如对变量进行了筛选，可能已经去掉了高度相关的量等。除了分类性能很好外，贝叶斯分类模型还具有形式简单、可扩展性强和可理解性好等优点。

朴素贝叶斯分类器的缺点是属性间类条件独立的这个假定，而很多实际问题中这个独立性假设并不成立，如果在属性间存在相关性的实际问题中忽视这一点，会导致分类效果下降。

朴素贝叶斯分类模型虽然在某些不满足独立性假设的情况下分类效果不好，但是大量研究表明可以通过各种改进方法来提高朴素贝叶斯分类器的性能。朴素贝叶斯分类器的改进方法主要有两类：一类是弱化属性的类条件独立性假设，在朴素贝叶斯分类器的基础上构建属性间的相关性，如构建相关性度量公式，增加属性间可能存在的依赖关系；另一类是构建新的样本属性集，期望在新的属性集中，属性间存在较好的类条件独立关系。①

在 IBM SPSS Statistics 中未包括贝叶斯分类方法，但可以在 SPSS Modeler 中实现。

三、聚类挖掘算法

（一）聚类挖掘概述

聚类分析（Cluster Analysis）也称为群集分析，是一种分组观察的方法，将更具相似性的样本归为一组或一类，同组中的样本比其他组的样本更相似。根据在数据中发现的描述对象及其关系的信息，将数据对象分组。目的是组内的对象相互之间是相似的（相关的），而不同组中的对象是不同的（不相关的）。组内相似性越大，组间差距越大，说明聚类效果越好。

聚类分析最早起源于分类学。初时人们依靠经验将事件的集合分为若干子集。随着科技的发展，人们将数学工具引入分类学，聚类算法便被细化归入数值分类学领域。后来，信息技术快速发展，新数据的出现呈井喷趋势，其结构的复杂性和内容的多元化又为聚类提出了新的要求，于是多元分析技术被引入数值分析学，形成了聚类分析学。

非监督式是聚类分析与分类和回归分析的区别所在，聚类不需要人为地输入标签，尽管某些聚类算法需要设定初始划分方法或者根据输入参数确定聚类集合个数，但在分析过程中，算法无须人为输入分类标准。因此，聚类分析在很多时候用于大型数据库的分类预处理，当然聚类分析也常作为独立分析数据的工具。在实际应用中，聚类问题与分类问题往往容易发生混淆。这两个问题是相关的，但是存在区别。聚类可以看作一种分类，它用类（族）标号创建数据对象的标记。然而，这些标号只能从数据中导出。

传统聚类算法主要是针对静态数据库进行设计的，这类算法处理的多是存储在磁盘或其他存储介质中的静态数据，是对这些数据进行随机操作、多次扫描，计算量往往都是很大的，I/O 开销随着数据量的增多也会增大。

大数据时代，聚类分析已成为数据挖掘领域的主要研究课题之一，一个重要的原因就是聚类分析在海量数据中的应用越来越多，对于这些海量数据，单

---

① 岳晓宁，赵宏伟. 统计分析与数据挖掘技术［M］. 北京：清华大学出版社，2019.

纯的统计方法无法实现有效的处理，不能从中得出有用的信息，需要与数据库管理、人工智能等计算机技术结合在一起，提出集成的解决方案，而聚类分析正好为解决这些问题提供了一个有力工具。

近年来，随着硬件技术的发展，越来越多的应用产生数据流，数据流不同于传统的存储在磁盘上的静态数据，而是一类新的数据对象，它是无限的、连续的、有序的、快速变化的、海量的。典型的数据流包括网络与道路交通监测系统的监测信息数据、电信部门的通话记录数据、由传感器传回的各种监测数据、股票交易所的股票价格信息数据以及环境温度的监测数据等。数据流本身的这些特点决定了对数据流进行处理时只能对数据做一次或有限次的扫描，并只能临时存储少量的数据。因此，原来很多成熟传统的聚类分析算法在数据流上变得不适用了，需要提出新的解决方法。

数据流挖掘技术作为数据挖掘领域的新问题，很多挖掘算法需要针对数据流进行改造。数据流聚类分析作为数据流挖掘的一个重要研究方向，同样面临着巨大的挑战，也引起了研究者们的广泛关注，目前出现了不少相关的研究成果，并应用到实践中。

（二）K－Means 均值聚类算法

聚类分析可以基本实现"物以类聚"，将物理或抽象对象的集合分组为由类似的对象组成的若干子集的过程。聚类的目的就是要将一组数据分组，而这种分组要基于以下原理：即满足最大的组内相似性和最小的组间相似性，使不同聚类中的数据尽可能不同，而同一聚类中的数据尽可能相似。

聚类算法一般包括 K－Means 均值聚类、均值漂移聚类、基于密度的聚类方法（DBSCAN）、用高斯混合模型（GMM）的最大期望（EM）聚类、凝聚层次聚类等。下面主要介绍一下 K－Means 均值聚类算法。

1. K－Means 均值聚类算法的工作原理

K－Means 均值聚类算法是众多聚类算法中最简单也最常用的一种，由 J. B. MacQueen 在 1967 年提出，是到目前为止用于科学和工业应用的诸多聚类算法中一种极有影响的技术。K 聚类的核心思想是使同类别样本之间的距离尽可能小，同时保证不同类样本之间距离较大。其基本原理是首先任意选取 K 个样例作为类别的中心；然后对于其余样例，将其标记为距离类别中心最近的类别（欧氏距离）；在计算每个类别中所有样例的均值作为新的类别中心；不断重复上述过程直到类别中心不再发生变化为止。它是聚类方法中一个基本的划分方法，常常采用误差平方和代价函数（代价函数的意义是对异常信号的损失达到最小）SAD 作为聚类准则函数，误差平方和代价函数 SAD 设为：

$$SAD = \sum_{i=1}^{k} \sum_{x \in ci} (x - \overline{x}_i)^2 \qquad (4.9)$$

这里

$$\overline{x}_i = \frac{1}{n_i} \sum_{j=1}^{n_i} x_{ij} (i = 1, 2, 3 \cdots, k) \qquad (4.10)$$

其中，SAD 表示所有对象的平方误差总和，x 表示所给定的数据对象，$C_i(i=1, 2, \cdots, k)$ 分别代表 k 个类，$\overline{x}_i(i = 1, 2, \cdots, k)$ 是簇 C_i 中数据对象的均值，即是簇 C_i 形成的新质心。

首先随机从数据集中选取 k 个数据对象作为初始聚类质心 $\overline{x}_i(i = 1, 2, \cdots, k)$，然后计算各个样本到各聚类质心的距离，把样本归到离它最近的那个聚类质心所在的簇 $C_i(i = 1, 2, \cdots, k)$，即赋予样本 x 类标号为：

$$i = arc \min_i (x - \overline{x}_i)^2 \qquad (4.11)$$

样本按赋予的类标号把样本集划分为 k 个类簇，计算新形成的每一个簇 C_i 中数据对象的平均值 $\overline{x}_i$，并以 $\overline{x}_i$ 为聚类更新质心进行重新划分 k 个类簇 C_1，C_2，$\cdots$，C_k，以此分下去。如果相邻两次的误差平方和代价函数 SAD 不变（或改变小于给定的阈值），即聚类质心没有变化，说明样本调整结束，聚类准则函数已经收敛。

本算法的一个特点是在每次迭代中都要考察每个样本的分类是否正确。若不正确，就要调整，在全部样本调整完后，再修改聚类质心，进入下一次迭代。如果在一次迭代算法中，所有的样本被正确分类，则不会有调整，聚类中心也不会有任何变化，这标志着已经收敛，因此算法结束。

K - Means 均值聚类是基于质心的算法，质心通常代表的是一个簇中所包含对象的平均值。该准则将使得聚类生成的结果簇既紧凑又独立。

2. K - Means 均值聚类算法描述

算法：K - Means 均值聚类。

输入：类的数目 k 和包含 n 个对象的数据库。

输出：k 个类簇集合。

算法步骤如下所述：

第一步，对于数据对象集，任意选取 k 个对象 $\overline{x}_i(i = 1, 2, \cdots, k)$ 作为初始的类中心。

第二步，根据类中对象的平均值，将每个对象重新赋予最相似的类。

第三步，更新类的平均值，即更新后每个类中对象的平均值 $\overline{x}_i(i = 1$，

2，…，k）。

第四步，重复第二步和第三步。

第五步，直到不再发生变化，终止循环。

第六步，算法结束，输出 k 个类簇集合。

SAD 值依赖的几何形状和位置。SAD 是对象和聚类质心的函数，数据对象集 S 给定的情况下 SAD 的值取决于 k 个聚类质心。SAD 描述 n 个样本聚类成 k 个类时所产生的总的误差平方和。显然，若 SAD 值越大，说明误差越大，聚类结果越不好。因此，应该寻求使 SAD 最小的聚类结果，即在误差平方和代价函数 SAD 下的最优结果。这种聚类通常也被称为最小方差划分。①

3. K–Means 特点与适用场景

（1）K–Means 算法的特点。K–Means 作为一种无监督学习方法，是最早出现的聚类分析算法之一，它的特点如下：

1）采用两阶段反复循环过程算法，以欧式距离作为相似度测量。

2）结束的条件是不再有数据元素被重新分配，结果对划分个数与初始点的选取敏感。

3）一般会比分层聚类产生出更紧实的划分，在字段较多时，一般会比分层聚类要快。

4）算法采用误差平方和准则函数作为聚类准则函数。

5）算法倾向于生成相同大小的划分，时间复杂度近似于线性，对大数据集有较高的效率，并且是可伸缩性的。

6）算法简单，容易实现，结果直观、易于展现。

7）在聚类之前需要先确定类族的数量，且质心的选取会影响最终的聚类结果，稳定性也比较差，因此较适合处理分布集中的大样本数据集。

（2）K–Means 的适用场景。

1）适合需要对数据进行划分的场景，如客户分群、图像处理、精准营销等。应用 K–Means 聚类方法对聚类用户进行特征分析，实现客户细分，按照不同的聚类群体客户特征进行个性化营销服务，最终在避免资源浪费的同时，提高营销的有效性。图像分割就是把图像分成若干个特定的、具有独特性质的区域并提出感兴趣目标的过程。图像分割后提取的目标可以用于人脸识别、指纹识别、交通控制系统、卫星图像定位等。在医学上还能够进行组织体积的测量、肿瘤和其他病理的定位等。在电子商务中分析商品相似度，进行商品归

---

① 岳晓宁，赵宏伟. 统计分析与数据挖掘技术［M］. 北京：清华大学出版社，2019.

类，从而有针对性地使用不同销售策略，进行精准营销。

2）适合字段是连续数值的情况，离散数值类型的字段经过适当变换也可以用于 K - Means。如音调分类，在平常生活中，音频信号和音乐分析较少被讨论，但它却是一个有趣的机器学习概念应用。K - Means 可通过样例音频片段的强度图谱来给音调片段分类。给定一个有 n 个人不同频率的强度图谱集合，K - Means 将会给样例图谱分类，从而使在 n 维空间中每个图谱到它们组中心的欧氏距离最小。例如，现在的 K 歌软件通过识别输入的声音进行分类，再与原音频进行对比，可以更加准确地测出试验者是否有跑调。

3）可以作为其他一些数据挖掘算法的预处理步骤，如为分类算法数据生成类标号。[①]

4. K - Means 均值聚类优势和存在的问题

K - Means 算法的特点是采用两阶段反复循环过程算法，结束的条件是不再有数据元素被重新分配：指定聚类，即指定样本到某一个聚类，使它与这个聚类中心的距离比它到其他聚类中心的距离要近；修改聚类中心。

（1）K - Means 均值聚类算法的主要优点。

1）算法快速且简单。

2）对大数据集有较高的效率并且具有可伸缩性。

3）时间复杂度近于线性，而且适合挖掘大规模数据集。

（2）K - Means 均值聚类算法存在的问题。

1）在 K - Means 算法中 k 是事先给定的，这个 k 值的选定是非常难以估计的，很多时候，事先并不知道给定的数据集应该分成多少个类别才最合适，这也是 K - Means 算法的一个不足。有的算法是通过类的自动合并和分裂，得到较为合理的类型数目 k，如 ISODATA 算法。

关于 K - Means 算法中聚类数目 k 值的确定，有研究者是根据方差分析理论，应用混合 F 统计量来确定最佳分类数，并应用了模糊划分熵来验证最佳分类数的正确性。

2）在 K - Means 算法中，首先需要根据初始聚类中心来确定一个初始划分，然后对初始划分进行优化。这个初始聚类中心的选择对聚类结果有较大的影响，一旦初始值选择得不好，可能无法得到有效的聚类结果，这也成为 K - Means 算法的一个主要问题。对于该问题的解决，许多算法采用遗传算法（GA）进行初始化，以内部聚类准则函数作为评价指标。

---

① 赵志升. 大数据挖掘 [M]. 北京：清华大学出版社，2019.

3）从 K – Means 算法框架可以看出，该算法需要不断进行样本分类调整，不断计算调整后的新的聚类质心，因此当数据量非常大时，算法的时间开销是非常大的，所以需要对算法的时间复杂度进行分析、改进，提高算法应用范围。目前有研究者从时间复杂度进行分析考虑，通过一定的相似性准则以去掉聚类质心的候选集。

四、关联规则

（一）关联规则算法概述

在数据挖掘中，关联规则也叫作关联分析或频繁项集挖掘。关联规则是反映一个事物与其他事物之间的相互依存性和关联性，常用于推荐系统通过对用户的选择记录数据库进行关联规则挖掘，最终目的是发现用户群体的使用习惯的内在共性。

关联规则最初是针对购物篮分析（Market Basket Analysis）问题提出的。例如，超市经理想更多了解顾客的购物习惯，特别是想知道顾客在购物时可能会同时购买哪些商品。因此，需要对顾客购买商品的清单进行分析。通过对顾客放入"购物篮"中不同商品之间的关联进行分析，来了解顾客的购物习惯。一个广为流传的挖掘商品之间的关联性的故事就是"啤酒与尿布"这个故事。美国知名零售巨头沃尔玛超市通过分析顾客的销售数据时，发现一个有意思的现象："啤酒"和"尿布"这两个看起来毫无关联的商品经常会出现在同一个"购物篮"中。通过分析发现，这是因为 25 ~ 35 岁的美国人喜欢喝啤酒，当年轻的父亲买尿布的时候看到啤酒就顺便买了。如果这个年轻的父亲在超市只能买到两件商品之一，则他很有可能会放弃购物而去另一家能同时买到两件商品的超市。于是沃尔玛就将卖场内原来相隔很远的妇婴用品区与酒类饮料区的空间距离拉近，让年轻的父亲能很快找到啤酒与尿布并很快完成购物。同时，对这两个产品的价格也做了调整，并向一次购买达到一定金额的顾客赠送婴儿奶嘴及其他小礼品，结果是尿布与啤酒的销售量双双大增。这样有关联性的商品还有很多。这种关联的发现可以帮助零售商了解哪些商品频繁地被顾客同时购买，从而帮助他们开发更好的营销策略。

1993 年，Agrawal 等在首先提出关联规则概念的同时，给出了相应的挖掘算法 AIS，但是性能较差。1994 年，他们建立了项目集格空间理论，并在上述两个原理的基础上，提出了著名的 Apriori 算法，至今 Apriori 仍然作为关联规则挖掘的经典算法被广泛讨论和研究。

关联规则挖掘问题可以分为两个子问题：①找出事物数据库中所有大于等

于用户指定的最小支持度的数据项集；②利用频繁项集生成所预需要的关联规则，根据用户设置的最小置信度进行取舍，最后得到强关联规则。通常情况下，用户需要制定最小支持度的阈值和最小置信度的阈值。关联规则必须要满足这两种阈值。如果关联规则既满足大于等于最小置信度，并且大于等于最小支持度则称之为强关联规则，反之不是。通常我们所说的都是强关联规则。

关联规则挖掘过程主要包含两个阶段：第一阶段必须先从资料集合中找出所有的高频项目组（Large Item sets），第二阶段再由这些高频项目组中产生关联规则（Association Rules）。

关联规则挖掘的第一阶段必须从原始资料集合中找出所有的高频项目组（Large Item sets）。高频的意思是指某一项目组出现的频率相对于所有记录而言，必须达到某一水平。一项目组出现的频率称为支持度（Support），以一个包含 A 与 B 两个项目的 2 - itemset 为例，可以经由公式求得包含 {A，B} 项目组的支持度，若支持度大于等于所设定的最小支持度（Minimum Support）门槛值时，则 {A，B} 称为高频项目组。一个满足最小支持度的 k - item set，则称为高频 k - 项目组（Frequent k - item set），一般表示为 Large k 或 Frequent k。算法从 Large k 的项目组中再产生 Large k + 1，直到无法再找到更长的高频项目组为止。

关联规则挖掘的第二个阶段是产生关联规则（Association Rules）。从高频项目组产生关联规则，是利用前一步骤的高频 k - 项目组来产生规则，在最小信赖度（Minimum Confidence）的条件门槛下，若利用某一规则所求得的可信度满足最小可信度，则称此规则为关联规则。

从上面的介绍还可以看出，关联规则挖掘通常比较适用于记录中的指标取离散值的情况。如果原始数据库中的指标值是取连续的数据，则在关联规则挖掘之前应该进行适当的数据离散化（实际上就是将某个区间的值对应于某个值），数据的离散化是数据挖掘前的重要环节，离散化的过程是否合理将直接影响关联规则的挖掘结果。

关联规则挖掘技术已经被广泛应用在商业、医疗、教育、保险、搜索引擎、智能推荐等领域。在商业领域，目前应用最多的是推荐服务。关联规则已经成为各大超市安排商品布局，促进销售量的一种法宝。近年来，电信公司、保险公司和美容等服务行业都争先恐后地效仿零售业的这种做法，纷纷设计各种套餐，实现捆绑销售。在电力行业，一些发达国家通过关联分析对输变电设备进行状态检测，为状态检修计划的制定提供科学依据。在医疗领域，关联规则挖掘应用于临床疾病诊断，如通过实例分析吸烟、环境污染、职业、肺部慢性疾病等因素与肺癌的发生之间的关联关系，从而发现肺癌与它产生的可能因素间的规则，利用规则模式指导肺癌的诊断与预防。在教育领域，关联规则可以实现个性化学习方案推荐。目前在大中型企业中大多建立了自己的知识管理系统，积累了大量的学习资源。针对学习者学习过程中出现的信息过载问题，依据个人职业发展目标和组织能力提升要求，以在线学习行为的数据和静态的学习能力测试数据为基础，可实现个性化的学习方案推荐。在招聘方面，关联规则挖掘算法可以用于研究不同类型的组织对应聘者的要求，帮助求职者做到知己知彼，从而更好地把握招聘时机以便找到自己满意的工作。

（二）Apriori 算法

关联规则挖掘算法主要有 Apriori 算法、FP - 树频集算法和基于划分的算法。下面重点介绍比较常用的 Apriori 算法。

1. Apriori 算法的基本思想

关联规则的常用算法为 Apriori 算法，使用候选项集找频繁项集。Apriori 算法是一种最有影响的挖掘布尔关联规则频繁项集的算法。其核心是基于两阶段频集思想的递推算法。该关联规则在分类上属于单维、单层、布尔关联规则。在这里，所有支持度大于最小支持度的项集称为频繁项集，简称频集。

该算法的基本思想是：首先找出所有的频集，这些项集出现的频繁性至少和预定义的最小支持度一样。其次由频集产生强关联规则，这些规则必须满足最小支持度和最小可信度。最后使用第一步找到的频集中产生期望的规则，产生只包含集合的项的所有规则，其中每一条规则的右部只有一项，这里采用的是中规则的定义。一旦这些规则被生成，那么只有那些大于用户给定的最小可信度的规则才被留下来。为了生成所有频集，使用了递推的方法。

根据 Apriori 算法的思想，为了找出一条事务中所有的频繁项集，需要穷举事务中全部可能的组合（即项集），并计算每一种组合的支持度，断定其是否为频繁项集。对于一条包含 m 项的事务，所有可能的组合最多可达 2m 种。为了减少项集组合的搜索空间，Apriori 算法利用了以下性质：

如果某一项集是频繁的，则它的所有非空子集也是频繁的；反之，如果某一项集是非频繁的，则其所有超集也是非频繁的。超集是包含这一项集的其他集合，与子集概念相反，b 是 B 的子集，则 B 是 b 的超集。已知一个项集是非频繁的，即不满足设定的支持度，其超集也不需要再次进行计算，以缩小计算量。

频繁项集生产强关联规则阶段的基本思想是，使用已经挖掘好了的频繁项集，寻找其中的频繁项集包含关系，并计算出其置信度，断定其是否为强关联规则。

Apriori 算法采用了逐层搜索的迭代方法，算法简单明了，没有复杂的理论推导，也易于实现。

设 D 为数据集，设L_k是 k 项频繁项集，C_k是 k 项候选集，每一行数据定义为一笔交易（Transaction），交易中的每个商品为项 item。支持度是该项集在数据集 D 中出现的次数。

2. Apriori 算法的主要步骤

（1）获取输入数据，产生全部 1 项集，生成候选集C_1。扫描数据集 D，获取候选集C_1的支持度，并找出满足最小支持度 min_sup 的元素作为频繁 1 项集L_1。

（2）通过频繁 k 项集L_K产生 k + 1 候选集 C_{k+1}。

（3）扫描数据集 D，获取候选集 C_{k+1}的支持度，并找出其中满足最小支持度的元素作为频繁 k + 1 项集L_{k+1}。

（4）通过迭代步骤（2）~ 步骤（3），直到找不到 k + 1 项集或者达到目前要求结束。

（5）使用找出的频繁项集，从最短的频繁项集开始，依次扫描其所有的频繁超集，找出具有包含关系并满足最小置信度的强关联规则。[①]

在 IBM SPSS Statistics 中未包括关联规则方法，但可以在 Modeler 中实现，具体包括 GRI、Apriori、CARMA 等方法。

第三节　文本挖掘

一、文本挖掘概述

文本是人类知识呈现的重要载体，文本指的是由一定的符号或符码组成的信息结构体，这种结构体可采用不同的表现形态，如语言、文字、影像等。因为文本由特定的人制作，文本的语义不可避免地会反映制作人的特定立场、观点、价值和利益。因此，对于文本内容的分析，可以推断文本提供者的意图和目的或者其他有用的宝贵知识。另外，随着互联网、计算机设备和能力的普及和发展，许多传统的信息处理方式因此而改变，大量原本是以书面方式存在的

---

① 宋旭东. 大数据技术基础［M］. 北京：清华大学出版社，2020.

文本信息，被转换成电子文本的形式来储存及传递。当信息的产生和传递效率加速提升时，就产生了信息爆炸现象，但传统信息检索方式无法有效地帮助使用者分析和了解大量的文本数据，因此，许多试图从文本中获取知识的研究和技术应用便因此而产生。

文本挖掘（Text Mining，TM）也称文本数据挖掘（Text Data Mining，TDM），是一种从文本数据中抽取有价值的信息和知识的计算机处理技术。文本挖掘是一种跨领域的应用，其应用了机器学习、知识发现、信息检索、信息提取、计算语言、自然语言处理、数据挖掘技术等，文本挖掘特别着重于利用这些技术，自非结构或半结构的文字中挖掘出先前未知、隐含而有用的信息。文本挖掘整合了许多传统信息检索技术，包括关键词提取、全文检索、文件自动分类、自动摘要等，以提供更强大的文字处理功能。Dan Sullivan（2001）定义文本挖掘为"一种编辑、组织及分析大量文件的过程，为了向特定用户提供特定的信息，以及发现某些特征及其间的关联"。相较于传统的数据挖掘，文本挖掘需要加上额外的数据选择处理程序以及复杂的特征提取步骤。

文本挖掘与数据挖掘的不同在于，数据挖掘所处理的数据属性是结构化的数据，而文本挖掘则是处理半结构或非结构化的数据，如电子邮件、网页或是社群网站发文等，文本挖掘经常使用自然语言处理、统计分析、概率模式、机器学习等技术，探讨概念提取（Concept Extraction）、文本摘要（Text Summarization）、信息过滤（Information Filtering）、命名实体的标注或辨识（Named Entities Tagging or Identification）、意见分析（Opinion Analysis）、关系探索（Relation Discovery）、情绪分析（Sentiment Analysis）、文本分类（Text Classification）、文本聚类（Text Clustering）等议题。[①]

目前，在医学、法律、商业、工程、计算机等诸多领域已有广泛应用。

1. 安全类（Security Application）

在安全类中最重要的应用当属 ECHELON，它可以经由卫星通信、大众交换电话网络及微波来截听全球的电话、传真及电子邮件。另外，在 2007 年欧盟智能型部门也开发了一套分析系统 OASIS（Overall Analysis System for Intelligence Support），用来追踪组织型交易犯罪。

2. 生物医学类（Biomedical Applications）

在生物医学类中最有名的应用是 PubGene，它是一个搜索引擎，取自

---

① 谢邦昌，朱建平，李毅. 文本挖掘技术及其应用［M］. 厦门：厦门大学出版社，2016.

MEDLINE（Medical Literature Analysis and Retrieval System Online）这个含有大量生命科学及生物医学文献的数据库。它用生物医学的关键词组织成一个图形网络，用视觉方式来展现关键词与文献数据间可能的关联，目前此技术已商用化了。另外一个应用是 GoPubMed，它是整合式搜索引擎，目标族群主要是生物医学的研究者，这是个不错的文献搜索引擎，相当方便。

3. 软件应用类（Software and Applications）

一些软件公司如 IBM、微软正在研发文本挖掘的软件，来加速挖掘及分析程序的运行。有一些公司则专注于搜索与索引领域。

4. 营销类应用（Marketing Applications）

文本挖掘已经开始被运用到营销中，尤其是客户关系管理（Customer Relationship Management）。K. Coussement 和 Van den Poel 运用文本挖掘来系统性分析客户的流动率（Customer Attrition）

5. 学术类应用（Academic Applications）

文本挖掘对于在学术界中握有大型信息数据库，并且为了快速获取信息而要做索引的出版商来说尤其重要，因此 Nature 及 NIH 两个重要的出版商分别提出文本挖掘开放界面（Open Text Mining Interface，OTMI）及文档类型定义（Document Type Definition，DTD），使系统可以运用语意线索响应包含在文档中的特定问题。许多学术机构也纷纷投身到文本挖掘领域中，例如曼彻斯特及利物浦就合作创立了文本挖掘国家中心，提供定制化的工具及研究设备。这个中心是由 JISC 及韩国的研究委员会所共同创办，主要是在生物学及生物医学科学领域，目前已扩展到社会科学。另外，在美国加州大学伯克利分校信息系已开发了一套 BioText 系统，以协助生物医学研究者进行领域分析。

文本挖掘主要的定义为从非结构化的文字中挖掘出有用的或是有趣的片段、模型、方向、趋势或规则。一般数据挖掘（Data Mining）的方法只适用于结构化的关联表格数据，无法直接运用到非结构化的文本数据上，而一些已发表的文本挖掘研究中结合了信息提取（Information Retrieval）、自然语言处理（Natural Language Processing）和数据挖掘的技术，试图从文档数据中找出重要的术语（Term）或组（Phrase）、术语间的关联强度（Association Degree）或是分类和推论规则（Classification or Prediction Rule）。虽然不同的研究者对文本挖掘的定义不尽相同，但目的都在于帮助使用者高效地从大量文本性数据中整理出有用的信息。

二、文本挖掘的过程

文本挖掘过程一般从文档收集开始，然后依次为 Stemming（英文）/分词（中文）、文本特征提取和文本表示、文本特征选择、模式或知识挖掘、结果评价、知识或模式输出。典型的文本挖掘过程如图 4-1 所示。

```
文档     Stemming     文本特征      文本特征     模式或     结果     知识或
收集     （英文）/    提取和        选择         知识挖掘    评价     模式输出
         分词（中      文本表示
         文）
```

图 4-1　文本挖掘的一般过程

资料来源：朱颢东. 文本挖掘中若干核心技术研究［M］. 北京：北京理工大学出版社，2017.

（1）文档收集。这个阶段主要是收集和挖掘与任务有关的文本数据。这里所说的文档包括图书、电子邮件、网页、报纸等。

（2）Stemming（英文）/分词（中文）。文本数据获得后不能直接对其应用，还需要进行适当的处理，原因在于文本挖掘所处理的是非结构化的文本，它经常使用的方法来自自然语言理解领域，计算机很难处理其语义，使现有的数据挖掘技术无法直接对其应用。这就要求对文本进行处理，抽取代表其特征的元数据，这些文本特征可以用结构化的形式保存，作为文档的中间表示形式，形成文本特征库。对英文文档来说，需进行 Stemming 处理，而对中文文档来说，由于中文词与词之间没有固定的间隔符，需要进行分词处理。目前主要存在两种分词技术：基于词库的分词技术和无词典分词技术。对于这两种技术，已有多种成熟的分词算法产生。

（3）文本特征提取和文本表示。文本数据集经过 Stemming（英文）/分词（中文）后有大量文本特征组成，由于并不是每个文本特征对文本挖掘任务都有益，因此，必须选择那些能够对文本进行充分表示的文本特征。在具体应用中，选择何种文本特征由综合处理速度、精度要求、存储空间等方面的具体要求来决定。

目前存在多种文本表示模型，其中最经典的就是向量空间模型（Vector Space Model，VSM），该模型认为文本特征之间是相互独立的，因而忽略其依赖性，从而以易理解的方式对文本进行简化表示：$D = \{w_1, w_2, \cdots, w_n\}$，其中，$w_k$ 是文档 D 的第 k 个文本特征词，$1 \leq k \leq n$。两个文档 D_1 和 D_2 之间内容的相似度 Sim（D_1，D_2）可以通过计算文档向量之间的相似性来获得，一般用余弦距离作为相似性的度量方式。

（4）文本特征选择。文本特征提取后形成的文本特征库通常包含数量巨大且冗余度较高的词，如果在这样的文本特征库上进行文本挖掘，效率无疑是低下的，为此，需要在文本特征提取的基础上进行文本特征选择，以便选择出冗余度低又较具代表性的文本特征集。常用的文本特征选择方法有文档频（DF）、互信息（Mutual Information，MI）、信息增益（Information Gain，IG）等，其中应用较多、效果最好的是信息增益法。

（5）模式或知识挖掘。经过文本特征选择之后，就可根据具体的挖掘任务进行模式或知识的挖掘。常用的文本挖掘任务有文本结构分析、文本摘要、文本分类、文本聚类、文本关联分析、分布分析和趋势预测等。

（6）结果评价。为了客观地评价所获得的模式或知识，需要对它们进行评价。现在有很多评价方法，比较常用的有准确率（Precision）和召回率（Recall）。

准确率是在全部参与分类的文本中，与人工分类结果吻合的文本所占的比率。其数学公式如下：

准确率 = 被正确分类的文本数 ÷ 实际参与分类的文本数

召回率是在人工分类结果应有的文本中，与分类系统吻合的文本所占的比率，其数学公式如下：

召回率 = 被正确分类的文本数 ÷ 应有文本数

对所获取的模式或知识评价，若评价结果满足一定的要求，则保存该模式或知识评价，否则返回以前的某个环节进行分析改进后进行新一轮的挖掘工作。

（7）知识或模式输出。这个阶段主要是输出与具体挖掘任务有关的最终结果。

三、文本挖掘技术

常用的文本挖掘分析技术包括文本特征选取、文本分类、文本聚类、文本摘要、文本关联分析、分布分析和趋势预测等。接下来对前三种技术进行简要介绍。

（一）文本特征选取

要将文本进行挖掘分析，首先就要将文本从无结构的原始文本转化为计算机可处理的结构化信息，也就是说要对文本进行科学抽象，建立数学模型来描述和代替文本，通过计算机能够对模型的运算以实现对文本信息的识别。人们通常采用向量空间模型来描述文本向量，当文本集通过文本特征抽取并用空间向量表示后，向量的维度就非常大。这种未经处理的文本矢量给后续计算带来了巨大的工作量，导致效率低下，降低了算法的性能，也使最后的结果很难令人满意。因此，必须对文本向量做进一步净化处理，在不改变原文含义的基础上，从原始文本特征集中找出最具代表性的文本特征。解决该问题最有效的办法就是通过特征选取进行降维。

文本特征或特征项是用于表示文本的基本单位。特征项有以下特点：①能够标识文本内容；②可以将目标文本与其他文本相区分；③个数不能太多；④易于分离。在中文文本中可以采用字、词或短语作为表示文本的特征项。相比较而言，词比字具有更强的表达能力，而词和短语相比，词的切分难度比短语的切分难度小得多。因此，大多数中文文本分类系统都采用词作为特征项，称作特征词。这些特征词作为文档的中间表示形式，用来实现文档与文档、文档与用户目标之间的相似度计算。如果把所有的词都作为特征项，那么特征向量的维数将过于巨大，从而导致计算量太大，在这样的情况下，要完成文本分类几乎是不可能的。特征抽取的主要功能是在不损伤文本核心信息的情况下尽量减少要处理的单词数，以此来降低向量空间维数，从而简化计算，提高文本处理的速度和效率。文本特征选择对文本内容的过滤和分类、聚类处理、自动摘要以及用户兴趣模式发现、知识发现等有关方面的研究都有非常重要的影响。通常根据某个特征评估函数计算各个特征的评分值，然后按评分值对这些特征进行排序，选取若干个评分值最高的作为特征词。

（二）文本分类

文本分类的任务是：在预先给定的分类模型下，让机器基于并利用该分类模型自动给未知类别的文本匹配一个或多个类别，提高检索或查询的速度和准确率。从数学角度来看，文本分类是一个映射的过程，它将未标明类别的文本映射到已有的类别中，该映射可以是一一映射，也可以是一对多的映射，因为通常一篇文本可以同多个类别相关联。

由于文本分类体系表一般比较准确、科学地反映了某一个领域的划分情况，所以在信息系统中使用分类的方法，能够让用户手工遍历一个等级分类体系来找到自己需要的信息，达到发现知识的目的，这对于用户刚开始接触一个领域想了解其中的情况，或者用户不能够准确表达自己的信息需求时特别有用。传统搜索引擎中目录式搜索引擎属于分类的范畴，但是许多目录式搜索引擎都采用人工分类的方法，不仅工作量巨大，而且准确度不高，大大限制了其作用的发挥。

另外，文本分类可以限制搜索范围来使文本的搜索更容易和便捷。用户在检索时可能会得到大量的文本，这让他们在寻找哪些文本是与自己需求相关时会遇到麻烦，如果系统能够将检索结果分门别类地呈现给用户，则显然会减少用户分析检索结果的工作量，这是文本自动分类的另一个重要应用。

文本分类一般采用统计方法或机器学习来实现。常用的方法有：朴素贝叶斯分类法，矩阵变换法、K－最邻近分类算法以及支持向量机分类方法等。

（三）文本聚类

文本聚类的假设前提是：同类的文本相似度较大，而不同类的文本相似度较小。文本聚类分析就是利用某个或某些聚类算法来寻找所需要的类别，其基本依据就是把彼此之间相似度高的那些样本分为一类，而把彼此之间相似度较低的那些样本明确地加以区分，从而形成若干个类簇，同一类簇中的对象间相似，不同类簇间的对象差异较大。分类和聚类的区别在于：分类是基于已有的分类体系表的，而聚类则没有分类表，只是基于文本之间的相似度。

首先，文档聚类可以发现与某文档相似的一批文档，帮助知识工作者发现相关知识；其次，文档聚类可以将一个文档聚类成若干个类，提供一种组织文档集合的方法；最后，文档聚类还可以生成分类器以对文档进行分类。

文本聚类可以用于提供大规模文档集内容的总括、识别隐藏的文档间的相似度、减轻浏览相关或相似信息的过程等方面。

文本聚类方法通常分为两类：一类是层次聚类法，以 G－HAC 算法为代表；另一类是平面划分法，以 K－means 聚类法为代表。

本章小结

（1）统计分析的四种数据类型，包括标称型、排序型、间隔型和比率型，不同类型的数据适用的计算方法不同。

（2）连续变量和分类变量的统计描述，以及假设检验、相关分析、回归分析和信度检验四种常用统计分析方法。

（3）决策树算法包括 ID3 算法、C4.5 算法、SLIQ 算法、SPRINT 算法。

（4）贝叶斯算法主要是朴素贝叶斯模型的基本原理。

（5）聚类挖掘算法，特别是 K－means 均值聚类算法。

（6）关联规则算法的基本概念以及常用的 Apriori 算法。

（7）文本挖掘的基本概念、挖掘过程和基本技术，包括文本特征选取、文本分类和文本聚类。

思考题

（1）假设检验的一般步骤是什么？

（2）Logistic 回归模型的适用情况。

（3）预测一个变量的未来值或解释变量的过去变化需要用到哪种统计方法？

（4）什么是决策树？决策树模型的实施步骤有哪两步？

（5）朴素贝叶斯分类器的优缺点有哪些？

（6）解释 K - means 均值算法的原理。描述应使用或不使用 K - means 的情况。

（7）分类和聚类的主要区别是什么？

（8）关联规则产生的两个基本步骤。

第二部分　技术篇

第五章 数据获取技术

数据是大数据分析的基础和原材料，因此应用大数据辅助人力资源管理和决策时首先要获取数据。本章首先全面梳理了人力资源大数据的数据来源以及常用的采集技术；其次阐明了数据清洗的含义和过程，并针对几类主要"脏数据"的数据清理的理论方法和实际操作进行介绍；最后理论分析了数据集成的基本原理，并详细介绍了数据纵向合并和横向合并的具体操作。

第一节　数据采集

一、数据来源

（一）企业内部数据来源

企业内部数据来源是指企业信息管理系统的数据，其中主要是人力资源管理信息系统的数据，另外还有物联网数据和内部调查的数据，不同来源的数据内容如表5-1所示。

表5-1　企业内部数据来源汇总

来源渠道	数据内容	具体指标
人力资源管理系统	人事档案数据	员工姓名、学历、工龄、年龄、婚姻状况、健康状况、性别、特长；员工的入职、离职、调动、转正、晋升；劳动纠纷状况等
	招聘测评数据	招聘漏斗统计、招聘费用及成本、招聘效果评估、员工简历、笔试记录、测评结果等
	培训管理数据	培训计划与计划完成情况、培训预算与预算完成情况、培训实施情况、培训效果评估、员工职业发展与成长状况、员工盘点信息等
	绩效考核数据	关键绩效指标、行为指标、能力指标；考核结果的分数、等级、总结、评价；考勤、考评调整、晋升与职务变动程序、违纪处理程序等

续表

来源渠道	数据内容	具体指标
人力资源管理系统	薪酬管理数据	员工工资、奖金；人工成本总量、结构、劳动报酬水平、关键人才薪酬、人事费用；内外部薪酬调研；人力投资回报回报率、人均产出、劳动生产率等
财务管理系统	业务发展数据	各项业务的收支水平、动态变化等
客户关系管理系统	客户管理数据	客户信息、客户利润、供应商、渠道商、订单、合同、客户跟进等
物联网系统	智能仪表数据	业务指标数据、动态变化数据等
	智能设备数据	使用人行为偏好数据、员工培训追踪数据等
	视频监控数据	视频数据、实时控制数据、企业安全数据等
内部调查数据	问卷调查数据	员工满意度数据、敬业度数据、培训需求数据、岗位价值分析数据等

从表5-1可以看出，人力资源信息系统提供了大量的分析数据，配合财务、客户关系、物联网系统和内部调查，可以构成完善的涵盖业务运营状况的数据体系。从数据类型看，主要包括事实性数据、动态性数据和整合性数据。事实性数据包括人员数量与结构、学历、年龄、性别、家庭背景、工作经历、技能特长等，就个体而言，这些数据通常是特有并且稳定的静态性数据，虽然年龄会随着时间推移而变化，但是在每个时间点上是相对不变的，是人力资源分析的最基本的信息数据。动态性数据通常是变化的，主要是人力资源业务管理过程中产生的动态性数据，可以反映出业务管理活动的效果与效率。整合性数据往往是通过计算、分析、挖掘得到的，是整合、关联运算出来的综合性数据，如人事费用率、人均效益、人均工资等。

（二）企业外部数据来源

1. 政府公开数据

政府公开发布的社会经济数据，是企业获取高质量外部数据的一个重要渠道。这些数据通常通过政府机构网站发布，与人力资源密切相关的如统计局、人力资源和社会保障部等部门，其官方网站上会定期公布各种统计数据，如每年的社会平均工资、工资指导线、最低工资等。另外，有些统计年鉴上也会涉及一些人力资源数据，如从《中国统计年鉴》上就可以查到国家层面的工资统计数据。不过，这些数据统计角度比较宏观，范围涵盖较大，对应到具体区域和群体时精准性略显不够，因此应用起来有一定难度。例如，社会平均工资数据并不能实际地反映大多数人的收入水平，因为计算出的收入平均数可能被高收入数据拉高，导致与实际情况偏离，此时用中位数来代表反而会相对客观。因此，使用这类数据时需要慎重。

2. 企业发布数据

一些企业也会对外公布自身的人力资源数据。上市公司年报就是一个很好的数据来源。例如，通过年报数据可以获得企业的营业总收入、净利润、人工成本、劳动生产率等。通常，上市公司也是行业标杆企业，将上市公司的年报数据与企业自身的数据进行分析对比，可以推断企业在行业中的水平。通过上海证券交易所、深圳证券交易所、全国中小企业股票转让系统的网站，可以下载上市公司年报。此外，新浪财经、东方财富网、证券之星、和讯财经等财经网站，也会公布一些数据。

3. 人力资源行业网络数据

人力资源行业网络数据包含人力资源行业商业调查数据、网络招聘平台发布的数据、线上劳动力外包平台发布的数据。这些数据相对准确，能够更好地匹配人力资源管理需求。

（1）人力资源行业商业调查数据。人力资源行业商业调查数据主要是咨询公司通过调研收集整理的人力资源相关数据，如高端人才数据、行业薪酬数据、业务趋势数据等，这类数据通常比较精准，比较符合企业的人力资源管理需要。例如，利用一些招聘网站和咨询公司定期发布的年度薪酬报告，企业可以直接对标，进行内外部薪酬的比较分析。国际国内较为知名的专业商业调研公司有美世咨询、怡安、韦莱韬悦、光辉国际、中智咨询等。不过这种人力资源行业商业调研数据需要购买才能获得，知名咨询公司编制的调研报告，价格更是不菲。如果资金有限，可以购买擅长本行业的新兴咨询公司或者利用行业资源获得大型招聘网站对客户开放的调研数据。此外，近年来互联网上兴起了一些"晒工资"的网站和软件，人们利用这些平台自发地上传自己的工资数据，供其他人查询和参考。虽然有些数据的可信度值得商榷，但也可以提供一定程度的参考。

（2）网络招聘平台发布的数据。近些年来，互联网招聘平台日益壮大，在线发布人才需求、在线提交简历成为常见操作，这些招聘平台得以积累海量的个人简历、招聘单位需求信息，以及雇用双方匹配信息等方面的数据，这些也是企业人力资源管理的重要信息来源，可以借此获取候选人信息、用人标准参考以及劳动力供需行情等。目前比较知名的网络招聘平台有智联招聘、Boss直聘、猎聘、拉勾网、脉脉等，都已逐步形成了一定的客户积累和业务专长，因此需求企业可以据此有针对性地选择作为信息来源甚至招聘渠道。智联招聘的业务开展时间较长，用户数基数大，活跃简历数量大；拉勾网偏重于互联网专业领域人才招聘，且简历质量比较高，利于获得互联网公司技术运营方向的人才数据；Boss直聘采用互联网强交互招聘模式，支持企业老板和求职者直接对话，更长于获得创业企业人才的数据；猎聘属于互联网领域线上猎头模式，可以获得高质量人才数据；脉脉主要利用社交平台实现实名制招聘，便于获取高级别人才数据。

（3）线上劳动力外包平台发布的数据。劳动力外包是指把人事管理的部分或全部工作外包给一个服务机构完成。现在劳动力外包业务范围日益广泛，不仅包含灵活用工、劳务派遣、人事代理、税务代办、猎头、校园招聘等，还囊括了法律服务、物业服务、安保服务等。而外包业务与互联网技术融合，就催生了线上劳动力外包平台，如猪八戒网、阿里众包、UpWork、Mturk等。这些线上劳动力外包业务平台在开展外包业务的同时，也积累了大量的与人力资源工作任务相关的数据，经过统计分析就可以形成劳务派遣成本、人力成本行业数据、外部行业人才数据等，这些数据可以成为企业人力资源进行外包决策、成本控制时的重要参考。

4. 公共社交网络数据

公共社交网络数据包括社交网站发布的数据、在线社区发布的数据。

（1）社交网站发布的数据。社交网络作为在线内容创造与传播的平台，是人们用来分享意见、见解、经验和观点的工具，如微信、QQ、微博、博客、朋友圈、抖音、脸书、推特等。从这些社交网站上可以获得大量非结构化数据，如果将这些数据进行适当处理并构建科学的行为模型，就可以将之用于人力资源管理中的人才画像、员工关系等实践工作。

（2）在线社区发布的数据。在线社区是个体在工作和生活中遇到问题寻求解答的在线空间，比较有代表性的在线社区有知乎、豆瓣、果壳、贴吧等。在线知识社区可以提供员工行为偏好数据，这些数据能够辅助进行职业倾向和性格特征预测。例如，可以通过员工在线上知识社区的行为表现数据，系统判别他对职业的符合程度是否与其个人描述的职业愿景相符，最终判断他的职业倾向；通过员工在专业论坛上活跃的时间段和时间长短，可以判别他的工作时间规律；依据人类行为语言学，将员工在线上知识社区的抽象言行转换为对应的性格特点，依据数据进行性格匹配等。

值得注意的是，通过社交网站或在线社区获得的人力资源数据，更多的是非结构化数据，即难以用"行"与"列"在"平面"的数据集中进行描述，因此需要进行适当处理，合理建模才能发挥作用。不过，这些从社交网站和在线社区得到的数据，表达了发言者的真实意愿和想法，反映着他们的日常行为特征，在揭示个体社交网络、性格特征、行为偏好、经验能力方面具有不容忽视的优势。

二、基于调查方法的数据采集

调查法是指通过书面或口头回答问题的方式，了解被测试者的心理活动的方法。调查法是收集数据的最基础、应用最广泛的方法，调查法能在短时间内同时调查很多对象，获取大量资料，并能对资料进行量化处理，经济省时。

（一）调查法的类型

1. 访谈调查

访谈调查是指调查者与被调查者通过面对面交谈获得所需信息的调查方法。访谈调查是最常用的定性数据采集方法，其优势在于针对性强、灵活、真实可靠，但是比较花费人力和时间，调查范围比较窄，因此适合有深度和复杂的信息的获取，如实践中经常开展的员工满意度调查。访谈时，首先要确定访谈目的，并据此确定访问对象、时间；其次要预设沟通问题的框架，再进行面谈访问；最后整理访谈记录，并展开有关数据分析。

2. 调查问卷

调查问卷起源于 19 世纪末 20 世纪初心理学研究，是指通过制定详细周密的问卷，并邀请被调查者作答，借此收集数据的一种手段。调查问卷能够实现短时、大范围的调研，相对省时省力，而且收集到的信息也比较全面、系统，因此在人力资源管理实践中应用广泛。如利用调查问卷进行需求分析调查、薪酬满意度调查、离职原因调查等。

（二）网络调查问卷技术

移动互联网的发展和智能手机的普及，催生了线上问卷调查的应用，而且比照传统的问卷调查，线上形式使调查问卷的发放、回收及统计更加方便、快捷。问卷星、腾讯问卷、问卷网等都是常用的线上调查问卷工具，这里以"问卷星"为例介绍网络问卷调查过程。

用户首先需要登录问卷星官网，完成注册登录后，就可以开始设置问卷调查，具体步骤如下：

步骤 1：创建问卷类型。登录进入问卷星后，呈现如图 5-1 所示的操作界面。选择"问卷调查"图标，单击【创建】按钮。

选择创建问卷类型

图 5 - 1　问卷类型选择

步骤 2：创建问卷。问卷星提供四种问卷创建方式，分别是"创建空白问卷""从模板创建问卷""文本导入"和"人工录入服务"。默认模式是"创建空白问卷"，这种方式需要将问卷题目逐一录入。在如图 5 - 2 所示的界面中，添加问卷题目，如"员工满意度调查"，单击【立即创建】按钮。

图 5 - 2　创建问卷

步骤3：设置问卷题目。填写题目内容并根据调查内容选择相应的题型，如选择题、填空、矩阵题、高级题型等。添加和编辑完所有的题目之后，单击【完成编辑】，弹出如图5-3所示的界面，单击【发布此问卷】按钮。

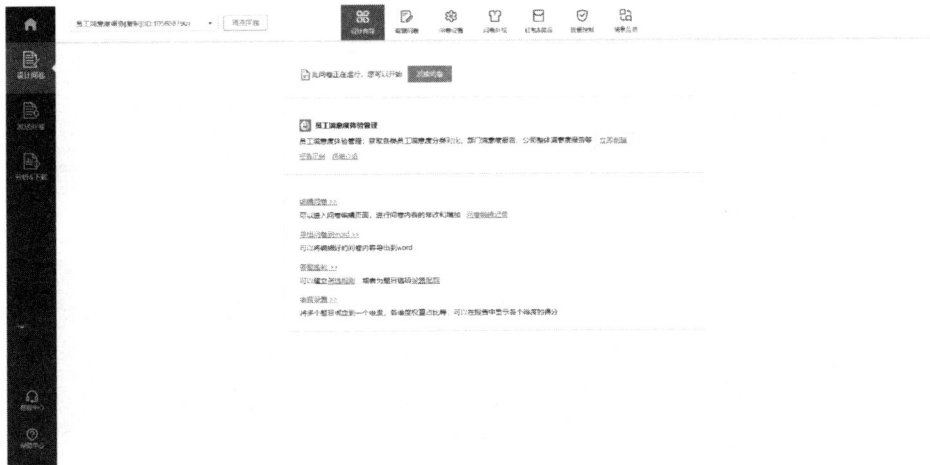

图5-3　问卷发布

步骤4：邀请被调查者答题。问卷发布之后界面如图5-4所示，单击【链接与二维码】按钮，生成问卷链接和二维码，根据需要将链接或者二维码发给问卷调查对象，邀请其填问卷。

图5-4　问卷链接与二维码的生成和发布

步骤5：问卷调查结果查看。在问卷星的管理后台，找到相应的问卷，单击【分析＆下载】按钮，在弹出界面中选择"统计＆分析"，可以查看统计结果，下载 Word 或 PDF 格式的报告；在"查看下载答卷"中可下载 Excel、CSV 和 SPSS 格式的原始数据。

图 5 - 5　问卷调查数据的分析和下载

三、基于爬虫工具的数据采集

网络爬虫支持从网站上获取特定的或更新的数据并存储，作为数据采集工具在许多领域都得到了广泛应用。其作用主要体现在利用爬虫工具可以解决收集数据数量、形式的问题，最关键的是普及的爬虫工具降低了数据采集的门槛。因为网络爬虫简化并自动化了整个爬取过程，使每个人都可以轻松访问网站数据资源。使用网络爬虫工具可以让人们免于重复打字或复制粘贴，我们可以很轻松地去采集网页上的数据。此外，这些网络爬虫工具可以使用户能够有条不紊和快速地抓取网页，而无须编程并将数据转换为符合其需求的各种格式。目前市场上已经开发出很多网络爬虫的工具，如八爪鱼、集搜客、神箭手云等，下面我们就以"集搜客"为例介绍基于爬虫工具的数据采集。

（一）集搜客爬虫简介

应用集搜客爬虫功能时，需要首先登录集搜客官网，下载安装"数据管家"后，然后在"数据管家"的浏览器打开待采集页面，按照如图5-6所示的步骤进行数据的采集和存储。

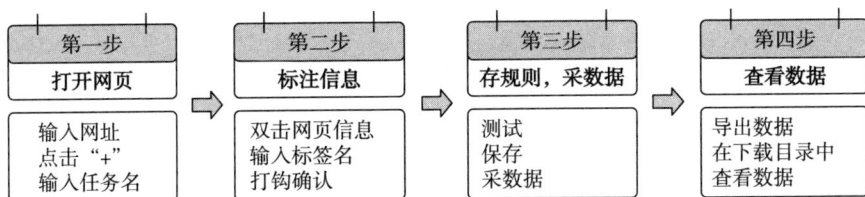

第一步	第二步	第三步	第四步
打开网页	**标注信息**	**存规则，采数据**	**查看数据**
输入网址 点击"+" 输入任务名	双击网页信息 输入标签名 打钩确认	测试 保存 采数据	导出数据 在下载目录中 查看数据

图5-6　集搜客爬虫的数据采集过程

资料来源：根据集搜客官网资料整理。

步骤1：打开网页。首先打开数据管家，输入待采集网址并回车，加载出网页后，先观察一下要采集的内容是否已经加载全，有些网页很长，如果要采集网页下端的内容，一定要拉动网页侧边的滚动条，让网页充分加载，再创建采集任务。然后创建采集任务。单击左边栏顶部的【＋】按钮，看到左栏工作台显示出来后，输入任务名。

每个任务必须有一个唯一的任务名，如果名字重名，界面上会用红字提示，需要改名，直到被接受为止。

步骤2：标注信息。在网页上做标注，标注出需要采集的目标内容，如商品名称、价格、评论数和店铺名称等。

步骤3：存规则，采数据。首先，检验采集是否符合预期。单击【测试】按钮，检查信息完整性。采集时可能采集到的内容为空，或者是包含了很多不需要的内容，或者错位了，采集到了相邻的内容，此时需要重新调整映射关系。如果直观标注不精确，可以去下面的"DOM"窗口做内容映射。

其次，保存规则。单击【保存】按钮。保存操作可以把规则永久存储下来，只有保存了规则，爬虫才能执行规则，采集数据，将来也可以根据需要修改规则。

最后，采集数据。单击【保存】按钮旁边的【采数据】按钮，爬虫会打开一个新窗口开始采集数据，测试采集规则是否有效。

步骤4：查看数据。首先，启动导出过程。采集完成后，会显示任务状态页面，单击【导出Excel】按钮，会出现一个提示框，单击【确定】按钮即可。然后下载导出的数据。单击【导出数据】按钮，单击【下载】按钮，默认保存到电脑的下载文件夹。

（二）集搜客快捷采集数据

快捷采集是集搜客软件内置的常见网络数据的爬取规则，方便使用者选择数据类型快速爬取网络数据。首先打开"数据管家"，在服务下拉菜单选择快捷采集功能，界面如图5-7所示。

图5-7　集搜客快捷采集界面

集搜客快捷采集的步骤如下：

步骤1：选择想要的数据类型。用数据管家软件打开快捷采集页面选择"类别→网站→页面"，如图5-8所示。类别包括热门网站、科研学术、地产、社交、电商、汽车、法律、生活服务、视频、新闻、金融、酒店、旅游、论坛贴吧、招聘、彩票、图片、拍卖等方面，每个类别均包含着相应的网站和页面。例如，选择"社交→微信→微信文章列表采集"。

图 5 - 8 快捷采集的数据类型

步骤2：输入网址或者输入关键词。单击打开示例页面，把与示例页面具有相同网页结构的网址添加到输入框。如以"大数据人力"为关键词在微信界面检索到 2000 多篇文章，就把该搜索网址复制到输入框里面。如图 5 - 9 所示。

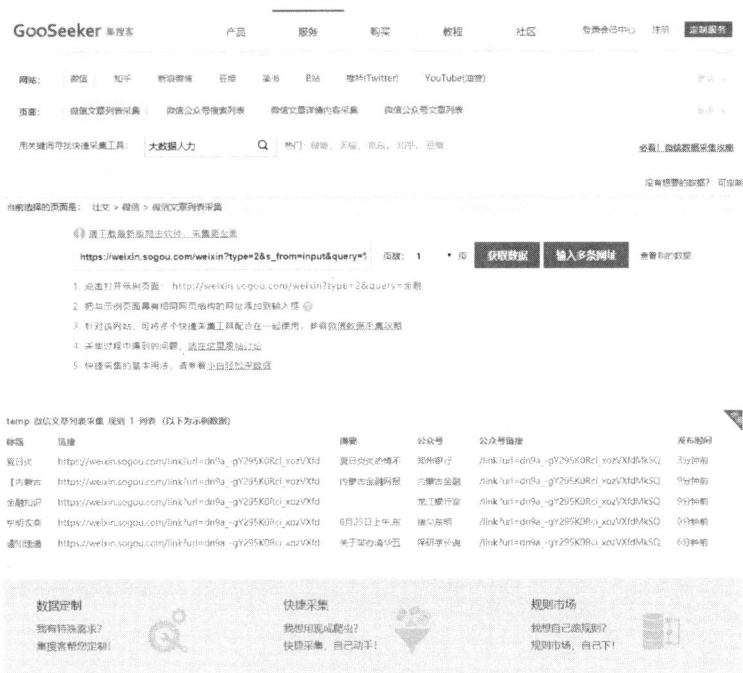

图 5 - 9 输入采集网址

步骤3：启动采集。选择页数后，单击【获取数据】按钮，就会看到数据管家弹出爬虫窗口开始采集数据，选中规则"启动采集"就可以开始爬取数据，界面如图5-10所示。

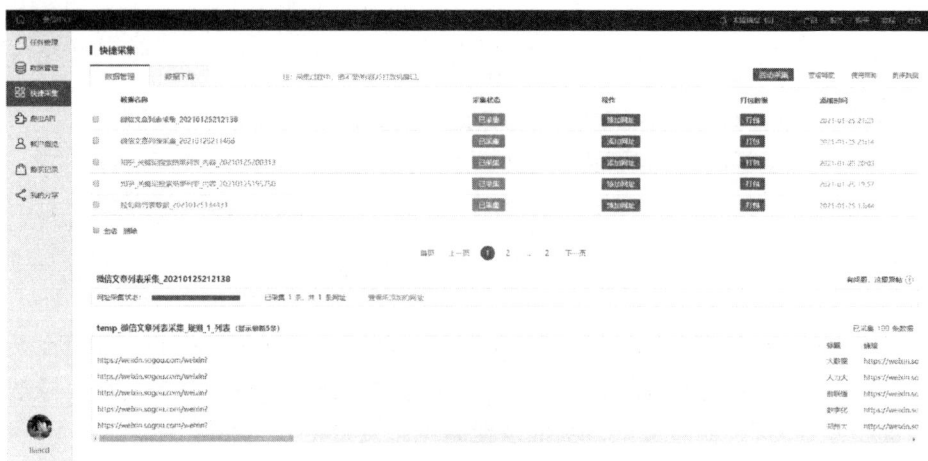

图5-10　数据管家采集界面

步骤4：下载数据。在数据管家界面的数据名称对应的采集状态为"已采集"时，单击【打包】按钮，进入打包下载界面，单击【下载】按钮就可以把 Excel 格式的数据进行保存，如图5-11所示。

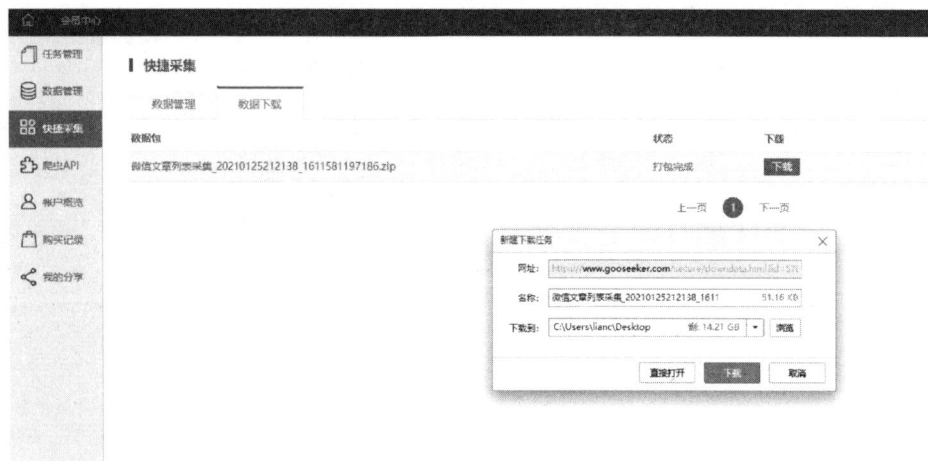

图5-11　数据管理的打包下载界面

四、基于 VR 设备的数据采集

VR 就是虚拟现实技术（Virtual Reality，VR）。顾名思义，虚拟现实就是虚拟和现实相互结合，是一种可以创建和体验虚拟世界的计算机仿真系统。虚拟现实技术囊括计算机、电子信息、仿真技术于一体，其基本实现方式是利用计算机生成一种模拟环境，从而给人以环境沉浸感。

基于 VR 设备的数据采集，就是利用 VR 设备获取用户行为分析数据的一种方法，主要通过 VR 设备实时获取用户的头部、手臂等坐标数据建立数据集，进行轨迹还原，从而得到用户的行为轨迹，利用数据建立模型，实现对用户行为状态的分析。下面介绍一个利用 VR 技术采集大学生数据进行潜质评估的样例[①]：

北京潜质大数据科学研究院开发的 VR 大数据现代测评系统，成功融合 VR 场景这种多感知、强交互、高沉浸感的特点，尤其是解决了多元异构大数据采集的难点，将文本资料、时间、空间、语音、行为、生理指标等多元异构数据通过 VR 进行科学采集，结合大数据处理和分析理论、工具、算法协同运算，是具有应用意义的大数据测评技术的系统平台。

步骤 1：检测调试设备。检测潜质评估与开发中心设备，确保正常运行；根据测评要求，安装测评软件，并对 VR 设备进行校对调试。如图 5 - 12、图 5 - 13 所示。

图 5 - 12　大数据评估与开发中心

---

① 根据北京潜质大数据科学研究院提供的素材进行整理。

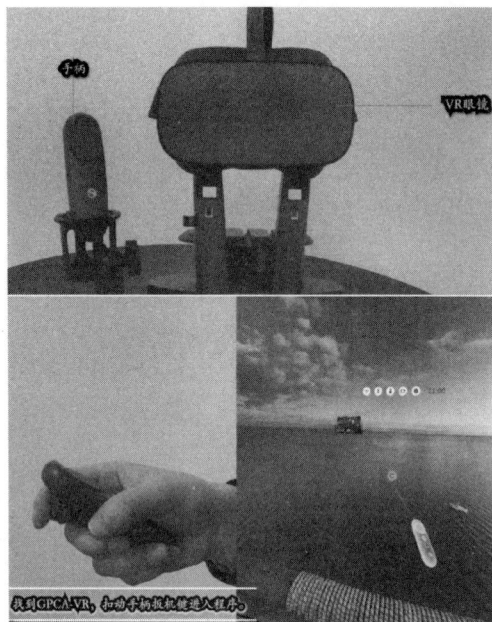

图5-13　VR设备调试

步骤2：评估适应。为了保证测评能够给大学生带来更好的体验感，真正有效地达到通过大数据对大学生潜质进行评估与发展的目的，潜质评估与开发中心还专设了系统适应评估区（见图5-14）。在此区域，大学生可以办理中心系统登录手续；欣赏精美有趣很富启发意义的领导力潜质动画；通过有趣轻畅的VR小游戏来调节身体状态，从而获得更好的评估与发展体验；等等。

图5-14　系统适应区

步骤 3：开展测试。用户使用 VR 设备进行大数据测评。如图 5 - 15、图
5 - 16 所示。

图 5 - 15　大数据评估区域

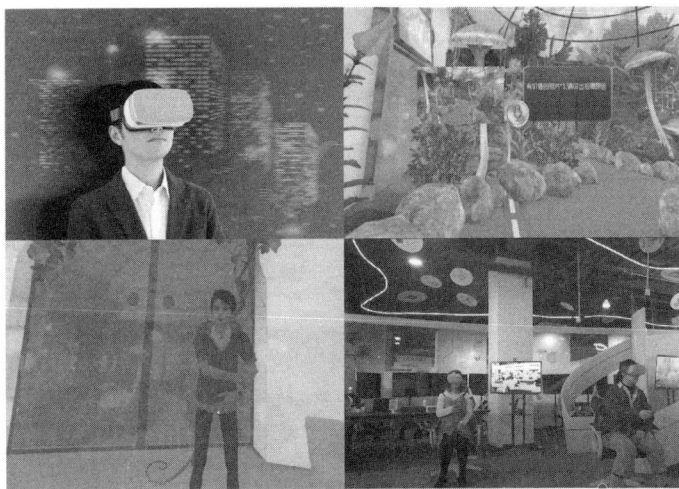

图 5 - 16　测评过程与虚拟情景

步骤 4：生成测评报告。根据 VR 设备收集的数据，利用数据分析模型，
进行数据分析，生成个人测评报告和群体测评报告。如图 5 - 17 所示。

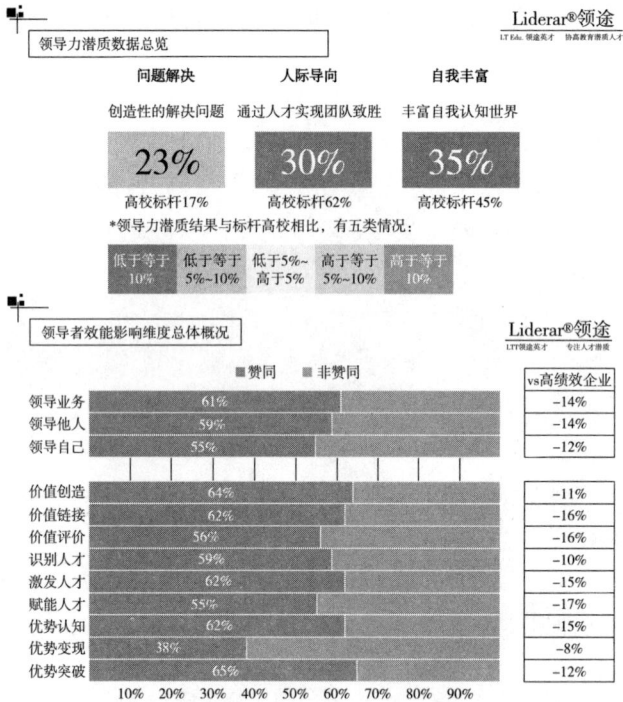

图 5－17　测评结果报告

步骤5：测评报告分析。通过个人报告解析，可以对用户个体的探索力、共情力和创解力的水平进行分析评价；通过群体报告，可以分析施测群体的优劣势，并据此提出相应的管理建议。如图 5－18 所示。

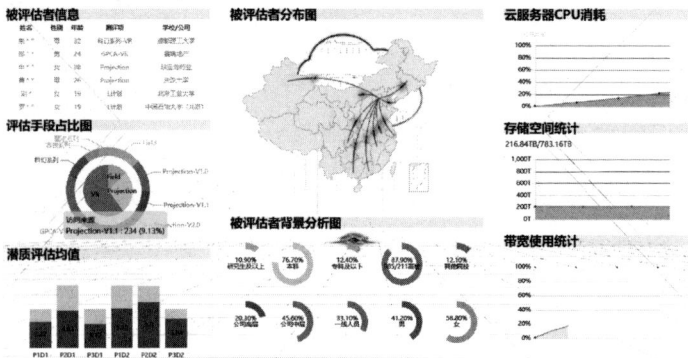

图 5－18　测评报告解析

步骤6：基于评估结果的引导式开发。云中心对大学生进行动态分析，教学研发区还可以进行相应的课程环节组合选择与课程内容调整，既可以根据中心系统推荐的方案优先进行选择，也可以在中心资源库中自定义，或者提前添加课程需求来申请中心的课程资源。中心引入美国工作坊式组内共同学习的概念，云中心系统将依据学生的潜质评估结果和个性特征进行匹配互补分组，整个培养过程中将形成多组对抗、循环竞争的机制，以此来促进大学生的团队合作，突破自我，探索未知的能力成长。如图5-19所示。

图 5 - 19　引导式开发区

基于VR的大数据现代测评，其特色是克服了传统测评中社会期许效应、测评过程枯燥单调、测评结果数据单维等局限性，利用类游戏高沉浸感的方式，在情景体验中以近乎无被测感觉的情况下收集大量认知、行为和生理等多维有效数据，每个测评设备都自成AC中心，并均会进行多种形式和维度的加权测评，测评生动、客观、无感、有趣。由于数据形式的多维性就决定了数据分析的更高难度和高新技术承载程度，所以VR大数据现代测评技术不同于传统测评的标准答案比对分析，必须利用人工智能评分系统经过一系列的数据分析和处理，生成测试结果报告。

五、数据存储与数据仓库技术

（一）数据存储

1. 数据存储的基本要求

随着信息社会的发展，越来越多的信息被数据化，数据呈爆炸式增长。移动互联、社交网络、数据分析、云服务等迅速普及，对数据中心提出革命性的需求，存储基础架构已经成为 IT 核心之一。传统的数据中心无论是在性能、效率，还是在投资收益、安全方面，已经远远不能满足新兴应用的需求，数据中心业务急需新型大数据处理中心来支撑。

作为数据中心最核心的数据基础，存储系统不再仅仅是传统分散的、单一的底层设备。除了要具备高性能、高安全、高可靠等特征之外，还要有虚拟化、并行分布、自动分层、弹性扩展、异构资源整合、全局缓存加速等多方面的特点，才能满足具备大数据特征的业务应用需求。

从数据存储的发展趋势来看，首先是存储容量的急剧膨胀，从而对存储服务器提出了更大的需求。其次是数据持续时间的增加。最后是对数据存储的管理提出了更高的要求。数据的多样化、地理上的分散性、对重要数据的保护等都对数据管理提出了更高的要求。

2. 大数据存储的基本方式

大数据包含结构化、半结构化和非结构化的海量数据，轻型数据库无法满足对其存储以及复杂的数据挖掘和分析操作，通常使用分布式文件系统、NoSQL数据库、云数据库等。

（1）分布式系统。分布式系统包含多个自主的处理单元，通过计算机网络互连来协作完成分配的任务，其分而治之的策略能够更好地处理大规模数据分析问题。主要包含以下两类：①分布式文件系统。存储管理需要多种技术的协同工作，其中文件系统为其提供最底层存储能力的支持。分布式文件系统是一个高度容错性系统，被设计成适用于批量处理，能够提供高吞吐量的数据访问。②分布式键值系统。分布式键值系统用于存储关系简单的半结构化数据。

（2）NoSQL 数据库。随着互联网 Web2.0 网站的兴起，传统的关系数据库在处理超大规模和高并发动态网站已经显得力不从心。NoSQL 泛指非关系型的数据库，就是为了解决大规模数据集合多重数据种类带来的挑战，特别是大数据应用难题。NoSQL 数据库都具有非常高的读写性能，尤其是在大数据量下表现同样优秀。这得益于它的无关系性，数据库的结构简单。NoSQL 数据库的共同特点是去掉关系数据库的关系型特性，数据之间无关系，这样就非常容易扩展，在架构的层面上带来了可扩展的能力，从而实现大数据量、高性能的存储功能。

（3）云数据库。云数据库是基于云计算技术发展的一种共享基础架构的方法，是部署和虚拟化在云计算环境中的数据库。云数据库具有高可扩展性、高可用性和支持资源有效分发等特点。从数据模型的角度来说，云数据库并非一种全新的数据库技术，而只是以服务的方式提供数据库功能。云数据库所采用的数据模型可以是关系数据库所使用的关系模型，同一个公司也可能提供采用不同数据模型的多种云数据库服务。

（二）数据仓库技术

1. 数据仓库技术简介

近年来，随着数据库技术的应用和发展，人们尝试对大数据中的数据进行再加工，形成一个综合的、面向分析的环境，以更好地支持决策分析，从而形成了数据仓库技术（Data Warehousing，DW）。业界公认的数据仓库概念是荫蒙（W. H. Inmon）在《建立数据仓库》一书中的定义：数据仓库就是面向主题的、集成的、不可更新的、随时间推移不断变化的数据集合，用以支持经营管理中的决策制定过程。[①]

数据仓库中的数据面向主题，与传统数据库面向应用相对应。主题是一个在较高层次上将数据归类的标准，每一个主题对应一个宏观的分析领域；数据仓库的集成特性是指在数据进入数据仓库之前，必须经过数据加工和集成，这是建立数据仓库的关键步骤，要处理原始数据的矛盾之处，将原始数据结构做一个从面向应用向面向主题的转变；数据仓库的稳定性是指数据仓库反映的是历史数据，而不是日常事务处理产生的数据，数据经加工和集成进入数据仓库后是极少或根本不修改的；数据仓库是不同时间的数据集合，它要求数据仓库中的数据保存时限能满足进行决策分析的需要，而且数据仓库中的数据都要标明历史时期。

数据仓库最根本的特点是物理地存放数据，而且这些数据并不是最新的、专有的，而是来源于其他数据库的。数据仓库的建立并不是要取代数据库，它要建立在一个较全面的和完善的信息应用基础上，用于支持高层决策分析，而事务处理数据库在企业的信息环境中承担的是日常操作性任务。数据仓库是数据库技术的一种新的应用，而且到目前为止，数据仓库还是用关系数据库管理系统来管理其中的数据。

2. 数据仓库的建立过程

一般来说，建立一个数据仓库需要包括数据仓库设计、数据抽取和数据维护三个方面的内容。

（1）数据仓库设计。根据业务决策的主题设计数据仓库结构，一般采用星型模型和雪花模型设计其数据模型，在设计过程中应保证数据仓库的规范化和体系各元素的必要联系。主要包括以下三个步骤：①定义该主题所需各数据

---

① 荫蒙. 建立数据仓库（第4版）［M］. 北京：机械工业出版社，2020.

源的详细情况，包括所在计算机平台、拥有者、数据结构、使用该数据源的处理过程、仓库更新计划等；②定义数据抽取原则，以便从每个数据源中抽取所需数据；定义数据如何转换、装载到主题的哪个数据表中；③将一个主题细化为多个业务主题，形成主题表，据此从数据仓库中选出多个数据子集。数据子集通常针对部门级的决策或某个特定业务需求，它开发周期短，费用低，能在较短时间内满足用户决策的需要。在实际开发过程中，通常选择在成功建立几个数据子集后再构建数据仓库。

（2）数据抽取。数据定义直接输入系统中，作为元数据（Metadata）存储，供数据管理和分析模块使用。数据抽取模块是根据元数据库中的主题表定义、数据源定义、数据抽取规则定义对异地异构数据源（包括各平台的数据库、文本文件、HTML 文件、知识库等）进行清理、转换，对数据进行重新组织和加工，装载到数据仓库的目标库中，保证目标数据库中数据的完整性、一致性。

（3）数据维护。数据维护模块分为目标数据维护和元数据维护两方面。目标数据维护是根据元数据库所定义的更新频率、更新数据项等更新计划任务来刷新数据仓库，以反映数据源的变化，且对时间相关性进行处理。更新操作有两种情况，即在仓库的原有数据表中进行某些数据的更新和产生一个新的时间区间的数据，因为汇总数据与数据仓库中的许多信息元素有关系，必须完整地汇总才能保证全体信息的一致性。

数据仓库规模一般都很大，从建立之初就要保证它的可管理性，一个企业可能建立几个数据仓库，但它们可共用一个元数据库对其进行管理。首先从元数据库查询所需元数据，然后进行数据仓库更新作业，更新结束后，将更新情况记录于元数据库中。当数据源的运行环境、结构及目标数据的维护计划发生变化时，需要修改元数据。元数据是数据仓库的重要组成部分，元数据的质量决定整个数据仓库的质量。

第二节　数据清洗

原始数据集中，包含着相似重复记录、错误值、缺失值和不一致数据，这些数据极大地影响数据分析的结果，降低数据的质量，因此被称为"脏数据"，需要对其进行数据清洗。数据清洗就是按照预先设定的规则如业务知识、清洗算法、清理规则，通过检测、统计、匹配、合并等方法，将脏数据清除或转化，使样本满足数据质量要求，供后续的数据分析使用。

一、数据质量评估标准

在数据清洗之前，首先需要对源数据的质量进行评估。什么是高质量的数据，有着不同的判别标准，比较实用的标准是看数据满足特定用户期望的程度。在此标准下并结合数据分析要求，可以将数据质量的评估标准具体化为四个方面：准确性、完整性、一致性和及时性。

1. 数据的准确性

数据的准确性主要考量数据对客观事实描述的准确程度，因此，数据是否能够真实描述事实，是数据准确性的最根本的判断标准。不过，从数据本身，一般很难洞察到由于测量方法、工具、环境等导致的不准确，因此，这些不是预处理工作的重点。预处理主要关注由于记录、采集过程中的一些错误所导致的数据异常，比如字符型数据记录出现乱码、某个字段取值异常大或者异常小等。

2. 数据的完整性

数据的完整性是指数据记录或者某个（些）数值项有内容缺失。对于数据缺失，首先要判断这个值是实际存在却没有被获取，还是根本就不存在。前者是数据预处理的重点。现实中，无论是测量方法局限、保密限制等客观原因，还是数据记录采集人员疏忽、懒惰等主观原因，都有可能造成数据无法获取，以致缺失。如果缺少的数据对数据分析至关重要，就需要采取一定的方法进行科学填补，提高数据的完整性。

3. 数据的一致性

数据的一致性主要包括数据记录规范的一致性和数据逻辑的一致性。数据记录规范的一致性，主要是指数据编码和格式的一致性。有些数据表征着具体的属性，需要遵循特定的规范和约束，例如 18 位的身份证号码、IP 地址等。这些规范与约束使数据记录有统一的格式，保证了数据记录的一致性。数据逻辑的一致性主要体现为指标统计和计算的一致性。数据必须符合一定的业务规则，例如 PV≥UV，新用户所占比例必然在 0～1，工资必须大于等于 0，这些数据约束逻辑相对明确，易于判断，另外一些逻辑更为内隐，就不一定容易发现。比如，许多调查对象说自己开车去学校，但又说没有汽车。保证数据逻辑的一致性比较重要，但也比较复杂和困难。

4. 数据的及时性

数据的及时性（In - time）是指能否在需要的时候获到数据，数据的及时性与数据处理速度及效率有直接关系，是业务处理和管理效率的关键影响指标。

二、数据清洗方法

数据清洗时，首先要分析数据特点，找出具体的数据质量问题；其次针对存在的数据质量问题，结合现有的清洗方法制定并执行相应的清洗规则；最后检验评估清洗效果。数据清洗的主要对象包括不一致数据、缺失值、错误值、异常值、重复数据等常见类型，具体处理方法如下：

1. 不一致数据清洗方法

不一致数据是指由于不一致的处理方法、约束遵从、采集时间等造成的原始数据与当前数据之间、多个数据源之间不相同的情况。如同样表述性别，两个数据源却分别设定为 gender 和 sex。

常用的方法很难识别这些数据冲突，因此，不一致数据更依赖于人工发现和修订。也就是说，如果发现了不一致数据，可能将数据交回数据提供方及时订正是常见的处理方法。当然，也有一些数据清理工具和方法可以辅助不一致数据的检测。例如，通过定义完整性约束检测数据一致与否，采用语法分析和模糊匹配技术完成多数据源数据的关联分析。

2. 缺失数据和无效数据清洗方法

缺失值是指数据记录中的某些字段属性值缺失或者无效。缺失值或无效数据产生的原因可能是录入信息时的漏记、错记，也可能是数据后期保存或者维护时出现丢失。这种记录会降低数据的完整性，需要进行必要的清洗。

清洗时，首先要从数据集中把包含缺失值或无效值的记录甄别出来，然后根据缺失值的价值性判断数据的可用性，以此确定对缺失值进行丢弃还是插补。

当样本数很多并且有数据缺失的记录在总样本中比例较小时，可以使用最简单且有效的方法，就是删除数据。删除分为记录的整例删除和变量删除。如果某一变量无效值和缺失值较多，且变量对数据分析结果影响相对不大，可以将变量删除。

当某些缺失值对样本总量尤其是数据分析结果影响较大时，就需要对缺失值或无效值进行插补。插补时可以通过均值填补法、热卡填补法、趋势线预测缺失值法、临近值填充法等方法，用平均值、最大值、最小值或更复杂的概率估计代替缺失的值，完成数据清洗。

3. 重复数据清洗方法

重复数据有两种常见情况：一是相同重复记录，指两条或多条记录所有的属性值都相同；二是相似重复记录，指描述的是同一实体，但是由于表述方式不同或其他原因（约束规则、人为原因等）造成数据库不能识别出其实质相同的重复记录。

重复记录产生的原因很多,如数据录入不正确、缺乏约束限制、数据本身不完整等。不仅单数据内部会产生重复记录,多个数据文件集成时更容易导致重复记录的产生。

既然属性值相同的记录被认为是重复记录,那么就可以通过判断记录间的属性值是否相等来检测记录是重复还是类似。比较好的清洗重复记录的方法是,先将数据库中的记录排序,然后通过匹配相邻记录是否相等来甄别重复记录。如果是完全重复的记录,可直接清除;如果是描述同一实体的相似记录,可以通过合并的方式进行消除。

4. 错误值和异常数据清洗方法

错误值和异常值是指数据记录中某些不为空的字段属性值是错误的或者是异常的、偏离期望值的孤立值。

错误值和异常值可能是信息收录时就未得到完全精确的数据,也可能是由于收集数据的设备性能不高或出现故障、人员疏忽、数据传输过程干扰,从而造成数据源中记录字段的值和实际的值不相符。一些数据错误,如格式错误、拼写错误和属性域错误等,表现明显,相对易于识别;另外一些数据错误,则是与一些隐含约束相悖,隐蔽性很高,比较难以察觉。

常用的检测错误值和异常值方法包括基于规则的检测和基于统计的检测。统计分析的方法是利用数理统计方法和工具对样本数据进行训练,得到一个概率模型,再以此为标准检测数据集的每个属性值,如果不符合概率模型分布规律,就将其判断为错误值或异常值,如偏差分析、箱型图分析、回归方程拟合。简单规则库(常识性规则、业务特定规则等)检查数据值,或使用不同属性间的约束、外部的数据来检测和清理数据。基于规则的检测是首先选定作为检测标准的规则,如常识性规则、业务特定规则等,然后依据规则建立关系表和主数据之间的匹配关系,如果记录中的属性值不符合,就是错误值。

对于错误或异常数据记录的处理通常有两种方法:一种是先找到再将其删除掉,不过这样可能丢失记录中其他大量有用的干净的信息,尤其对于关键记录更是如此;另一种是通过聚类法、分箱法、回归法等进行平滑处理。

下面,我们用数据实例来介绍利用 SPSS Modeler 软件进行数据清洗的方法。

三、利用 SPSS Modeler 软件进行数据清洗

Modeler 的数据质量评估对象主要是数据缺失、离群点和极端值等。

（一）数据质量检验

1. 源文件导入

单击【源】选项卡中的【Statistics 文件】节点，将"Statistics 文件"节点加入数据流编辑区中，然后单击右键，在弹出的菜单中选择【编辑】，弹出页面如图 5 - 20 所示，在"导入文件"处设置好数据文件的储存路径，单击【确定】按钮，数据导入成功。

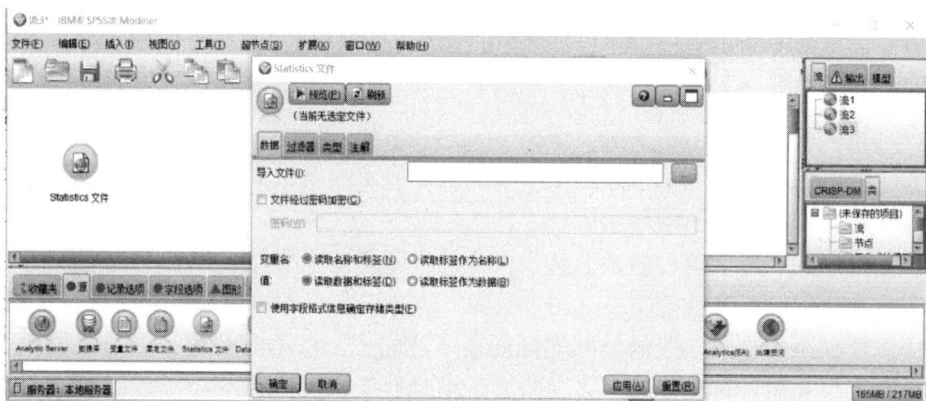

图 5 - 20　数据导入示意图

2. 通过【数据审核】进行数据质量评估

（1）新建数据流。选择【输出】选项卡中的【数据审核】节点，将其添加到数据流的相应位置，如图 5 - 21 所示。

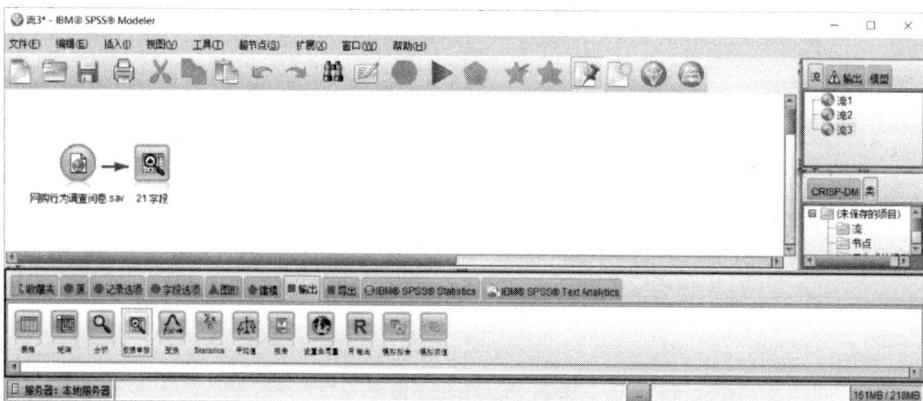

图 5 - 21　【数据审核】数据流建立

（2）参数设置。右击【数据审核】节点，在弹出菜单上单击【编辑】，可进行参数设置。【数据审核】节点的参数设置包括【设置】【质量】【输出】和【注解】。

【设置】用于指定质量考察的变量以及计算输出哪些统计指标，如图 5 - 22 所示。

【质量】选项卡用于设置反映数据质量的评价指标以及数据离群点和极端值的诊断标准等，如图 5 - 23 所示。

图 5 - 22　【数据审核】的【设置】参数

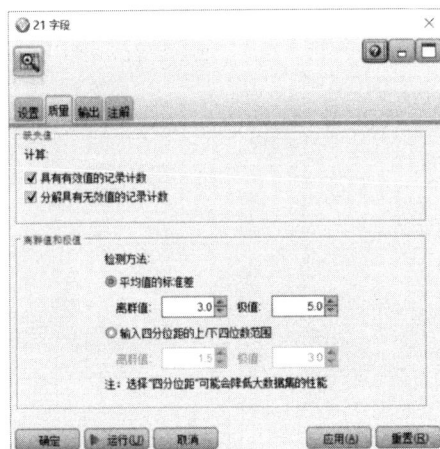

图 5 - 23　【数据审核】的【质量】参数

（3）运行。单击【运行】，执行【数据审核】节点，生成的分析表名显示在流管理窗口的【输出】选项卡中。分析表包括【审核】【质量】【注解】三个选项卡。选择【审核】，数据审核结果如图 5-24 所示；选择【质量】，数据质量分析报告如图 5-25 所示。

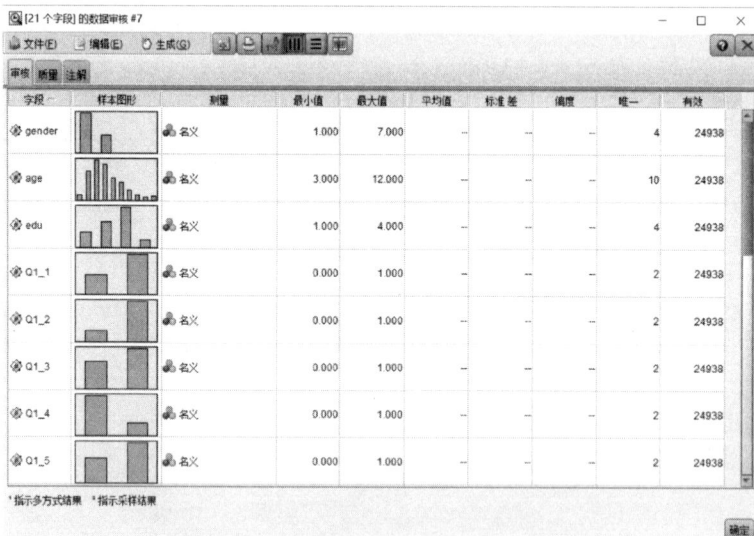

图 5-24　【数据审核】的【审核】结果

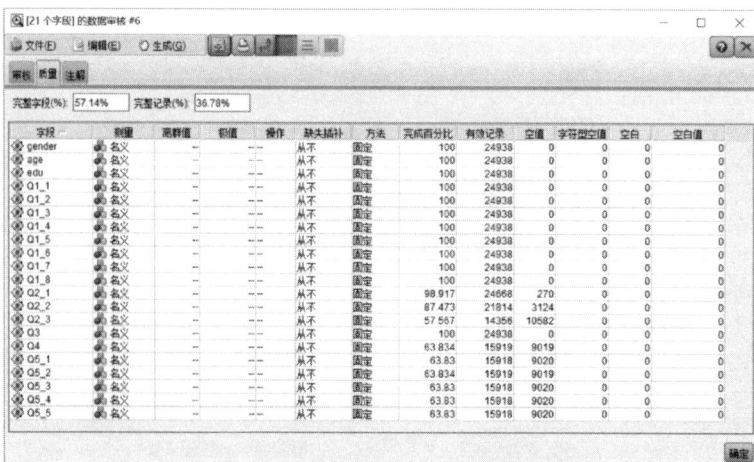

图 5-25　【数据审核】的【质量】分析报告

（二）缺失值处理

1. 生成缺失值选择节点

选择源文件，依次单击【类型】→【数据审核】建立数据流，运行【数据审核】，选择【质量】，单击【生成】按钮，选择“缺失值选择节点（F）”，在弹出界面上进行设置，如图 5－26 所示，单击【确定】按钮。数据流编辑区域会出现节点。

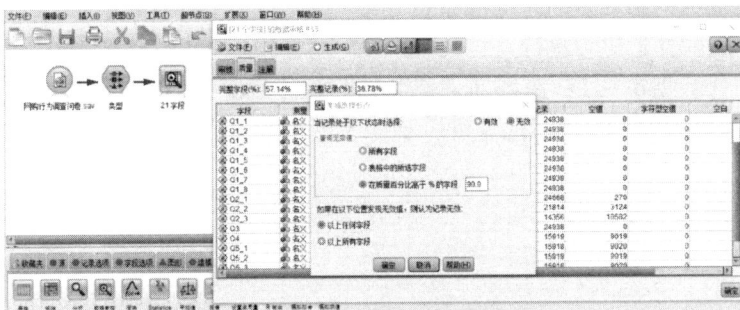

图 5－26 生成选择节点设置

2. 查看有缺失值的无效记录

将【类型】节点通过【连接】连到节点，在其后建立【表格】节点，单击【运行】，结果如图 5－27 所示，显示了选择条件下的无效记录。上一步设定的是显示“在质量百分比高于90%的字段”的无效记录，因此显示的 Q2_1 字段有缺失的 270 条无效记录。

表格（22 个字段，270 条记录）#1

	ID	gender	age	edu	Q1_1	Q1_2	Q1_3	Q1_4	Q1_5	Q1_6	Q1_7	Q1_8	Q2_1	Q2_2	Q2_3	Q3	Q4	Q5_1	Q5_2	Q5_3	Q5_4	Q5_5
250	9133175183	1.000	6.0...	1.0...	0.000	1.000	1.000	0.000	0.000	1.000	0.000	1.000	$null$	$null$	$null$	0...	$n...	$null$	$null$	$null$	$null$	$null$
251	9134199104	2.000	7.0...	2.0...	0.000	1.000	1.000	1.000	0.000	1.000	0.000	0.000	$null$	$null$	$null$	1...	13...	1.000	0.000	0.000	0.000	0.000
252	9134931553	1.000	5.0...	2.0...	1.000	1.000	1.000	1.000	1.000	0.000	0.000	0.000	$null$	$null$	$null$	1...	10...	1.000	1.000	1.000	1.000	0.000
253	9135252225	1.000	3.0...	1.0...	1.000	1.000	1.000	1.000	1.000	1.000	0.000	0.000	$null$	$null$	$null$	1...	1.0...	0.000	0.000	1.000	0.000	0.000
254	9137420412	1.000	5.0...	3.0...	0.000	1.000	1.000	0.000	1.000	0.000	0.000	0.000	$null$	$null$	$null$	0...	$n...	$null$	$null$	$null$	$null$	$null$
255	9141118217	1.000	5.0...	3.0...	1.000	1.000	1.000	1.000	0.000	1.000	0.000	0.000	$null$	$null$	$null$	1...	9.0...	1.000	1.000	1.000	1.000	0.000
256	9144232572	1.000	5.0...	3.0...	1.000	1.000	1.000	0.000	1.000	0.000	0.000	0.000	$null$	$null$	$null$	0...	$n...	$null$	$null$	$null$	$null$	$null$
257	9144239115	2.000	5.0...	4.0...	1.000	1.000	1.000	1.000	0.000	1.000	0.000	0.000	$null$	$null$	$null$	1...	5.0...	0.000	0.000	1.000	0.000	0.000
258	9145254922	2.000	7.0...	2.0...	1.000	1.000	0.000	1.000	1.000	0.000	1.000	0.000	$null$	$null$	$null$	1...	5.0...	1.000	0.000	0.000	0.000	0.000
259	9159108244	1.000	8.0...	1.0...	1.000	1.000	0.000	0.000	0.000	0.000	0.000	0.000	$null$	$null$	$null$	0...	$n...	$null$	$null$	$null$	$null$	$null$
260	9186792251	1.000	6.0...	2.0...	1.000	1.000	1.000	0.000	1.000	1.000	1.000	0.000	$null$	$null$	$null$	1...	5.0...	1.000	1.000	0.000	0.000	0.000
261	9211611382	1.000	6.0...	3.0...	1.000	1.000	1.000	1.000	0.000	1.000	0.000	0.000	$null$	$null$	$null$	1...	3.0...	1.000	0.000	0.000	0.000	0.000
262	9226141183	1.000	4.0...	4.0...	1.000	1.000	1.000	0.000	1.000	1.000	0.000	0.000	$null$	$null$	$null$	1...	5.0...	1.000	1.000	0.000	1.000	0.000
263	9228441492	2.000	4.0...	3.0...	1.000	1.000	0.000	0.000	1.000	0.000	1.000	0.000	$null$	$null$	$null$	1...	3.0...	0.000	1.000	0.000	0.000	0.000
264	9246200379	1.000	12...	4.0...	1.000	1.000	1.000	0.000	1.000	0.000	0.000	0.000	$null$	$null$	$null$	1...	1.0...	0.000	0.000	0.000	1.000	0.000
265	9255361957	1.000	8.0...	3.0...	1.000	0.000	1.000	1.000	1.000	0.000	0.000	0.000	$null$	$null$	$null$	1...	3.0...	1.000	1.000	0.000	1.000	0.000
266	9403234199	2.000	10...	1.0...	0.000	1.000	0.000	0.000	1.000	0.000	0.000	0.000	$null$	$null$	$null$	0...	$n...	$null$	$null$	$null$	$null$	$null$
267	9403919017	1.000	7.0...	3.0...	0.000	1.000	0.000	0.000	1.000	0.000	0.000	1.000	$null$	$null$	$null$	1...	12...	0.000	0.000	1.000	0.000	0.000
268	9435154295	1.000	6.0...	2.0...	1.000	0.000	1.000	0.000	1.000	0.000	1.000	0.000	$null$	$null$	$null$	0...	$n...	$null$	$null$	$null$	$null$	$null$
269	9612620694	1.000	6.0...	4.0...	1.000	1.000	1.000	1.000	1.000	1.000	0.000	0.000	$null$	$null$	$null$	1...	3.0...	0.000	1.000	1.000	0.000	0.000
270	9624223373	1.000	7.0...	2.0...	1.000	1.000	1.000	0.000	1.000	1.000	1.000	0.000	$null$	$null$	$null$	1...	4.0...	0.000	1.000	0.000	0.000	0.000

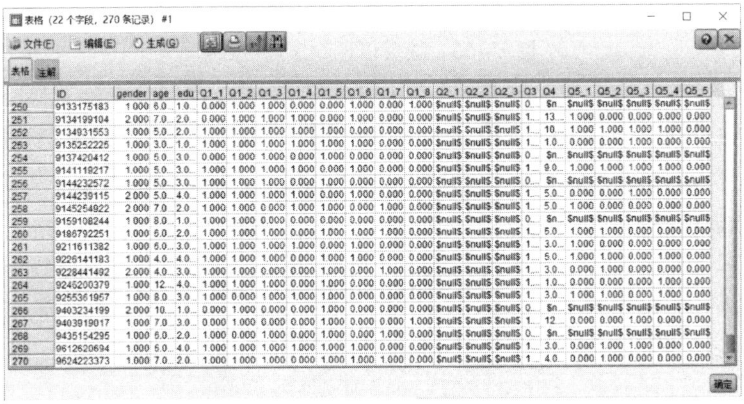

图 5－27 无效记录

3. 缺失值的处理

对于有缺失值的情况，需要根据情况进行处理。如果样本量大且记录不关键，可以直接丢弃；如果记录对于数据分析非常关键，就需要进行插补处理；如果缺失严重难以达到质量标准，甚至只能将对应的变量予以剔除。

（1）剔除质量不高的变量。有效样本个数占样本总量的比例是数据质量的一个重要表征，如此，可以根据研究需要，设计变量的需要符合的具体质量标准，也就可以据此判断某个变量数据的质量高低。SPSS Modeler 支持对质量不符合要求的变量进行剔除。

运行【数据审核】，选择【质量】，单击【生成】，选择"缺失值过滤节点"，在弹出界面上设置过滤条件，如图 5 – 28 所示，单击【确定】按钮，数据流编辑区域会出现节点。

图 5 – 28　缺失值过滤节点生成

单击节点，在弹出界面上单击【编辑】，弹出界面如图 5 – 29 所示。选择【过滤器】选项卡，质量不高的变量被过滤掉。重新【运行】，会发现新的数据文件中质量不高的变量已经被删除。

（2）丢弃无效记录。单击节点→【编辑】，弹出界面如图 5 – 30 所示，选择"丢弃"模式。然后重新【运行】，会发现记录数减少，即无效记录已经被删除。

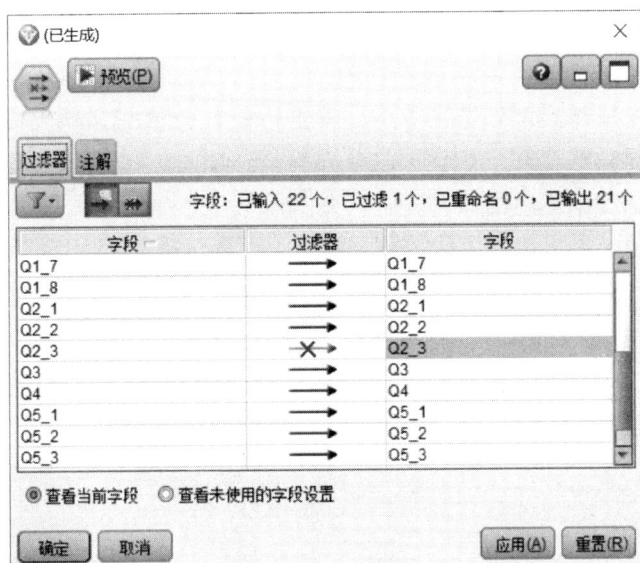

图 5 – 29 【过滤】节点

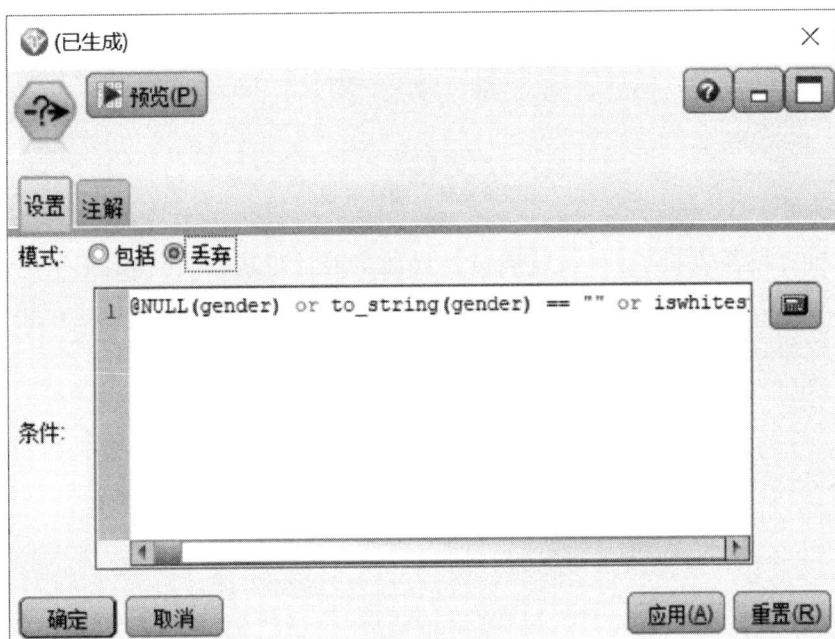

图 5 – 30 缺失值节点设置

（3）缺失值插补。对于重要的记录上的缺失值，可以利用 Modeler 的【数据审核】节点进行插补。

在数据审核【质量】选项卡中，单击待插补变量的"缺失插补"列，在下拉框中选择调整对象，可选项有"从不""空白值""空值""空白值和空值""条件""指定"。比如，选择"空白值"，意味着将对原有数据记录中的空白值做调整。再点击"方法"列，可根据需要选择"固定""随机""表达式""算法""指定"。弹出"插补设置"界面，设置"插补时间""插补方法"和"插补值"，如图 5 – 31 所示，设置好后单击【确定】按钮。

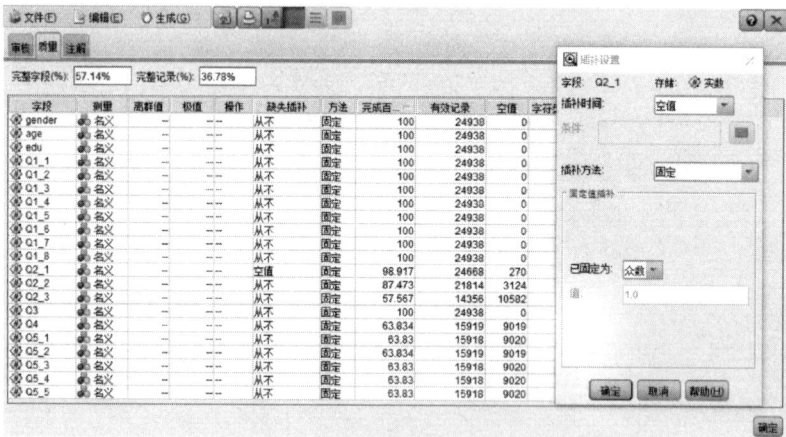

图 5 – 31　插补设置

插补设置结束后，单击【质量】界面上的【生成】，在弹出菜单中选择"缺失值超节点"，如图 5 – 32 所示，设置参数后单击【确定】按钮，缺失值超节点自动生成。

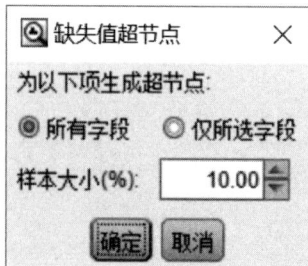

图 5 – 32　缺失值超节点生成

将【类型】与【缺失值插补】节点【连接】，其后添加【表格】节点，数据流如图 5 - 33 所示。

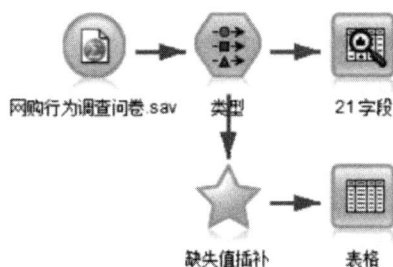

图 5 - 33　缺失值插补数据流

【运行】后，可观察到缺失的数据已经被插补。

（三）重复数据处理

由于人为、物理等原因可能导致数据中有重复的记录，需要通过去重提升数据质量。

1. 数据排序

为了更好地观察样本数据的重复情况，先对其进行排序。数据排序是指按照一个或者几个变量值的升序或者降序将样本数据重新排列。

选择【记录选项】，建立【排序】节点并双击，在弹出界面上选择【设置】选项卡，单击 图标，在弹出界面上通过选择来设置排序字段，比如选择"ID"字段进行排序，单击【确定】按钮，界面如图 5 - 34 所示。

图 5 - 34　【排序】设置

【排序】节点后，通过选择【输出】选项卡，设定【表格】节点，单击【运行】，显示数据排序结果，如图 5－35 所示。

	ID	gender	age	edu	Q1_1	Q1_2	Q1_3	Q1_4	Q1_5	Q1_6	Q1_7	Q1_8	Q2_1	Q2_2	Q2_3	Q3	Q4	Q5_1	Q5_2	Q5_3	Q5_4	Q5_5
1	0010018239	1.000	4.0...	1.0...	0.000	1.000	1.000	0.000	0.000	1.000	0.000	0.000	1.000	3.000	5.000	1...	6.0...	0.000	0.000	0.000	1.000	0.000
2	0010417158	2.000	4.0...	2.0...	0.000	1.000	1.000	0.000	1.000	1.000	1.000	0.000	1.000	5.000	$null$	1...	13....	1.000	0.000	0.000	0.000	0.000
3	0010822924	1.000	7.0...	2.0...	1.000	1.000	0.000	1.000	1.000	1.000	1.000	0.000	1.000	2.000	7.000	0...	$n...	$null$	$null$	$null$	$null$	$null$
4	0013747185	2.000	12...	3.0...	0.000	1.000	0.000	0.000	1.000	0.000	0.000	0.000	1.000	6.000	$null$	0...	$n...	$null$	$null$	$null$	$null$	$null$
5	0013941171	1.000	4.0...	2.0...	0.000	1.000	1.000	0.000	0.000	1.000	1.000	0.000	2.000	4.000	6.000	0...	$n...	$null$	$null$	$null$	$null$	$null$
6	0014517331	2.000	6.0...	3.0...	0.000	1.000	1.000	1.000	1.000	1.000	1.000	0.000	1.000	5.000	6.000	0...	$n...	$null$	$null$	$null$	$null$	$null$
7	0019010926	1.000	6.0...	2.0...	0.000	1.000	1.000	0.000	0.000	1.000	0.000	0.000	5.000	6.000	8.000	0...	$n...	$null$	$null$	$null$	$null$	$null$
8	0019010926	1.000	6.0...	2.0...	0.000	1.000	1.000	0.000	0.000	1.000	0.000	0.000	5.000	6.000	8.000	0...	$n...	$null$	$null$	$null$	$null$	$null$
9	0019817323	1.000	8.0...	3.0...	1.000	1.000	0.000	0.000	0.000	0.000	0.000	0.000	5.000	6.000	7.000	1...	7.0...	1.000	0.000	0.000	0.000	0.000
10	0021726957	1.000	8.0...	2.0...	1.000	1.000	1.000	0.000	1.000	1.000	0.000	0.000	1.000	2.000	4.000	0...	$n...	$null$	$null$	$null$	$null$	$null$
11	0021876209	1.000	11...	1.0...	0.000	1.000	0.000	0.000	1.000	0.000	0.000	0.000	2.000	4.000	$null$	0...	$n...	$null$	$null$	$null$	$null$	$null$
12	0023417676	2.000	5.0...	1.0...	1.000	1.000	1.000	0.000	0.000	0.000	0.000	0.000	2.000	7.000	$null$	1...	7.0...	0.000	0.000	0.000	1.000	0.000
13	0024719028	1.000	5.0...	3.0...	0.000	1.000	0.000	0.000	1.000	0.000	0.000	1.000	1.000	2.000	5.000	0...	$n...	$null$	$null$	$null$	$null$	$null$
14	0028146280	1.000	4.0...	2.0...	0.000	1.000	0.000	0.000	1.000	1.000	0.000	0.000	4.000	7.000	$null$	1...	13....	1.000	1.000	0.000	1.000	0.000
15	0060484127	2.000	9.0...	2.0...	0.000	1.000	1.000	0.000	1.000	0.000	0.000	0.000	4.000	5.000	7.000	0...	$n...	$null$	$null$	$null$	$null$	$null$
16	0080249315	7.000	8.0...	2.0...	1.000	1.000	1.000	0.000	0.000	1.000	0.000	0.000	2.000	4.000	6.000	1...	1.0...	1.000	0.000	0.000	1.000	0.000
17	0101264331	1.000	8.0...	1.0...	0.000	1.000	0.000	0.000	1.000	0.000	0.000	0.000	3.000	4.000	6.000	0...	$n...	$null$	$null$	$null$	$null$	$null$
18	0101264331	1.000	8.0...	1.0...	0.000	1.000	0.000	0.000	1.000	0.000	0.000	0.000	3.000	4.000	6.000	0...	$n...	$null$	$null$	$null$	$null$	$null$
19	0101298793	1.000	5.0...	2.0...	1.000	1.000	0.000	0.000	0.000	1.000	0.000	0.000	4.000	7.000	$null$	1...	4.0...	1.000	0.000	0.000	0.000	0.000
20	0101762332	1.000	4.0...	3.0...	1.000	1.000	0.000	0.000	1.000	1.000	0.000	0.000	1.000	5.000	$null$	1...	1.0...	0.000	0.000	0.000	0.000	1.000
21	0103216236	1.000	5.0...	3.0...	1.000	0.000	0.000	0.000	0.000	1.000	0.000	0.000	1.000	4.000	$null$	0...	$n...	$null$	$null$	$null$	$null$	$null$

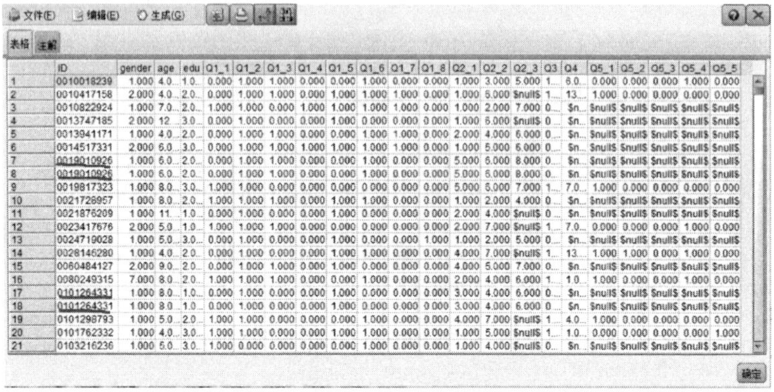

图 5－35　数据排序结果

2. 重复数据区分

“区分”就是去重的意思，即去除数据中的重复记录，在 SPSS Modeler 中是通过“区分”节点实现的。

从图 5－35 的数据排序结果中可以观察到一些 ID 重复的记录。为将这些重复记录剔除，需要先完成数据区分工作，选择【记录选项】→【区分】，添加区分节点，右击【区分】节点，选择【编辑】，弹出“区分”界面，选择【设置】选项卡，设置“模式”及“用于分组的关键字段”，通过设定 用于排序的字段，如图 5－36 所示。设置好后单击【确定】按钮。

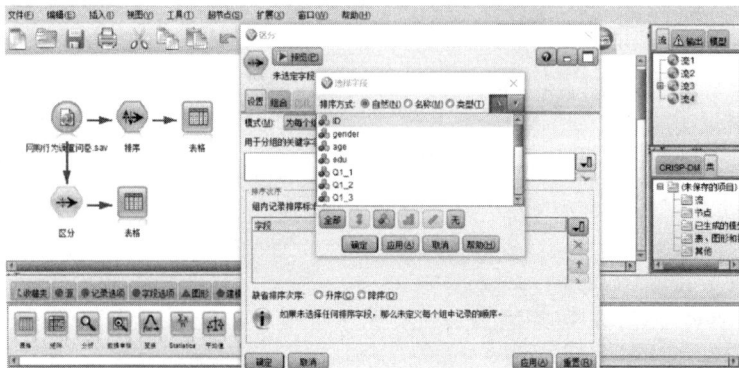

图 5－36　【区分】节点的生成和设置

【区分】节点后，通过选择【输出】选项卡，设定【表格】节点，单击【运行】，会发现数据记录数有所减少，Modeler 剔除了重复数据。

（四）异常数据处理

样本数据中如果存在一些离群点和极端值，也会影响数据的质量。对于这些离群点和极端值，可以采取【丢弃】的方式直接删除相应的记录，也可以采取一些方式进行调整。

通过【运行】【数据审核】节点，在【质量】选项卡上，可以观察到数据文件的离群点和极值情况，单击"操作"列，在下拉菜单中选择处理方法，如图 5 - 37 所示。

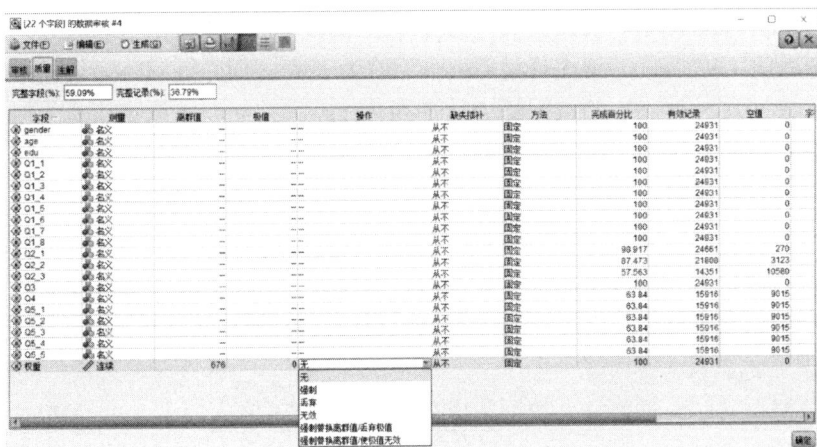

图 5 - 37   异常数据处理

选择【丢弃】，意味着剔除离群点和极值；选择【强制】，表示将离群点或极端值调整为距它们最近的正常值。可根据需要进行选择。

第三节   数据集成

一、数据集成基本原理

数据集成是把不同来源、格式、特点性质的数据在逻辑上或物理上有机地集中，从而为用户提供全面、统一的数据共享。数据集成有很多的实际应用场景，例如，多个企业发生并购后，需要将各个企业原有的客户数据进行整合；又如，用于分析的数据流来自多个应用程序——库存系统或物流系统。这时就需要通过数据集成，将来自多个分布式异构数据源的数据进行统一的表示、存储和管理，以屏蔽掉各种数据源之间的物理和逻辑方面的差异，使用户能够以低代价、统一和透明的方式访问这些数据源。也就是说，只有解决了数据集成问题，才能实现信息查询、信息共享等服务。

1. 数据集成的难点

数据集成的数据源主要来源于 DBMS，也可以包括各类 XML 文档、HTML 文档、电子邮件、普通文件等结构化、半结构化数据。

集成时，数据源的异构性、分布性和自治性是需要解决的主要难点。

异构性是指待集成的数据通常是独立开发的，因此在数据语义、相同语义的表达形式和数据源的使用环境等方面存在着差异。如表征同一实体的数据类型和命名规则，在不同的数据源中就可能存在较大差异。数据集成系统中的很多问题都是数据源的异构性造成的。

分布性是指数据源异地分布，集成后需要通过网络传输，这样就存在着传输效率和网络安全方面的隐患。

自治性是指各个数据源都有很强的自治性，如未经集成系统授权就可以改变自身结构和数据，这会影响到数据集成系统的鲁棒性。

2. 数据集成主要方法

从解决问题的思路上，数据集成方法可以分成两类：一类是模式集成，另一类是数据复制。

（1）模式集成。模式集成的基本思想是构建全局模式的数据视图，全局模式描述了数据源共享的数据结构、语义及操作等，可以保证用户基于统一的全局模式提交请求，接收到用户需求后，数据集成系统将其转换成各个数据源在本地数据视图基础上能够执行的请求。由于全局模式是虚拟的数据源视图，也将模式集成称作虚拟视图集成方法。

典型的模式集成方法是联邦数据库和中间件集成。

联邦数据库方法应用较早，在联邦数据库系统（FDBS）中，数据源之间形成联邦模式，即相互提供访问接口，共享部分数据模式，便于数据分享，数据源因此成为半自治的数据库系统。

中间件集成方法是目前比较流行的数据集成方法，通过统一的全局数据模型来访问 Web 资源、遗留系统、异构的数据库等。中间件位于异构数据源系统（数据层）和应用程序（应用层）之间，向下协调各数据源系统，向上为访问数据集成数据的应用提供统一数据模式和数据访问的通用接口。

两种方法相比较，中间件集成更长于全局查询的优化和处理，缺点在于它通常是只读的，联邦数据库则对读写都支持；联邦数据库系统的优势在于数据源的自治性更强，查询性能更好，能够集成非数据库形式的数据源。

（2）数据复制方法。数据复制方法是将各个数据源的数据复制到与其相关的其他数据源上。数据复制，既可以针对整个数据源，也可以仅针对变化的数据。数据复制可以减少对异构数据源的数据访问量，从而提高数据集成系统的性能。

最常见的数据复制方法是数据仓库方法。该方法将各个数据源的数据复制到同一个数据仓库，用户有需求时只需访问数据仓库。

模式集成和数据复制方法各有优缺点及适用范围。模式集成方法为用户提供了全局数据视图和统一的访问接口，透明度高；但该方法没有实现数据源间的数据交互，用户使用时经常需要访问多个数据源，因此对网络性能要求较高。数据复制方法可以通过复制将数据预先汇总，这样用户使用时需要访问的数据源数量较少，因而用户的访问效率提高；但是，数据复制通常存在延时，以致数据源之间数据的实时一致性很难保障。

为了突破两种方法的局限，人们综合采用两种方法形成所谓的综合方法。综合方法中会尽量提高中间件的性能，同时对数据源间常用的数据进行复制。

二、利用 SPSS Modeler 软件进行数据集成

利用 SPSS Modeler 软件进行的数据集成包括两种：一种是数据纵向合并，另一种是数据横向合并。

（一）数据的纵向合并

纵向合并是将两个及两个以上的数据源依次首尾连接合并。纵向合并的结果是在原有数据尾部增加样本生成新的数据文件。SPSS Modeler 软件中利用【追加】节点实现数据的纵向合并。

1. 【追加】数据流建立

单击【源】选项卡中的【Statistics 文件】节点，生成两个数据源节点并将待合并的两个数据源分别导入。

单击【记录选项】选项卡中的【追加】生成"追加"节点，通过"连接"将两个数据源与"追加"节点连接，建立【追加】数据流，如图 5 – 38 所示。

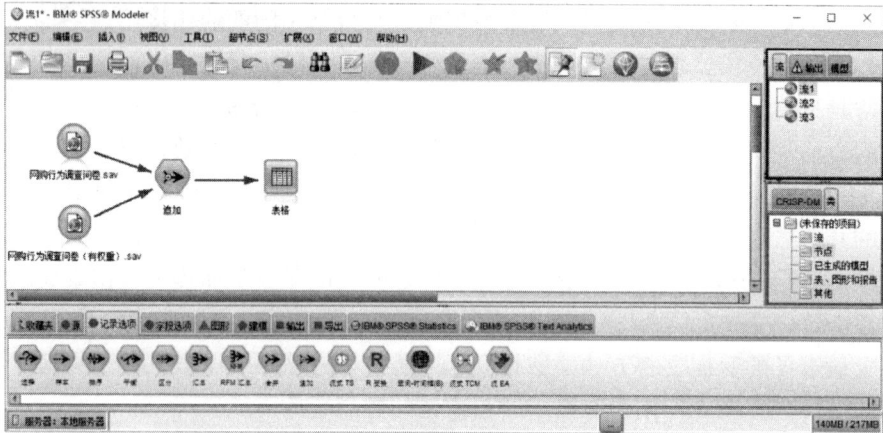

图 5-38　建立【追加】数据流

2. 【追加】参数设置

右击【追加】节点，在弹出菜单上选择【编辑】进行节点的参数设置。【追加】节点的参数设置包括三个：【输入】【追加】和【注解】。

（1）【输入】参数。【输入】参数用于设置纵向合并的数据源，如图 5-39 所示。

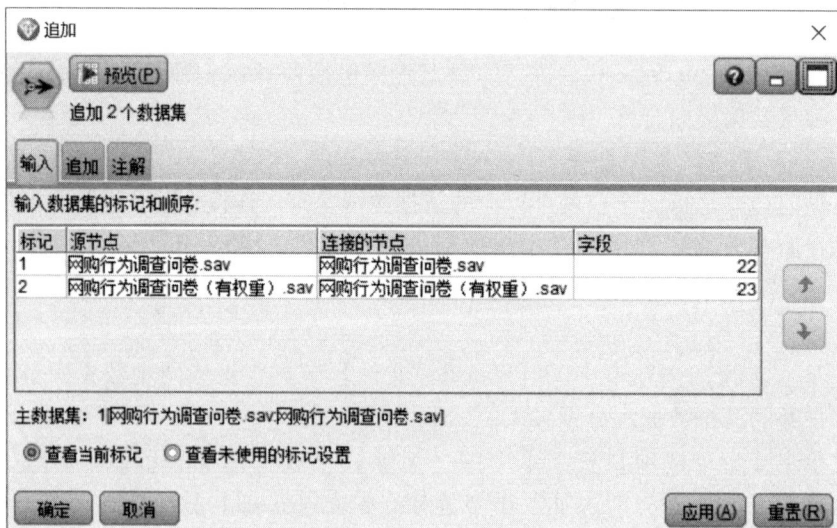

图 5-39　【追加】的【输入】参数

【输入】参数的界面上以列表展示着进行纵向合并的数据源的基本情况，如数据源节点的标记、名称及字段数量。可通过 ⬆ 、 ⬇ 按钮调整数据源节点的顺序。

下面显示着纵向合并时的"主数据集"。如果多份数据的变量名不一致或变量个数不同，则合并后新数据表的变量名和变量个数默认为与主数据集相同。

Modeler 默认标记值为 1 的数据源节点为主数据集，可以通过修改数据源节点的标记调整主数据集。

（2）【追加】参数。【追加】用于设置数据纵向合并的关键参数，如图 5 - 40 所示。

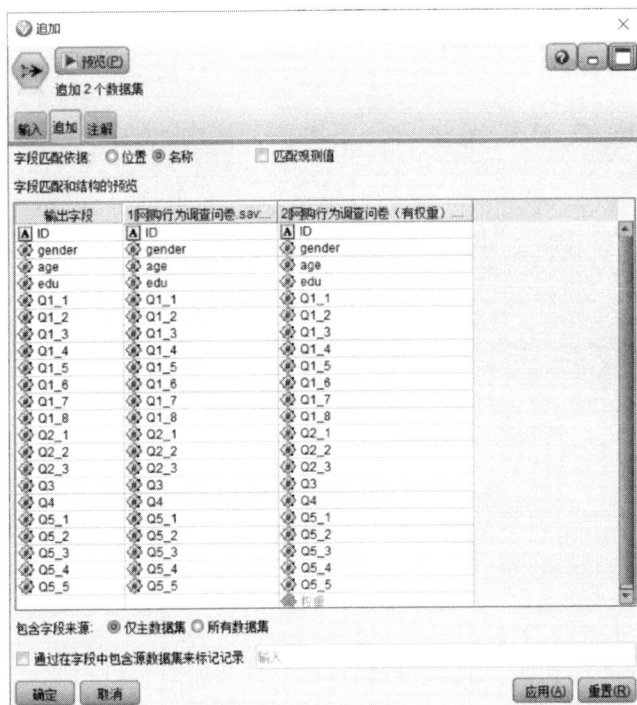

图 5 - 40 　【追加】的【追加】参数

首先要在【追加】上设置"字段匹配依据"来指定合并时不同数据源变量的对应关系。"位置"表示按数据源变量排列的原有顺序——匹配变量，意味着不同数据源相同位置上的变量，尽管名称可能不同但含义相同。"名称"

表示按变量名称对接。如果不能保证两份数据的变量排列顺序完全一致，应选择名称项。

（二）数据的横向合并

数据的横向合并是将数据依次左右连接进行合并。横向合并的结果是在数据的右侧追加变量。SPSS Modeler 软件中利用【合并】节点实现数据的横向合并。

1. 【合并】数据流建立

单击【源】选项卡中的【Statistics 文件】节点，生成两个数据源节点并将待合并的两个数据源分别导入。

单击【记录选项】选项卡中的【合并】生成"合并"节点，通过"连接"将两个数据源与"合并"节点连接，建立【合并】数据流，如图 5-41 所示。

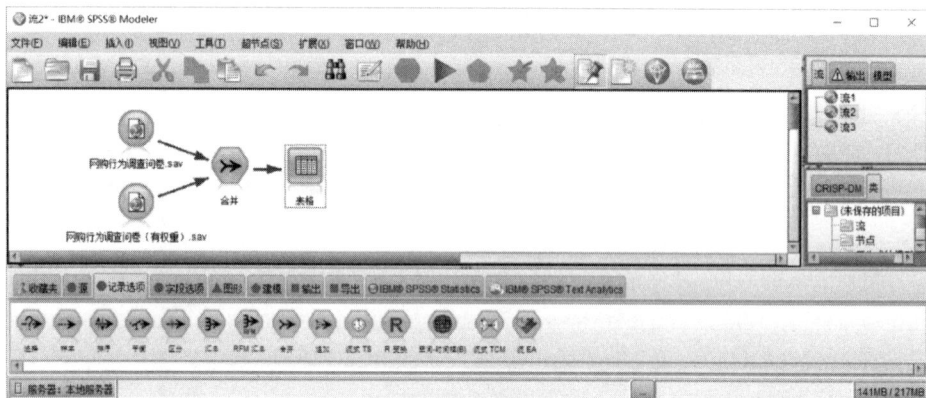

图 5-41　建立【合并】数据流

2. 【合并】参数设置

右击【合并】节点，在弹出的菜单上选择【编辑】进行节点的参数设置。【合并】节点的参数设置包含【输入】【合并】【过滤器】【优化】和【注解】等。

【输入】参数与执行横向合并的【追加】节点中的【输入】参数功能相同，也是用来管理横向合并的数据源的。

（1）【合并】参数。【合并】参数用于设置数据横向合并的关键参数，如图 5-42 所示。

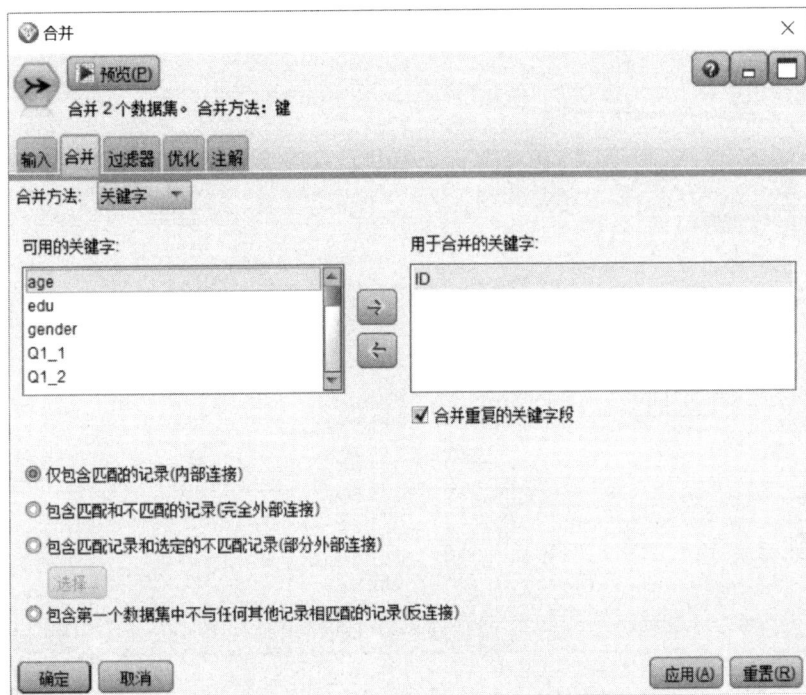

图 5 - 42　【合并】的【合并】参数

　　首先要在【合并】界面上选择"合并方法"来指定数据横向合并的方式，包括"顺序""关键字""条件"和"排名条件"四种选择。"顺序"表示按数据源变量排列的原有顺序左右对接数据。如果不能确保多份数据的排列顺序完全一致，应选择"关键字"项，意味着只有关键字取值相同的样本才可以左右对接，防止数据合并中的错误发生。

　　"可能的关键字"用来显示所有数据源中的同名变量，它们可能成为横向合并的关键字。"用于合并的关键字"显示用户指定的横向合并的关键字。

　　勾选"合并重复的关键字段"选项，表示只有多个关键字取值都相同的样本才可左右对接。通常应选中该项。

　　通过分别选择"内连接""全外连接""局部外连接""反连接"四种方式确定新数据集包含的记录。

　　(2)【过滤器】参数。当多个数据源中有多个相同变量名时，可以通过【过滤器】手工指定新数据集包含的变量，标记代表字段来源。如图 5 - 43所示。

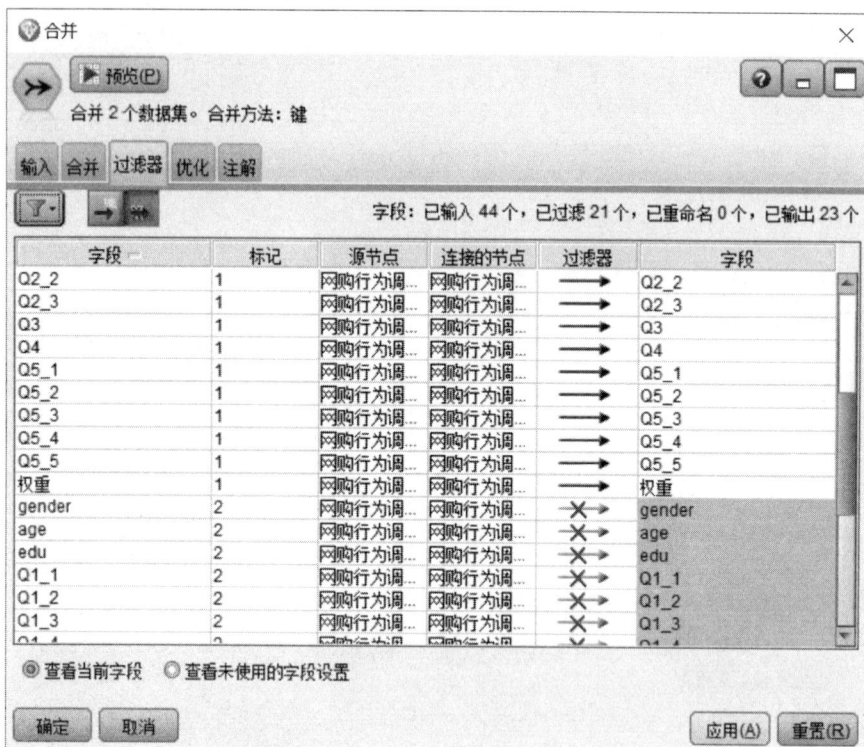

图 5 – 43　【合并】的【过滤器】参数

本章小结

（1）企业内部数据来源是指企业信息管理系统的数据，其中主要是人力资源管理信息系统的数据，另外还有物联网数据和内部调查的数据。

（2）企业外部数据来源包括政府公开数据、企业发布数据、人力资源行业网络数据、公共社交网络数据等。

（3）数据采集方法包括基于调查方法的数据采集、基于爬虫工具的数据采集和基于 VR 设备的数据采集。

（4）大数据存储的基本要求和存储方式，以及数据仓库技术基本原理。

（5）数据质量评估标准、清洗方法和利用 SPSS Modeler 软件进行数据清洗过程。

（6）数据集成基本原理，利用 SPSS Modeler 软件进行数据集成的方法。

思考题

（1）人力资源大数据的来源有哪些？

（2）人力资源大数据的采集方法有哪几大类？分别用来采集哪类数据？

（3）数据清洗的含义、基本过程是什么？

（4）脏数据的主要类型有哪些？分别如何进行甄别及清理？如何应用 SPSS Modeler 软件进行数据清理？

（5）数据集成的含义是什么？如何用 SPSS Modeler 软件进行数据集成？

第六章　数据可视化技术

本章主要介绍如何实现数据的可视化。首先介绍数据可视化及其发展过程与设计原则，从而对数据可视化有个初步了解；其次介绍常用的各种数据可视化工具及特点，各种数据可视化工具虽然各有特点，但操作及原理有一定相似之处；最后主要以 Tableau 为工具，详细介绍人力资源管理相关问题如何在 Tableau 中实现可视化图表制作、仪表板以及故事板的制作。

第一节　数据可视化概述

一、数据可视化

（一）数据可视化的概念

人类对图形的理解能力非常独到，能够从图形中发现数据的一些规律、信息等，而如果这些规律以常规的数据方式呈现可能难以被发现。在大数据时代，数据量变得非常大且烦琐，并且数据处于不断变化中。如果想要发现这些繁杂数据背后的信息，可视化是有效的途径之一。

"可视"不是可以看见，它更多的是指"可理解"，是使繁杂抽象的数据变得具体易懂，以便于传播、交流和研究。因此，数据可视化是将单一数据或复杂数据以视觉的形式呈现出来，从而精简又高效地传递某一些信息或知识。它还能够将一些抽象的、冗余的，甚至毫无联系的信息整合起来，并将它们转换为图形、符号或者概念模型。因此，数据可视化是利用图形、图像处理、计算机视觉以及用户界面等技术，通过表达、建模以及对立体、表面、属性或动画的显示，对数据加以可视化的解释。[①] 数据可视化是全面分析数据的关键，

---

① 张玉，舒后，孙昊白. 数据可视化及应用研究［J］. 北京印刷学院学报，2020，28（4）：135－140.

同样也是深层次理解数据的关键。被誉为现代护理业之母的南丁格尔以其著名的极区图（玫瑰图）"生动有力地说明了在战地开展医疗救护和促进伤兵医疗工作的必要性，打动当局者，改善军队医院条件，为挽救士兵生命做出了巨大贡献"。

同时，在抗击新型冠状病毒疫情期间，可以通过大数据可视化动态实时监测国内、国外疫情发展控制情况，从而提高疫情信息精准度，助力科学决策和资源的优化配置。

（二）数据可视化的发展过程

1. 17 世纪前的早期地图与图表

在 17 世纪以前人类研究的领域有限，数据相对较少，数据表达形式很简单，几何学通常被视为可视化的起源。但随着人类知识的积累，活动范围不断扩大，为能有效探索其他地区，人们开始汇总信息绘制地图。16～17 世纪大航海时代，欧洲的船队出现在世界各处的海洋上，较为准确的测量方式得到使用。同时，随着科技的进步以及经济的发展，数据的获取方式主要集中于时间、空间、距离的测量上，对数据的应用集中于制作地图、天文分析上。在此时期，随着科学研究领域的增多，数据总量大幅增加，出现了很多新的可视化形式。人们在完善地图精度的同时，不断在新的领域使用可视化方法处理数据。

2. 18 世纪创造出新的图形形式

数据可视化发展中的重要人物 Wiliam Playfair 在 1765 年创造了第一个时间线图，用于表示人的生命周期。这些时间线直接启发了他发明的条形图以及其他一些我们至今仍常用的图形，包括饼图、时序图等。他的这一思想可以说是数据可视化发展史上一次新的尝试，用新的形式表达了尽可能多且直观的数据。随着对数据系统性的收集以及科学的分析处理，18 世纪数据可视化的形式已经接近当代科学使用的形式，条形图和时序图等可视化形式的出现体现了人类对数据运用能力的进步。随着数据在经济、地理、数学等领域不同场景的应用，数据可视化的形式变得更加丰富，也预示着现代化的信息图形时代的到来。①

3. 19 世纪对现代图形进行创新

在 19 世纪上半叶，数据开始受到关注，统计数据和概念图呈爆炸式增长，包括直方图、饼图、折线图、时间轴、轮廓等；在 19 世纪中期，数据可视化

---

① 雷婉婧. 数据可视化发展历程研究［J］. 电子技术与软件工程，2017（12）：195－196.

主要用于军事目的；19 世纪下半叶，进入了数据可视化的黄金时代。同时人们也利用可视化技术解决了很多难题，例如在 19 世纪中期出现霍乱，当时的理论认为是空气传播了霍乱病菌，英国医生 John Snow 在地图上对死亡人数进行了标注，研究过程中 John Snow 在地图上每死亡一人标注一个小黑点，图谱显示出死亡人数密集的地区，可以直观地看出大都分布在 Broad Street 水泵附近，John Snow 尝试移除了 Broad Street 附近的水泵，霍乱得到控制。通过可视化方法将取水点、霍乱死亡统计分布图和地图进行对比分析，识别了污染和霍乱疫情的原因，用以直观展示疫情的严重和大致分布。随后，可视化在信息推理、信息分析、信息传播及知识表达中得到广泛应用。

4. 20 世纪创新动态交互式数据可视化

20 世纪上半叶，人们第一次意识到图形的显示方式为航空航天、物理学、天文学和生物学领域的科学和工程提供了新的见解和发现机会。20 世纪 60 ~ 70 年代，数据可视化依赖于计算机科学和技术，有了新的活力；70 ~ 80 年代，人们主要尝试使用多维定量数据的静态图来表示静态数据；在 20 世纪 80 年代中期，动态统计图表开始出现，最后两种方式在 20 世纪末开始合并，试图实现动态的交互式数据可视化。因此，动态交互式数据可视化已成为一个新的发展主题。

5. 21 世纪数据可视化技术不断成熟，开启大数据时代

21 世纪人们开始关注大数据的处理。2011 年世界上每天新增数据量开始呈指数级增长，用户使用数据的效率也在不断提高；2012 年进入数据驱动的时代。大数据的力量正积极地影响着我们社会宏观、中观以及微观企业和个体生活的各个方面。

二、数据可视化的作用与意义

为了实现信息的有效传达，数据可视化需要综合考虑美学呈现形式与功能的需要，通过直观地传达关键特征，实现对数据集的深入洞察。对于人力资源管理而言，数据可视化作用意义表现在以下三个方面：

（一）直观化——助力高层精准决策

Ward M. O. 等（2010）的研究发现：视觉信息处理是人脑的最主要功能之一，超过 50% 的人脑功能用于视觉信息处理①。正是由于人们对视觉获取的

---

① Ward M. O. et al. Interactive Data Visualization: Foundations, Techniques and Applications ［M］. Boca Raton: CRC Press, 2010.

信息比较容易，所以数据可视化可以帮助我们更好地传递信息。可视化可使数据直观展现，用户能直观对对象或事件的多个属性或变量进行分析，从而能够迅速发现数据背后的规律和重要信息。例如，在宏观方面，我们知道一个国家（地区）的人口年龄结构会直接影响劳动力市场的劳动力供给。而作为经济的两大投入之一，劳动力供给对经济增长方式产生直接影响。因此，我们需要关注一国人口年龄结构的变化，在庞大的数据中心无法观察到这一信息，但是如果通过可视化图表制作历次人口普查的人口性别、年龄"金字塔"，就可以一目了然地观察到我国人口年龄结构的变化趋势，从而预测未来劳动力供给变化态势。在企业微观层面，通过可视化可有效支持企业管理者把握全局，运筹帷幄，精准决策。数据可视化后，以简洁直观的页面、以多种图表类型充分分析和展现各类数据，为管理者和分析人员提供了决策的依据，帮助洞察企业问题并发现商机。因此，数据可视化使企业决策者可以用一个仪表板处理所有事务，监视来自整个组织以及全部应用的重要数据。

（二）关联性——提升人力资源工作效率

组织中的绩效管理是一项庞大且复杂的工作，费时费力。数据可视化可以使员工的绩效情况更加清晰直观。在企业人力资源管理活动中，可以通过可视化有效洞察近年的每个员工绩效、发展潜力等信息，绘制人才地图。部门级人才地图从业务主管开始，逐级绘制，使用不同的颜色，可以一目了然地展现人的发展潜力状况。从而进行有效的人才盘点。如图 6-1 所示，员工 2 的工作态度、个人素质等绩效值较好，而创新能力相对较差；员工 4 的工作能力、创新能力等绩效值较好，而工作业绩相对较差。说明两个员工虽有相同的绩效值，但他们所适应的职务不同，员工 2 适应于常规工作，不需要创新的职务，如财务部等；员工 4 则适应于创新性较强的部门，同时又可以提高他的业绩的职位，如研究开发部、市场部等职位。通过数据可视化的分析可以更加直观地看出员工的绩效情况，更容易区分出绩效优秀的员工。所以数据可视化分析，可以减少统计员工绩效的时间，可以在图中更加直接地比较出员工绩效的差异，便于管理，增强了人力资源管理的效率。[①]

运用可视化功能（图表、筛选器），还可以通过可视化对企业关键岗位市场薪酬进行动态监测、分析，为企业薪酬设计的外部竞争性提供依据。

---

① 吴思莉. 基于信息技术的人力资源可视化管理 [J]. 企业改革与管理, 2014 (16)：68-70.

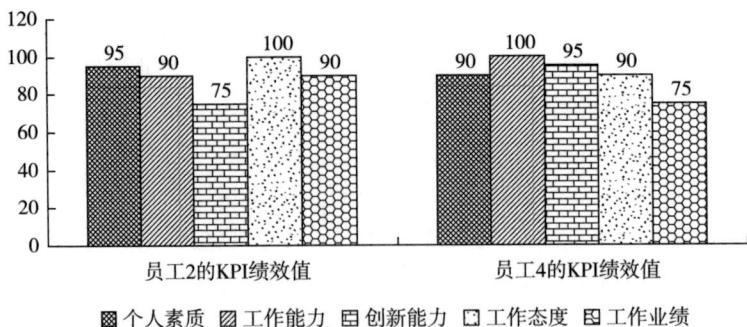

图 6 – 1　员工绩效值比较

资料来源：吴思莉．基于信息技术的人力资源可视化管理［J］．企业改革与管理，2014（16）：68 – 70.

（三）交互性——满足员工个性需求

数据可视化还可以帮助公司以直接方式与数据进行直接交互。通过交互过程则可实现信息的传达和双向沟通。将传统过程中单向被动获取信息的方式，转变为双向互动的方式，提高使用者的参与度，且多位使用者可以同时与被接入数据互动。

当今社会，社交网络大面积普及，信息交流特别方便，大数据对每个行业的发展都是非常重要的，大数据的主要职能就是通过一系列的技术手段，对人们的行为以及情绪的变化进行细节性的观测，这样就能够发现一般员工的行为习惯、爱好和选择，然后大数据的可视化分析，从复杂的数据库中挖掘出符合员工偏好的一些福利产品或团建项目，然后根据员工的喜好对现有的福利产品和服务进行调整，并且通过交互，根据员工的个性化需求提供不同的福利组合产品。从而更好地服务于企业人力资源保留与开发。

三、数据可视化设计原则

数据可视化的操作过程中，在遵循数据可视化目的的基础上，以内容为基础，在数据可视化设计上进行加强，才可以达到数据可视化的最终结果。对于人力资源管理者而言，可视化设计主要侧重的是数据分析、运用方面的设计原则。

（一）依据目的而展开

数据可视化设计是为了更好地将内容传达给读者，在进行设计的过程中，设计者要谨记：可视化设计是为了更好地让读者理解内容，迅速读取重点信息，更好地实现沟通的过程，在进行数据可视化的设计过程中，不能脱离数据分析的目的和数据分析的内容，这也是数据可视化设计最重要的一条准则。

（二）图表呈现易理解

在数据可视化阶段，最重要的就是选择正确的图表来表达数据背后的"故事"。使用可视化图表是为了对数据有直观的表现，因此在图表类型的选择上要简洁明了、直观有效。因此，数据可视化图表必须容易被理解，要避免密密麻麻的文字，进行数据可视化设计是为了让视觉的效果更好，设计的结果必须是非常容易理解的，即使不了解数据分析技术以及 IT 技术的人也能迅速看懂。很多时候数据可视化结果是用来做报告的，这些报告有可能是对内的也有可能是对外的，因此数据可视化报告变得容易理解也是很重要的。

（三）图表重点要突出

数据可视化的设计不在于图表类型的多样化，而在于如何能在简单的一页之内让用户读懂数据之间的层次与关联，这就关系到色彩、布局、图表的综合运用。数据可视化的设计就是对已经初步形成的数据可视化的结果进行润色，在润色的过程中要更好地将隐藏的信息表现出来，数据分析人员了解数据设计的整个过程，也知道哪些数据是没有被结果体现出来的，在设计过程中，如果这些信息是关键的、重要的，就要学会将这些信息表现出来。在报表的整体布局、色彩风格字体大小等的选择上，也要求做到协调统一。因此，数据可视化阶段既具有技术性也具有艺术性。

第二节　数据可视化工具介绍

数据可视化工具有很多种，本节简单介绍一些常用的工具，如 Excel、魔镜、Echarts、Power BI、Tableau 等，供读者参考和了解。

一、Microsoft Excel

（一）Microsoft Excel 简介

Microsoft Excel 是 Microsoft 公司开发的一款软件。它能够方便地制作出各种电子表格，使用公式和函数对数据进行复杂的运算；用各种图表来表示数据直观明了；利用超级链接功能，用户可以快速打开局域网或 Internet 上的文件，与世界上任何位置的互联网用户共享工作簿文件。

（二）Microsoft Excel 的特点

该软件通过工作簿来存储和分析数据，输入一定数据之后，在菜单栏单击"图表"的选项就可以生成想要的图表了。Excel 提供了 14 类 100 多种基本的图表，包括柱形图、饼图、条形图、面积图、折线图、气泡图以及三维图等。Excel 的特点是：

（1）具有强大的函数计算功能：它的内部函数包括对数函数、三角函数、工程函数、字符串函数及逻辑函数等等，它支持公式的编辑、复制、粘贴；同时还支持 Visual Basic 编程，通过宏和 Visual Basic 可以定义用户自定义函数。

（2）具有强大的数据库功能：可以对数据进行修改、插入、删除、查询、替换、排序、筛选、链接等操作。

（3）计算结果自动更新：更改原始数据后，计算结果自动更新。①

二、魔镜

（一）魔镜简介

大数据魔镜可视化分析软件（以下简称"魔镜"）是国云数据开发的一款面向企业的大数据分析软件。通过魔镜，企业积累的各种来自内部和外部的数据，如网站数据、销售数据、财务数据、大数据、社会化数据、mysql 数据库等，都可将其整合在魔镜进行实时分析。魔镜可以进行数据清洗处理、数据仓库、数据分析挖掘和数据可视化。

运用魔镜进行可视化分析也非常简单，通过简单拖拽即可分析出想要的结果，如图 6 - 2 所示，容易学习和掌握。其可视化结果呈现也比较丰富，有500 种可视化效果可选择，如图 6 - 3 所示，其中包含基础图表和大数据可视化图表效果及定制化图表这些非传统交互式可视化效果。魔镜也支持对多种常见数据库软件的连接，包括 mysql、sqlserver、oracle、Excel 等数据源，用户只需接入数据源进行数据配置和管理，就可以按照需求进行拖拽分析。

魔镜仪表盘支持拖拽式自由布局，也具备上卷下钻、筛选器、图表联动等功能。报告的结果也可以进行交互式分享分析，实时更新数据。同时平台魔镜移动 bi 平台可以在 ipad/iphone/ipodtouch、安卓智能手机、平板上展示 kpi、文档和仪表盘，不仅可以查看，所有图标都可以进行交互、触摸，可以随时、随意查看和分析企业业务数据。

---

① https：//zhidao.baidu.com/question/1500811885382809899.html.

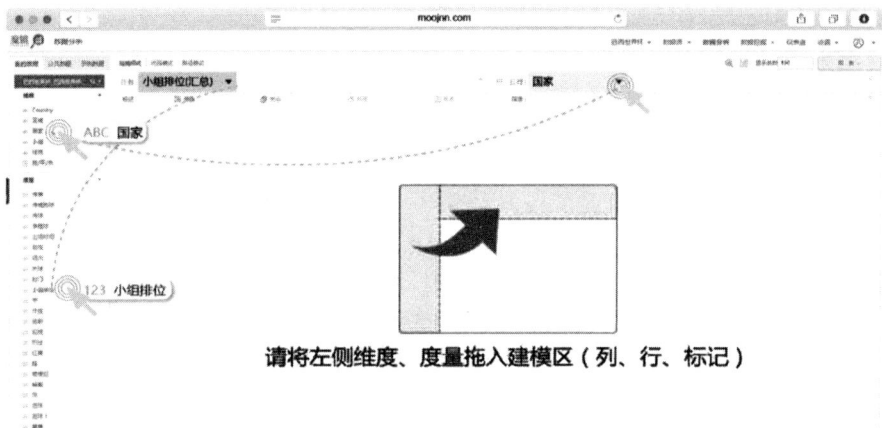

图 6-2　魔镜操作界面

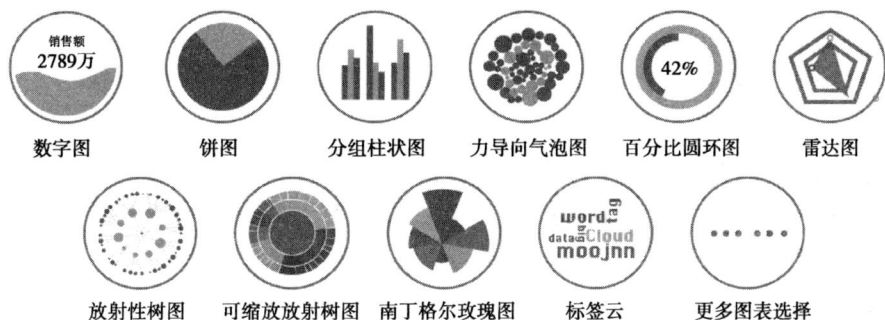

图 6-3　魔镜的可视化效果

（二）魔镜的特点

（1）魔镜倡导数据民主概念，打破了传统的只有管理者才能使用数据分析产品的阻碍，简单易用，没有技术壁垒，从而使普通的业务人员也可以轻松分析和使用数据。

（2）魔镜可以瞬间搭建企业数据价值挖掘体系，增强团队协作能力。魔镜包含的图表可视化分析台、报表定制开发、数据库语义层、数据权限管理、自助式拖拽分析等功能模块，实现了这一体系的构建。

（3）魔镜可以利用数据充分发挥业务人员的价值。传统的部分 BI 软件因为需要 IT 和分析能力，数据分析往往是数据分析师在做，而真正懂业务的人员没有接触到一手数据分析。运用魔镜即使不懂技术、无专业分析能力的业务人员也可以轻松获取和使用数据，将业务与数据完美结合，发挥数据价值。

三、ECharts

（一）ECharts 简介

ECharts 是百度推出的一款可视化开源开发框架。它使用 JavaScript 技术，以 Canvas 绘图为主要的图表绘制方式，在 PC 和移动设备上都可以运行，底层依赖轻量级的矢量图形库 ZRender，提供直观、交互丰富、可高度个性化定制的数据可视化图表。ECharts 提供了常规的折线图、柱状图、散点图、饼图、K线图，以及用于统计的盒形图，用于地理数据可视化的地图、热力图、线图，用于关系数据可视化的关系图、treemap、旭日图等，多维数据可视化的平行坐标，还有用于 BI 的漏斗图，仪表盘，并且支持图与图之间的混搭。

（二）ECharts 的特点

（1）支持直角坐标系、极坐标系、地理坐标系等多种坐标系的独立使用和组合使用。

（2）对图表库进行简化，实现按需打包。同时，ECharts 的移动端交互也比较人性化，如移动端小屏上适于用手指在坐标系中进行缩放、平移。PC 端也可以用鼠标在图中进行缩放（用鼠标滚轮）、平移等。

（3）提供了 legend、visualMap、dataZoom、tooltip 等组件，增加图表附带的漫游、选取等操作，提供了数据筛选、视图缩放、展示细节等交互操作功能。

（4）借助 canvas 的功能，支持大规模数据显示。

（5）多维可视化设计。配合视觉映射组件，以颜色、大小、透明度、明暗度等不同的视觉通道方式支持多维数据的显示，如三维地球、三维建筑群、三维人口分布柱状图等。对线数据、点数据等地理数据有很强的可视化效果。

（6）以数据为驱动，通过图表的动画方式展现动态数据。

（7）可无障碍访问。ECharts 4.0 支持自动根据图表配置项智能生成图表描述和贴花图案，视力障碍人士在朗读设备的帮助下了解图表内容，读懂图表背后的故事。

四、DataV

（一）DataV 简介

DataV 是阿里巴巴出品的数据可视化软件，能接入多种数据源。DataV 支持接入阿里云分析型数据库、关系型数据库、本地 CSV 上传和在线 API 等，可以进行动态展示。DataV 除了常规图表外，还能够绘制包括海量数据的地理轨迹、地理飞线、热力分布、地域区块、3D 地图、3D 地球，实现地理数据的多层叠加（见图 6－4 和图 6－5①）。此外还有拓扑关系、树图等异形图表。DataV 的操作也比较简单，通过拖拽就可以生成所需的可视化图表。DataV 将游戏级三维渲染的能力引入地理场景，借助 GPU 计算能力实现海量数据渲染，可视线三维数据可视化，适用于智慧城市、智慧交通、安全监控、商业智能等场景，创建的可视化应用也能够发布分享。

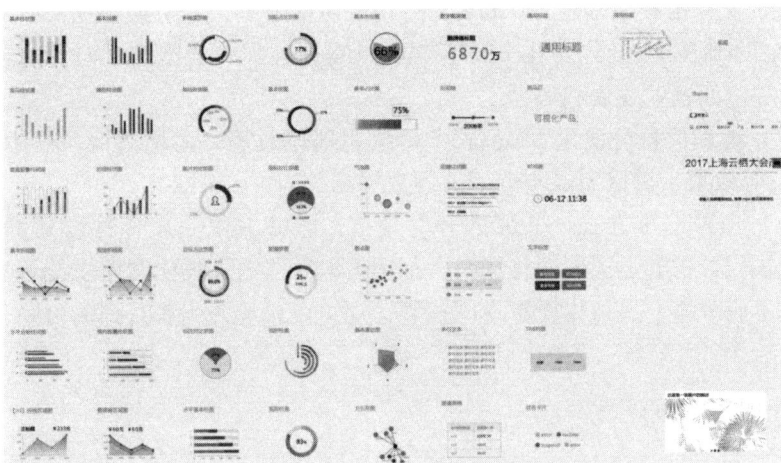

图 6－4　常规图表展示

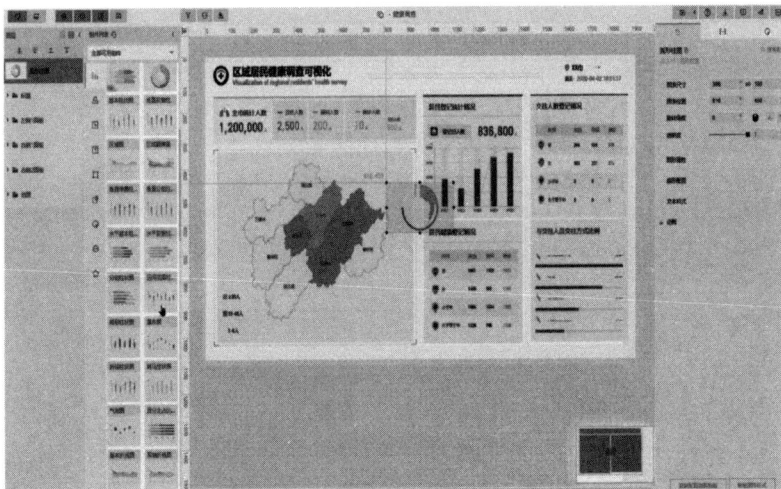

图 6－5　DataV 可视化应用操作

---

① https：//help. aliyun. com/document_detail/57759. html？spm＝a2c4g. 11186623. 6. 546. 3b5a2771kvDPJK.

（二）DataV 的特点

（1）DataV 的可视化工具亦非常丰富。DataV 具有丰富的组件库与模板库，只需要通过拖拉拽即可创造出专业的可视化应用，具有强大的编辑功能。同时 DataV 拥有智能主题配色、一键美化、大屏智能生成等工具，快速解决在搭建可视化应用时遇到的整体样式配置困难。

（2）支持多种数据源。DataV 支持接入包括阿里云分析型数据库、关系型数据库、本地 CSV 上传和在 API 等。可以实现各类大数据的实时计算，实时监控所关注问题的发展趋势。

（3）地理信息可视化。DataV 支持绘制地理轨迹、地理飞线、热力分布、3D 地球等效果，可以完成与空间地理数据相关的可视分析。

（4）多种发布方式。开放的开发规范，能够方便完成多种方式的集成，享用 DataV 带来的强大可视化能力。运用 DataV 数据可视化的结果能够发布链接或二维码分享，也可以设置访问权限，还可以指定访问者看到的可视化应用版本。

五、Power BI

（一）Power BI 简介

Power BI（Business Intelligence）是微软公司出品的可视化软件，可连接各种主流数据源，对数据进行编辑、建模和可视化展示，还能将可视化图表发布到企业组织内部或手机端进行分享。其数据分析的主要功能是由 Power Query、Power Pivot 和 Power View 三个模块组成，分别对应数据查询（清理）、数据分析（建模）和数据图表（展示）。

Power BI 的桌面版（Power BI Desktop）是可以免费下载和使用的，而且数据分析的常用功能全部具备。并且基于迭代开发的理念，目前 Power BI 每月都有更新，完善现有功能或应用新功能。其操作也非常简单，通过鼠标拖拉拽就可以完成大部分操作，有近 200 种样式的图表可供选择，以匹配不同的场景使用。

（二）Power BI 的特点

Power BI 的一个优点就是操作简单、易于上手。Power BI 使用 Microsoft Office 产品系列中熟悉的功能区菜单，将许多选项置于前端和中心位置。如果熟悉 Excel，首次使用 Power BI 时会感觉很容易上手操作。Excel 和 Power BI 都是微软公司产品，界面有一定相似性，但也有不同（见图 6-6）：Excel 更专注于数据分析；而 Power BI 则比较精简且更专注于报表可视化。

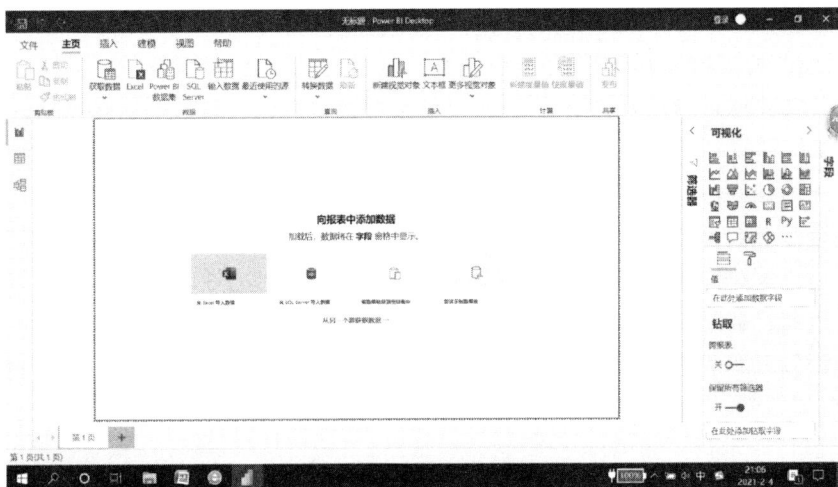

图 6 – 6　Power BI 主界面

Power BI 有丰富的图表样式，除了预置图表，许多比较炫酷的可视化组件可以到 Power BI 市场下载安装。Power BI 的可视化图表可以多层钻取；图表或报表之间可以交互式分析；可以呈现动态分析的效果。生成的可视化图表可以在电脑端和移动端与团队成员进行实时共享。

六、Tableau

（一）Tableau 简介

2003 年，来自斯坦福大学的三位校友在西雅图注册成立了 Tableau，主要面向企业提供数据可视化服务。Tableau 包括多种产品，如 Tableau Desktop、Tableau Server、Tableau Public、Tableau online 和 Tableau Reader 等，常用的主要是 Tableau Desktop、Tableau Server 和 Tableau Reader。

Tableau Desktop 可以帮助企业/个人生动地分析实际数据，可以快速生成美观的图表、坐标图、仪表盘与报告。利用 Tableau Desktop 简便的拖放式界面，可以自定义视图、布局、形状、颜色等，有效展现数据背后的信息。

Tableau Server 是一款企业智能化应用软件，是基于浏览器的数据分析和图表生成，将 Tableau Desktop 中最新的交互式数据转换为可视化内容，仪表盘、报告与工作簿的共享变得迅速便捷。用户可以通过 Web 浏览器发布与合作，或将 Tableau 视图嵌入其他 Web 应用程序中，生成所需各类报告。

Tableau Reader 可以帮助实现数据可视化结果与团队成员的共享。它可以打开 Tableau Desktop 所创建的报表、视图、仪表盘文件等，团队成员之间可以使用按过滤、排序及调查得到的数据分析结果进行交流、分享。

（二）Tableau 的特点

Tableau Desktop 简单易用，通过简单拖拽就可以快速实现数据图表制作分析。无须编程即可深入分析，因此初学者可以快速上手。同时，其职能仪表板中集合多个数据视图，可供选择以进行丰富、深入的数据分析。同时对于数据，通过实时连接获取最新数据或者根据指定的日程表获取自动更新。最后，还可以通过瞬时共享，发布仪表板，可与上级决策者或其他部门同时在网络和移动设备上实现实时共享。所以，Tableau Desktop 不仅简单、易用，而且快速高效。

第三节　Tableau 可视化图表制作

本节将给大家具体介绍可视化图表的制作。各个可视化软件制作可视化图表的功能有许多相似之处，本节以 Tableau 为例进行介绍。Tableau 的交互性很强，界面简洁、操作简单，初学者比较容易上手。在 Tableau 中，通过简单的拖拽就可以生成精美的图表。

一、Tableau 界面介绍

在首次进入 Tableau 或打开 Tableau 但没有指定工作簿时，会显示"开始页面"，如图 6 - 7 所示，其中包含了最近使用的工作簿、已保存的数据连接、示例工作簿和其他一些入门资源，这些内容将帮助初学者快速入门，比较简单直观。从左侧的连接可以看到 Tableau 可以连接到 Excel 数据、文本文件、JSON 文件等，还可以连接到 Tableau 的服务器上的数据等。

Tableau 工作区是制作视图、设计仪表板、生成故事、发布和共享工作簿的工作环境。Tableau 主要使用的三大功能区分别为工作表工作区、仪表板工作区和故事板工作区。

工作表工作区：又称为视图，是可视化分析的基本单元，能够根据数据源里面的信息制作出各种表格或者其他展示对象。

仪表板工作区：是多个工作表和一些对象（如图像、文本、网页和空白等）的组合，可以按照一定方式对其进行组织和布局，以便揭示数据关系和内涵。

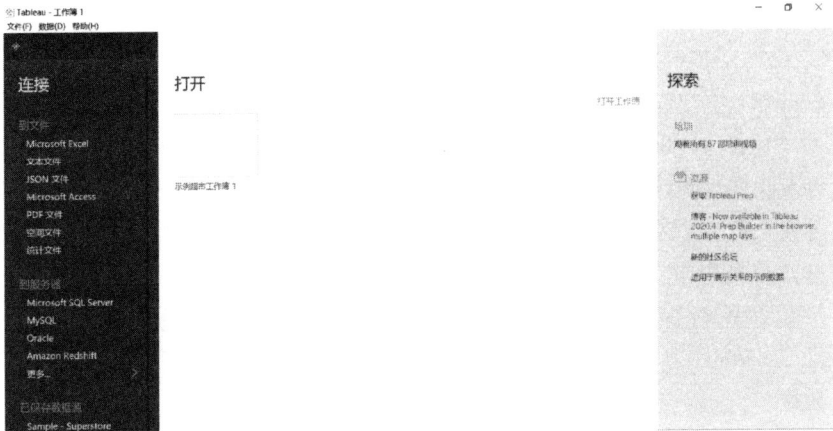

图 6 - 7　Tableau 的开始界面

故事板工作区：是按顺序排列的工作表或仪表板的集合，故事中各个单独的工作表或仪表板称为"故事点"。可以使用创建的故事，向用户叙述某些事实，或者以故事方式揭示各种事实之间的上下文或事件发展的关系。

（一）工作表工作区

在 Tableau 中连接数据之后，即可进入工作表工作区。该工作区包含菜单、工具栏、数据窗口、含有功能区和图例的卡，可以在工作表工作区中通过将字段拖放到功能区上来生成数据视图。界面如图 6 - 8 所示。

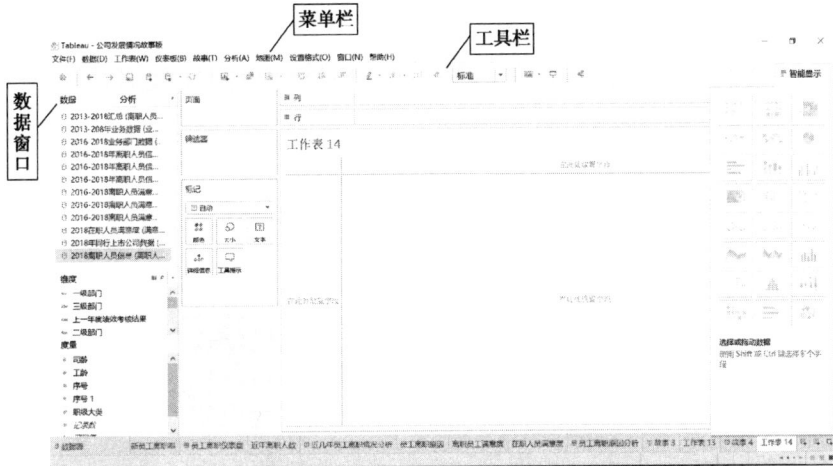

图 6 - 8　Tableau 工作表工作区

工作区主要包括：

1. 数据窗口

数据窗口位于工作表工作区的左侧。可以通过单击数据窗口右上角的小化按钮 🔽（见图6-8）隐藏和显示数据窗口，这样数据窗口会折叠到工作区底部，再次单击小化按钮可显示数据窗口。通过单击，然后在文本框中键入内容，可在数据窗口中搜索字段。通过单击 🔍 "搜索"右侧的 ▦ 可以查看数据。数据窗口包括以下五部分：

（1）数据源窗口。包括当前使用的数据源及其他可用的数据源。打开 Tableau Desktop 后，选择"开始页面"，单击"文件"→"打开"，然后打开所需数据。之后，在界面的左下方单击"工作表1"就进入 Tableau 工作表区了。Tableau 连接数据时，会自动对各个字段进行评估分类，分为"维度"和"度量"。

（2）维度（tables）窗口。Tableau 连接数据后会将数据显示在工作区的左侧，称为"数据窗口"（见图6-8）。数据窗口下方显示的数据分别为维度字段和度量字段。维度一般是类别字段，如日期、客户和类别等字段，这些字段是对数值数据进行切片或切块的依据。维度常常是离散的，离散的字段在图表中形成标签，在数据窗格和视图中以蓝色进行编码。如图6-8中的"Degree""Degree ID"等。将其拖放到功能区时，一般不进行计算，而是对视图区进行分区。

（3）度量窗口。度量是指标，是希望分析的数字，常常是连续的字段。连续的字段在图表中形成轴，其胶囊以绿色进行编码。将其拖放到功能区时，Tableau 会进行聚合运算（如总计、平均值、中位数、最大值、计数等），同时视图区会生成相应的轴。

（4）集窗口。定义的对象数据的子集，只有创建子集，此窗口才可见。

（5）参数窗口。可替换计算字段和筛选器中的常量值的动态占位符，只有创建了参数，此窗口才可见。

2. 分析窗口

将菜单中常用的分析功能进行了整合，方便快速使用，主要包括汇总、模型和自定义三个窗口（见图6-9）。

（1）汇总窗口。提供常用的参考线、参考区间及其他分析功能，包括常量线、平均线、含四分位点的中值、盒须图和合计等，可直接拖放到视图中应用。与视图类型不相关的某些元素将显示为灰色。

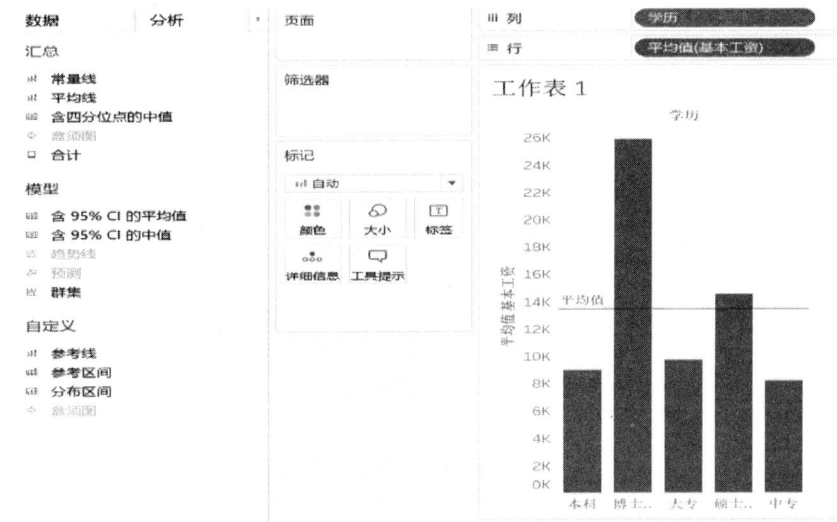

图 6-9　Tableau 分析窗口

（2）模型窗口。提供常用的分析模型，包括含 95% CI 的平均值、中值、趋势线、预测和群集等。

（3）自定义窗口。提供参考线、参考区间、分布区间和盒须图的快捷使用。

3. 页面卡

页面主要用于制作动态图表。可在此功能区上基于某个维度的成员或某个度量的值将一个视图拆分为多个视图。页面卡位于分析窗口的右侧，如图 6-10 所示。

4. 筛选器卡

筛选器卡在页面卡下方，指定要包含和排除的数据，所有经过筛选的字段都会显示在筛选器卡上。

5. 标记卡

创建视图时，经常需要定义形状、颜色、大小、标签等图形属性。这时就需要用到标记卡。标记卡在筛选器卡的下方，由多个其他功能区组成。每个功能区中可以放入字段，可以单击功能区来编辑其特征。

标记卡的上部为标记类型，用以定义图形的形状。标记类型下方有五个图标，分别表示"颜色""大小""标签""详细信息"和"工具提示"。这些功能的使用非常简单，只需把相关字段拖动到按钮中即可，系统将自动创建颜

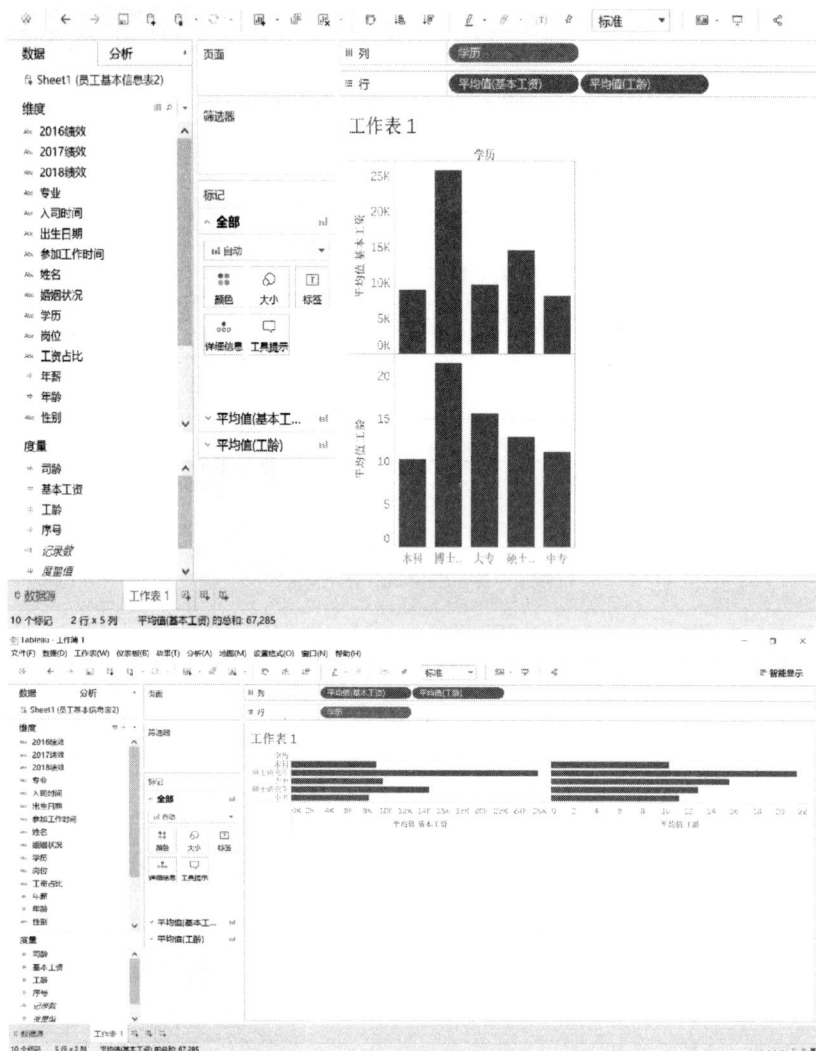

图 6 - 10　行功能区和列功能区

色、大小和形状等图例。单击图标还可以对细节、方式、格式等进行调整。此外，还有三个特殊图标"路径""形状""角度"，这三个图标只有在选择对应的标记（线图、形状图、饼图）类型时，才会显示出来。

单击菜单，然后选择隐藏卡可以移除图例。要重新显示图例从画布的任何位置单击右键，选择图例，然后选择所需的具体图例。

6. 行功能区和列功能区

行功能区用于创建行，列功能区用于创建列，可以将任意数量的字段放置在这两个功能区上。维度和度量都可以拖放到行功能区或列功能区，知识横轴、纵轴的显示信息会相应地改变。

7. 工作表视图区

创建和显示视图的区域，一个视图就是行和列的集合，由标题、轴、区、单元格和标记组件组成。除这些内容外，还可以选择显示标题、说明、字段标签、摘要和图例等。

8. 智能显示

通过智能显示，可以基于视图中已经使用的字段以及在数据窗口中选择的任何字段来创建视图。Tableau 会自动评估选定的字段，然后在智能显示中突出显示与数据相符的可视化图表类型。

9. 标签栏

显示已经被创建的工作表、仪表板和故事的标签，或者通过标签栏上的新建工作表图标创建新工作表。或者通过标签栏上的新建仪表板图标创建新仪表板。或者通过标签栏上的新建故事板图标创建新故事板。

10. 菜单栏

菜单栏位于工作区的最上方（见图6-8），包括文件、数据、工作表、仪表板、分析、故事和地图等菜单，每个菜单下都包含很多菜单选项。

11. 工具栏

工具栏在菜单栏下方，使用工具栏访问命令以及分析和导航工具。有【保存】和【撤销】等按钮，由于没有自动保存功能，因此需要确保定时保存工作。工具栏中各个图标的作用如表6-1所示。

表6-1　工具栏中各个图标的作用

图标	作用
←	撤销：反转工作簿中的最新操作。可以无限次撤销，返回上次打开工作簿时，即使是在保存之后也是如此
→	重做：重复通过【撤销】按钮撤销的上一次操作，可以重做无限次
▯	保存：在 Tableau Desktop 中，保存对工作簿所做的更改。有关详细信息请参见保存工作。在 Tableau Server 或 Tableau Online 中，单击"文件"→"保存"或"文件"→"另存为"以保存所做的更改

图标	作用
	新建数据源：在 Tableau Desktop 中，打开"连接"窗格，可以在其中创建新连接或打开已保存的连接。在 Tableau Server 或 Tableau Online 中，打开"连接到数据源"页面，可以在其中连接到已发布的数据源
	暂停自动更新：控制进行更改时 Tableau 是否更新视图。使用下拉菜单自动更新整个工作表，或只使用筛选器
	新建工作表：创建新的空白工作表，使用下拉菜单创建新的工作表、仪表板或故事板
	复制：创建一个包含当前工作表中所包含的相同视图的新工作表
	清除：清除当前工作表。使用下拉菜单清除视图的特定部分，如筛选器、格式设置、大小调整和轴范围
	交换：交换"行"功能区和"列"功能区上的字段。始终使用此按钮来交换"隐藏空行"和"隐藏空列"设置
	升序排序：根据视图中的度量，以所选字段的升序来应用排序
	降序排序：根据视图中的度量，以所选字段的降序来应用排序
	突出显示：启用所选工作表的突出显示。使用下拉菜单上的选项定义突出显示值的方式
	显示标记标签：在显示和隐藏当前工作表的标记标签之间切换
Standard	适合：指定如何在窗口内调整视图大小。选择"标准适合""适合宽度""适合高度"或"整个视图"。注意：此菜单在地理地图视图中不可用 根据可视化项的类型，"单元格大小"命令具有不同效果。若要访问 Tableau Desktop 中的"单元格大小"菜单，请单击"设置格式"→"单元格大小"
	显示/隐藏卡：在工作表中显示和隐藏特定卡。在下拉菜单上选择要隐藏或显示的每个卡
	演示模式：在显示和隐藏视图（即功能区、工具栏、"数据"窗格）之外的所有内容之间切换
	与其他人共享工作簿：将工作簿发布到 Tableau Server 或 Tableau Online
Show Me	智能显示：通过突出显示最适合数据中的字段类型的视图类型来帮助选择视图类型。最适合数据的建议图表类型周围会显示一个橙色轮廓
	徽标按钮：可返回开始界面，访问已保存的数据源、最近打开的或固定的工作簿等

12. 状态栏

位于 Tableau 工作簿的底部，如图 6 - 11 所示，它显示菜单项说明以及有关当前视图的信息。可以通过选择"窗口"→"显示状态栏"来隐藏状态栏。有时 Tableau 会在状态栏的右下角显示警告图标，以指示错误或警告。

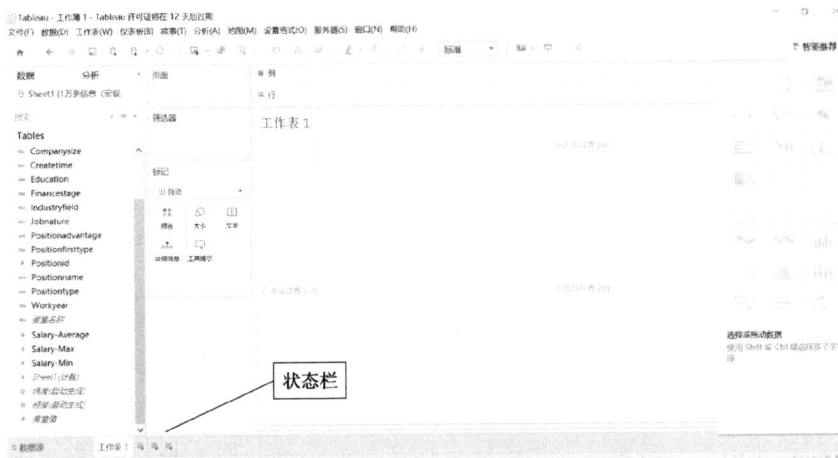

图 6 - 11　Tableau 状态栏

（二）仪表板工作区

仪表板工作区使用布局容器把工作表和一些像图片、文本、网页类型的对象按一定的布局方式组织在一起。

在工作区页面单击新建仪表板或者选择"仪表板"→"新建仪表板"，打开仪表板工作区，仪表板窗口将替换工作表左侧的数据窗口。图 6 - 12 显示了 Tableau 中的仪表板工作区。

图 6 - 12　创建仪表板

仪表板工作区中的主要部件如图 6 - 13 所示。

（1）仪表板窗口。列出了在当前工作簿中创建的所有工作表，可以选中工作表并将其从仪表板窗口拖至右侧的仪表板区域中，一个灰色阴影区域将指示出可以放置该工作表的各个位置。将工作表添加至仪表板后，仪表板窗口中会用复选标记来标记该工作表。

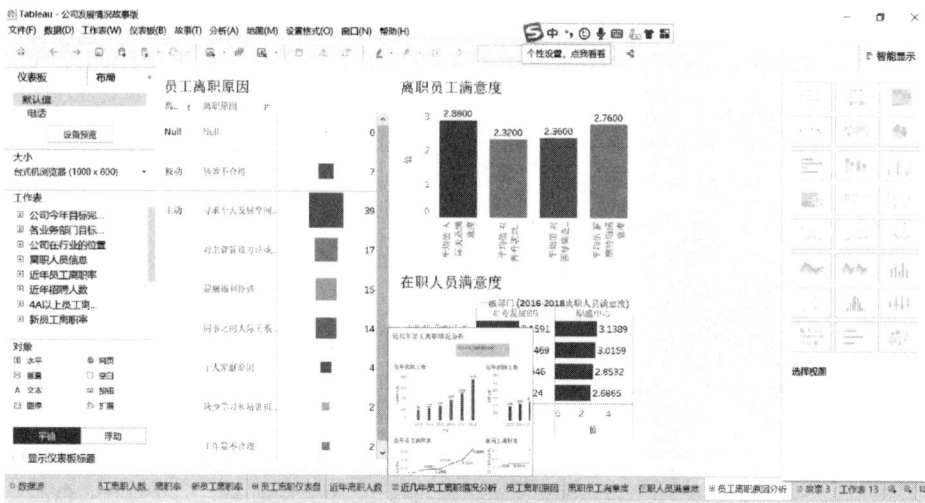

图 6－13 仪表板窗口

（2）仪表板对象窗口。包含仪表板支持的对象，如文本、图像、网页和空白区域。从仪表板窗口拖放所需对象至右侧的仪表板窗口中，可以添加仪表板对象。

（3）平铺和浮动。决定了工作表和对象被拖放到仪表板后的效果和布局方式。默认情况下，仪表板使用平铺布局，这意味着每个工作表和对象都排列到一个分层网格中。可以将布局更改为浮动以允许视图和对象重叠。

（4）仪表板布局窗口。以树形结构显示当前仪表板中用到的所有工作表及对象的布局方式。

（5）仪表板设置窗口。设置创建的仪表板的大小，也可以设置是否显示仪表板标题。仪表板的大小可以从预定义的大小中选择一个，或以像素为单位设置自定义大小。

（6）仪表板视图区。是创建和调整仪表板的工作区域，可以添加工作表及各类对象。

（三）故事板工作区

一般将故事用作演示工具，按顺序排列视图或仪表板。选择"故事"→"新建故事"，或者单击工具栏上的【新建故事】按钮。

然后选择"新建故事"。故事工作区与创建工作表和仪表板的工作区有很大区别，如图 6－14 和图 6－15 所示。

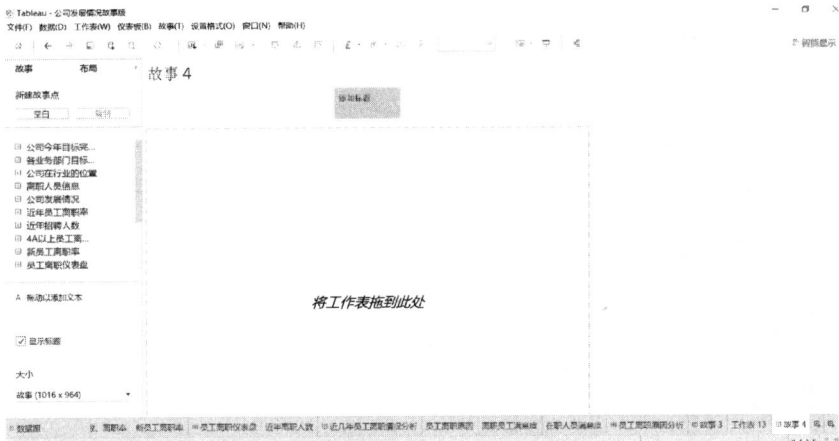

图 6-14　创建故事板

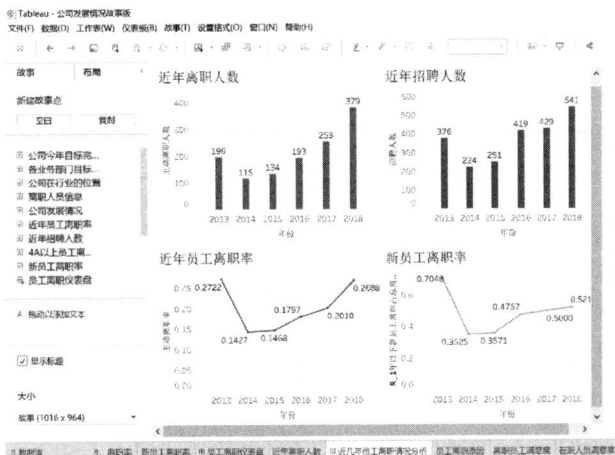

图 6-15　故事板示例

故事工作区中的主要部件如下：

（1）仪表板和工作表窗口。显示在当前工作簿中创建的视图和仪表板的列表，将其中的一个视图或仪表板拖到故事区域（导航框下方），即可创建故事点，单击可快速跳转至所在的视图或仪表板。

（2）故事视图区。是创建故事的工作区域，可以添加工作表、仪表板或者说明框对象。

（3）说明。说明是可以添加到故事点中的一种特殊类型的注释。若要添加说明，只需双击此处。可以向一个故事点添加任何数量的说明，放置在故事中的任意所需位置上。

（4）导航器设置。设置是否显示导航框中的【后退】／【前进】按钮。

（5）故事设置窗口。设置创建的故事的大小，也可以设置是否显示故事标题。故事的大小可以从预定义的大小中选择一个，或以像素为单位自定义大小。

（6）导航框。用户进行故事点导航的窗口，可以利用左侧或右侧的按钮顺序切换故事点，也可以直接单击故事点进行切换。

（7）新【空白】按钮。单击此按钮可以创建新故事点，使其与原来的故事点有所不同。单击【复制】按钮，可以将当前故事点用作新故事点的起点。

（8）添加标题框。通过说明为故事点或者故事点中的视图或仪表板添加注释文本框。

二、可视化图表制作

在组织中运用可视化分析数据是为了及时掌握数据背后的关键信息，从而及时发现问题/机会，迅速做出反应/决策，抓住市场机会。这种情况下经常会用到故事板。一个故事板通常是由一个或多个仪表板构成，而仪表板中的图形是由一个或多个视图（工作表）组成。因此，在了解 Tableau 三大工作区后，下面依次介绍在 Tableau 中如何制作各种可视化图表。

（一）条形图/柱状图

条形图（Bar Chart）是用宽度相同的条形的高度或长短来表示数据多少的图形，条的长度与变量的值成正比。条形图可以横置或纵置，纵置时也称柱状图（Column Chart）。在 Tableau 中，可以通过使用维度和度量来创建各种类型的条形图。例如，需要了解公司中不同学历员工基本工资的差异时就可以使用条形图。

操作步骤如下：

（1）将维度中的"学历"拖到"列"。

（2）将度量中的"基本工资"拖到"行"（单击右键，选择"平均值"）。

（3）将维度中的"学历"拖到标记卡下的颜色 Shelf。

这时会自动生成柱状图，如图 6 - 16 所示。如果没有生成，则可以在标记窗格下选择图表类型"条形图"，以获得以下结果。如果数据不适合条形图，那么此选项将自动变灰。

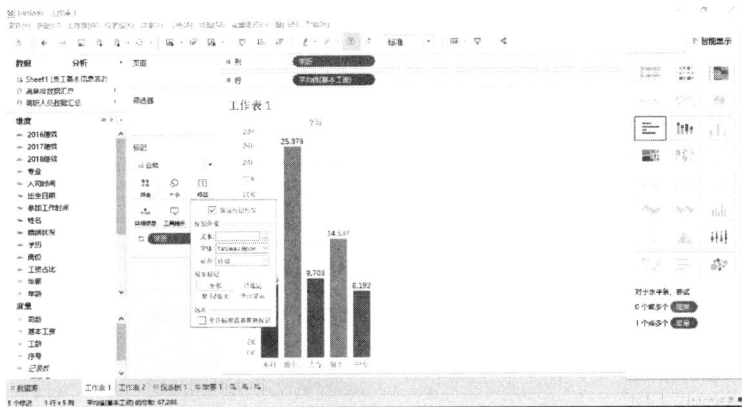

图 6-16　不同学历员工的平均工资差异（1）

如果需要显示不同学历平均工资的具体数字（"添加标签"），右击"标签"，勾选"显示标记标签"即可。

在此基础上，还可以进行排序：单击列中"学历"的下拉箭头，选择排序依据为"字段"、升序，就可以将平均工资从低到高进行排序。

还可以根据其范围对颜色进行区分，使较长的条形变得更暗，较短的条形变得更浅。为此，我们将"利润"字段拖到"标记窗格"下的颜色调色板中（见图 6-17），操作步骤为：编辑颜色—选择调色板中需要的颜色（这里选绿色）—分配调色板—应用，就可以出现图 6-17。

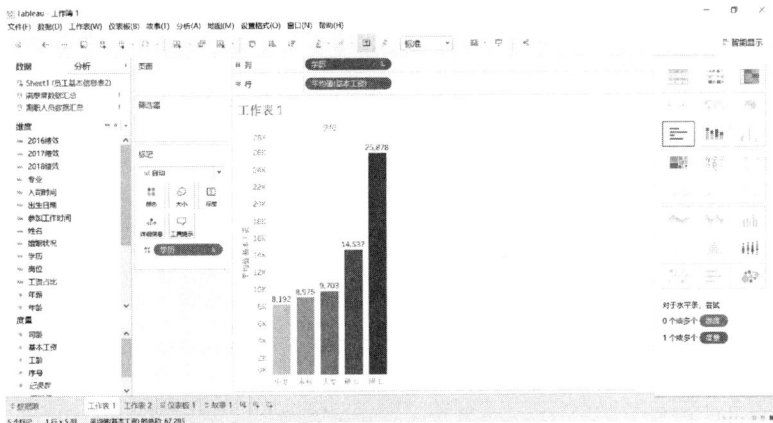

图 6-17　不同学历员工的平均工资差异（2）

还可以向上面的柱状图添加另一个维度，将名为"部门"的维度字段拖到"列"中，以生成一个堆叠条形图或者如图 6 – 18 所示图形。其中，在每个条中显示不同深度的颜色代表平均工资水平的高低。从图 6 – 18 中可以看出在多数部门，随着学历的提升，平均基本工资在上升。

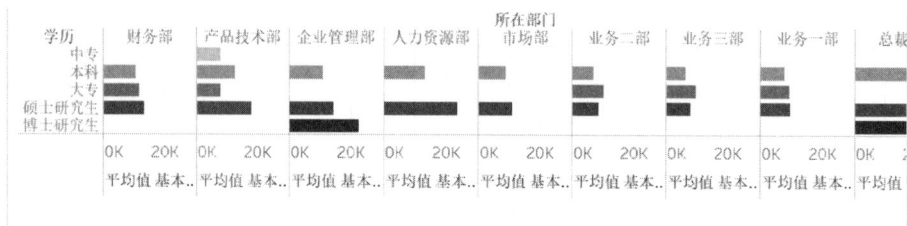

图 6 – 18 不同部门、不同学历的平均工资差异

（二）折线图

折线图表示数据随着时间推移的变化或趋势，是一种使用率很高的统计图形，以折线的上升或下降来表示统计量的增减变化趋势，最适合时间序列的数据。与条形图相比，折线图不仅可以反映统计数量的大小，而且可以直观地看出统计量随着时间推移的变化趋势。

例如，需要了解近几年企业业务目标完成情况或者企业产品利润、成本变化情况，就可以使用折线图。

操作步骤如下：

（1）将维度中的"年份"拖到"列"。

（2）将度量中的"目标完成率"拖到"行"。

（3）设置"标记"类型为"线"，同时可以在"路径"选项中根据所需进行相应设置。

从图 6 – 19 可以看出，公司近三年的业务目标完成率持续下降，应当引起关注。

有时可能不仅需要看到目标完成率，而且还需要看具体完成的额度，那就需要通过双轴来完成。具体步骤如下：

（1）再次拖动度量中的"营业收入"到"行"。这时会出现上下两个折线图，如图 6 – 20（a）所示。

（2）右击"行"中"营业收入"，在弹出菜单中选择"双轴"，就可以生成 1 个图表，如图 6 – 20（b）所示。

页面

⠿ 列　　　田 年(年份)

☰ 行　　　总和(目标完成率)

筛选器

标记

～线 ▼

颜色　　大小　　标签

详细信息　工具提示　路径

工作表1

年份

1.2

1.16131.1593

1.0

1.0114　　0.9545

0.8　　　　0.8907

目标完成率

0.6

0.4

0.2

0.0

2013　2014　2015　2016　2017　2018

图 6 – 19　近年公司业务目标完成率情况

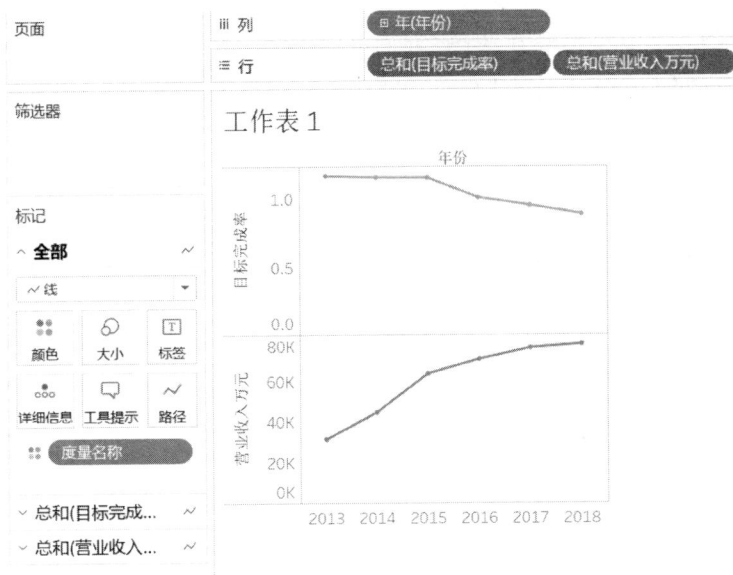

页面

⠿ 列　　　田 年(年份)

☰ 行　　　总和(目标完成率)　总和(营业收入万元)

筛选器

标记

∧ **全部**　　　　∿

～线 ▼

颜色　　大小　　标签

详细信息　工具提示　路径

⠿ 度量名称

∨ 总和(目标完成...　∿

∨ 总和(营业收入...　∿

工作表1

年份

1.0

目标完成率

0.5

0.0

80K

60K

营业收入万元

40K

20K

0K

2013　2014　2015　2016　2017　2018

（a）

图 6 – 20　公司营业收入与业务目标完成率

（b）

图 6 – 20　公司营业收入与业务目标完成率（续）

（三）饼图

饼图将数据表示为具有不同大小和颜色的圆的切片。片被标记，并且对应于每个片的数字也在图表中表示。我们可以从标记卡中选择饼图选项以创建饼图。例如，需要了解公司员工的学历结构，就可以采用饼图。

操作步骤如下：

（1）将维度中的"学历"拖到"行"进行计数，拖到标记功能卡下。

（2）将维度中的"学历"拖到标记卡下的颜色，并设置"标记"类型为"饼图"，或者在右侧区域直接选饼图。

（3）将"学历"拖到标记卡中的标签，以标注饼图的内容。

（4）点击工具栏中修改大小的工具，改变饼图的大小。

从图 6 – 21 中能够看出不同学历员工在企业中的占比，其中"本科"学历的员工占比最多，"中专"学历的员工占比最少，说明企业的学历结构以本科学历为主。

必要时也可以为饼图添加占比信息。右击"学历"标签，在弹出的菜单中选择"快速表计算"，然后选择"总额百分比"，就可以为饼图添加占比信息。最后将计算百分比后的 🔢 计数(学历) △ 拖到"标签"即可显示百分比标签。

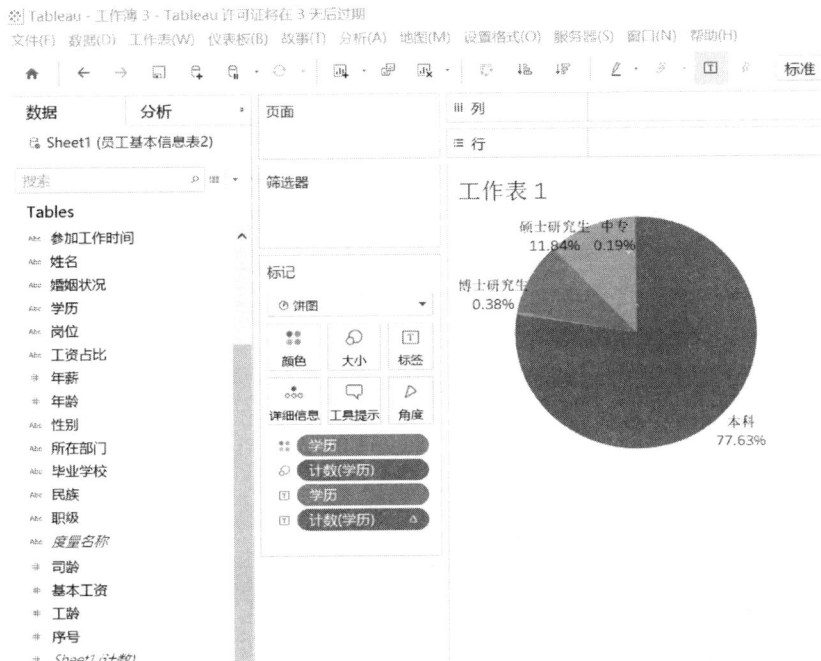

图 6 – 21　公司员工学历结构饼图

注意：颜色和大小只能放一个字段，但是标签可以放多个字段。

（四）交叉表

表格中的交叉表也称文本表，以文本形式显示数据。图表由一个或多个维度和一个或多个度量组成。此图表还可以显示对度量字段的值的各种计算，如运行总计、总百分比等。例如，需要了解不同学历、不同性别的员工绩效有何差异，就可以采用交叉表。

操作步骤如下：

（1）将维度中的"2018 绩效"拖到"列"。

（2）将度量中的"学历"和"性别"拖到"行"。

（3）将度量"学历"拖到标记下的标签 Shelf，然后对"学历"计数，最后将"技术（学历）"拖到"标签"。

从图 6 – 22 （a）中可以看出，不同学历和性别的人在 2018 年的绩效表现中是不一样的，相同学历中，女性绩效在 A 和 B + 的占比更高，即女性的绩效考核结果更好。

如果想进一步看相同学历中，男性、女性绩效结果占比差异，可以单击

"计数（学历）"右侧，选择"快速表计算（合计百分比）"，就可以生成图
6－22（b）。

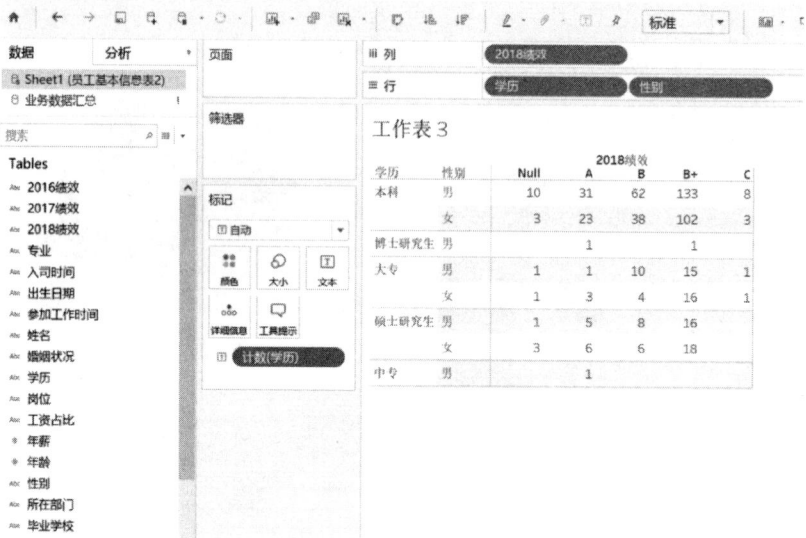

（a）

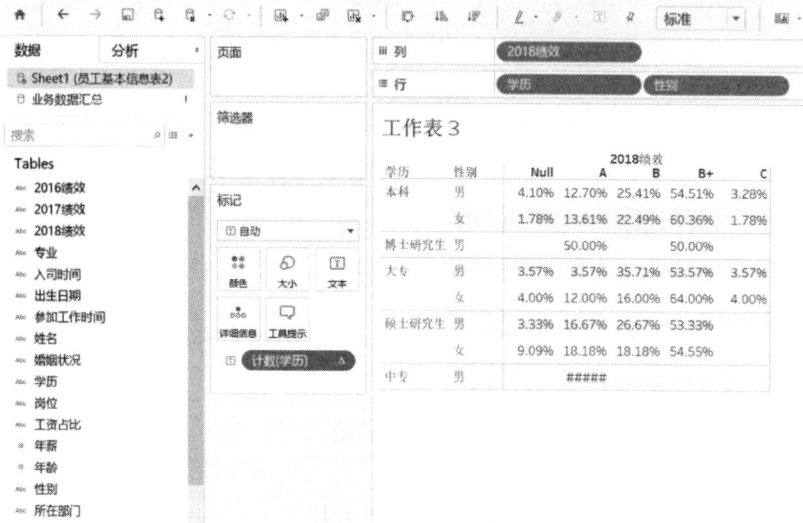

（b）

图6－22　不同学历、不同性别的员工绩效情况

（五）散点图

散点图显示散布在笛卡儿平面中的许多点。它是通过在笛卡儿平面中将数值变量的值绘制为 X 和 Y 坐标而创建的。Tableau 在行中至少使用一个度量，在列中使用一个度量来创建散点图。但是可以向散点图中添加维度字段，这对在散点图中已经存在的点标记不同颜色起到了作用。例如，可以看看不同职级、司龄和平均基本工资的散点图关系。

操作步骤如下：

（1）将度量中的"基本工资"拖到"行"。

（2）将度量中的"司龄"拖到"列"。

（3）将"职级"拖到标记下的标签 Shelf。

（4）右键单击"基本工资"胶囊，将度量改为平均值，同样将"司龄"取平均值。

为了看清职级、司龄和基本工资之间的关系可以借助"趋势线"。点"分析"区，选择趋势线。如图 6-23 所示，就出现了司龄、职级与基本工资之间的趋势线。可以看出：随着司龄增加，职级上升，基本工资逐步增加，基本呈线性趋势。

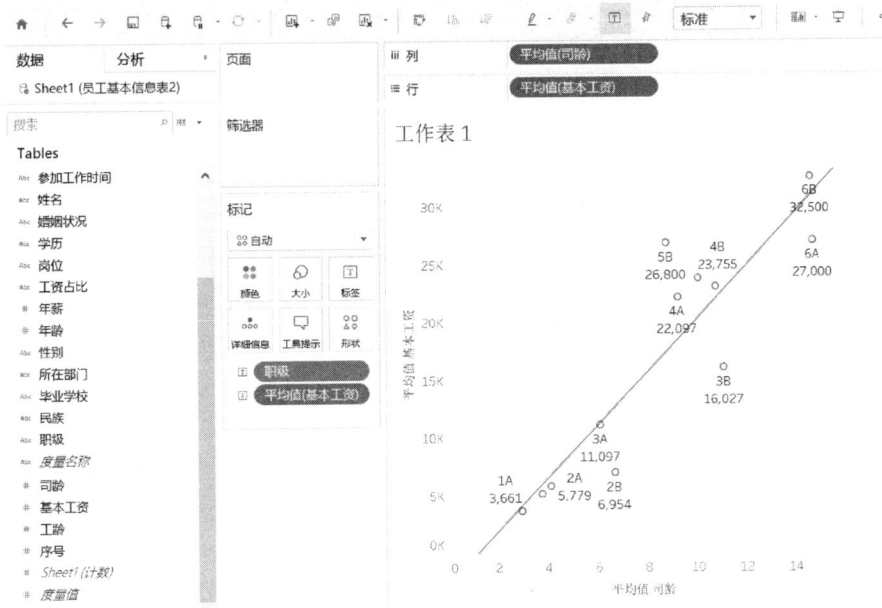

图 6-23　司龄、职级与基本工资散点图

如果想进一步看各职级中男性、女性基本工资差异，可以使用"钻取"功能。

操作步骤如下：

（1）先创建一个维度层级（在职级层级下有一个性别维度）。

——单击维度"职级"右侧下拉箭头，选择"分层结构""创建分层"；

——单击维度"性别"右侧下拉箭头，选择"分层结构""添加到分层结构、职级"；

这样就创建了一个维度层级。

（2）将带有维度层级的"职级"拖到标记下的标签 Shelf。

（3）将维度"性别"拖到标记下的颜色 Shelf。

这是就可以单击"职级"胶囊前的"＋"，就可以看到图 6－24：借助趋势线，可以看出随着司龄、职级的上升，男性的平均基本工资高于女性。

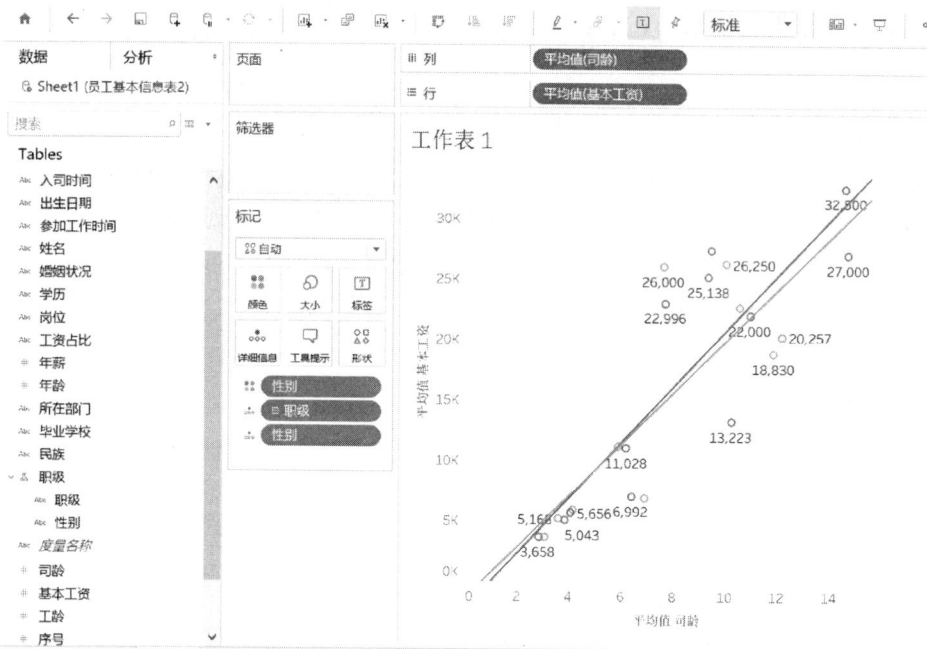

图 6－24　司龄、职级与基本工资散点图

（六）气泡图

气泡图将数据显示为圆形群集。维度字段中的每个值表示一个圆，而度量值表示这些圆的大小。例如，想了解一下公司各部门司龄差异情况，就可以采用气泡图。

操作步骤如下：

（1）将维度中的"所在部门"拖到"列"。

（2）将度量中的"司龄"拖到"行"。

（3）将维度中的"所在部门"拖到标记卡下的颜色 Shelf。

从图 6-25 中可以看出，"市场部"的平均司龄最低，"总裁办"和"企业管理部"的平均司龄相对较高。说明企业中高层人员比较稳定，市场部的员工流动率比较高。这符合一般人员的流动规律。

图 6-25 公司各部门平均司龄情况气泡图

如果将填充气泡图的标记由"圆"改为"文本"，图表将由气泡图变为文字云，如图 6-26 所示。二者本质相似，文本云的大小表示数值大小。

（七）热图

热图（又称压力图、热力图）主要通过颜色的相对深浅来表示数值大小，可以用在直角坐标系或地理坐标系上。例如，想了解 2018 年员工主动离职和被动离职原因，就可以用热力图。

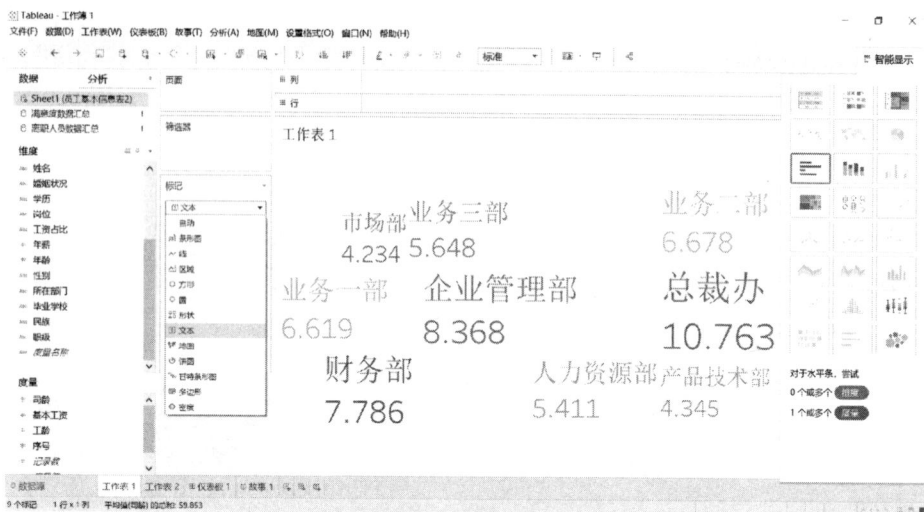

图 6 - 26　公司各部门平均司龄情况文字云

操作步骤如下：

（1）将维度中的"离职类型"拖到"列"。

（2）将度量中的"离职原因"拖到"行"，并计数。

（3）将维度中的"离职原因"拖到标记卡下的颜色 Shelf。

（4）选择"热图"。

（5）如果需要显示标签，单击"标签"，勾选"显示标记标签"。

这样就可以生成员工离职原因热图，如图 6 - 27 所示。从图中可以明显地看出员工主动离职的最主要原因是寻求个人发展空间或晋升机会、对主管管理方法或风格不适应以及对薪酬福利待遇方面的不满。

（八）突现表

突现表与热图比较相似，目的都是帮助分析人员在大量的原因当中迅速找出主要原因。图 6 - 27 如果选择突现表，则会出现图 6 - 28。但是突现表显示的是具体数据，当数据量（分类）较大时，对异常数据难以辨识，因此一般不用突现表进行多个指标的分析，而是仅突出分析一个指标的重要信息。

图 6 - 28 中，颜色深浅代表数值大小，可以很明显地看出员工主动离职最主要的原因是寻求个人发展空间或晋升机会、对主管管理方法或风格不适应以及薪酬福利待遇三个方面。

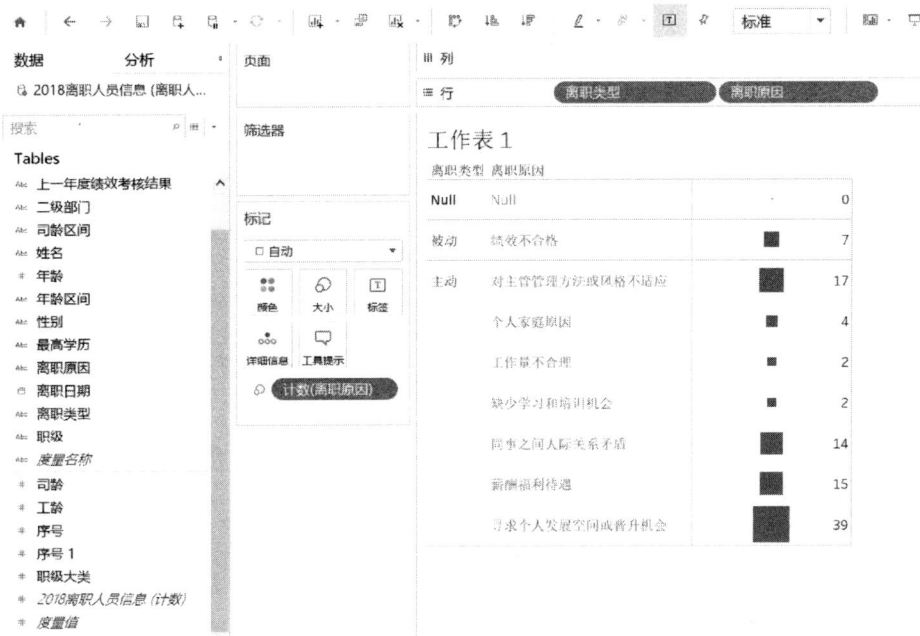

图 6 – 27　员工离职原因分析热图

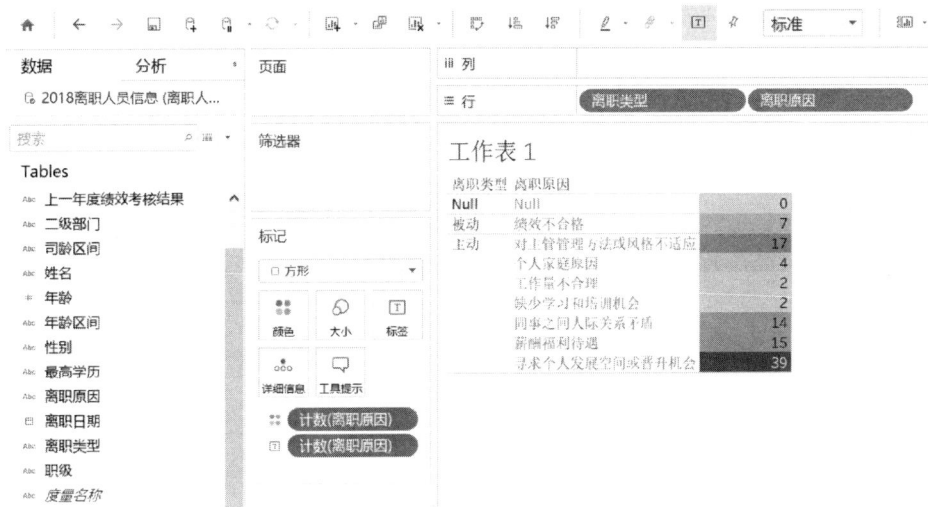

图 6 – 28　员工离职原因分析突现表

如果想进一步了解不同部门员工离职的差异，就可以使用前面讲到的"钻取"功能。构建"部门的分层结构"，然后拖拽至"列"，就可以进行不同部门员工离职的差异分析，如图6-28所示。从图6-29中颜色深浅可以看出：不同部门员工离职原因的确存在一定差异，华北区实施部员工离职主要是因为对主管管理风格的不适应和寻求个人发展；技术部门员工离职的主要原因是寻求个人发展或晋升机会和同事之间人际关系矛盾；云平台业务部员工离职的主要原因是寻求个人发展或晋升机会和薪酬福利待遇。

图6-29　各部门员工离职原因差异分析突现表

同时，还有一种突出显示异常数据或重要数据的方法就是树图。树图主要是用面积的大小表示数值的大小，从而凸显出"树"各个层级的重要性。操作过程类似，在此不再赘述。

（九）盒须图

盒须图（又称箱线图）是一种用以显示数据的位置、离散程度、异常值等。盒须图显示沿轴的值的分布。盒须图包括六个统计量：下边缘、下四分位数、中位数、上四分位数、上边缘和异常值（上/下边缘外的数据）。框表示中间50%的数据，即数据分布的中间两个四分位数。剩余50%的数据在两侧轴线也称为晶须，以显示1.5倍四分位距范围内的所有点，该范围是邻接框宽度的1.5倍内的所有点，或在数据最大范围内的所有点。

通过盒须图可以很快分析出观测数据在同类群体中的位置，可以知道哪部分群体表现好，哪部分群体表现差；同时通过比较四分位全距及线段的长/短可以判断哪些群体比较分散/集中。例如，需要了解公司历年各区域的人均营业收入情况时可以使用盒须图。

操作步骤如下：

（1）拖拽维度中的"年份""区域"到"列"。

（2）拖拽度量中的"人均营业收入"到"行"。

（3）选择右侧的盒须图。

（4）拖拽"区域"到标记卡中标签 Shelf。

生成盒须图如图 6-30 所示，从图中可以看出：2016～2018 年人均营业收入最高的是华中区、华北区和华东区，其中 2016 年各区域差距较大，2017年各区域业绩差异最小。

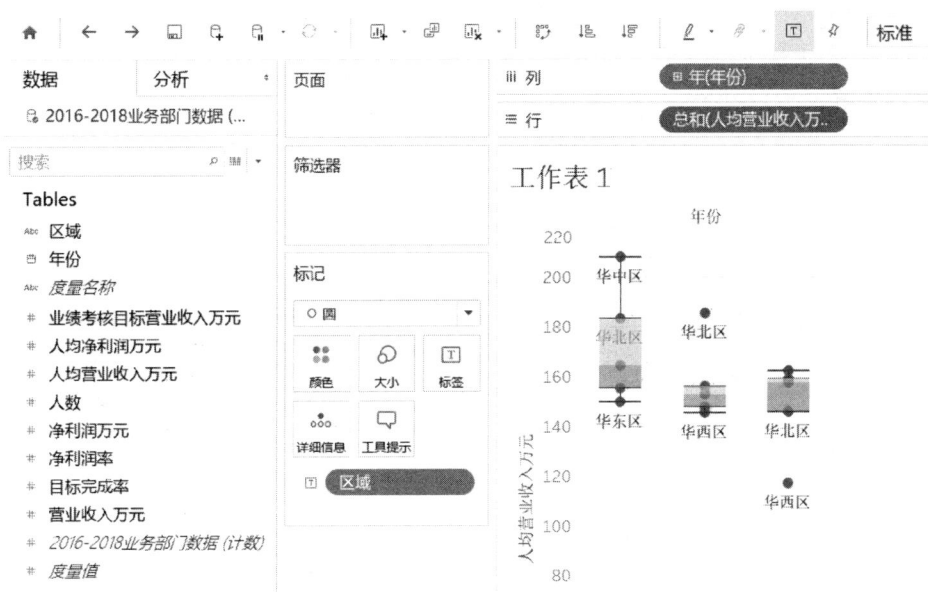

图 6-30　公司各区域业绩盒须图

（十）地图

Tableau 可以根据地理位置信息进行数据可视化，大大增强了数据的可读性。有时由于区域众多，普通的表格难以阅读。这时如果能够将信息显示在地图上就能迅速识别有效信息。如全世界各国人口数据很复杂，如果采用地图就一目了然地看出哪些国家人口较多。

在企业员工招聘活动中，如果想要了解某些岗位全国各地的劳动力市场需求情况，就可以用到地图。

具体操作步骤如下：

（1）将度量中的 city 拖入"行"，计数。

（2）将维度中的 city 拖入"列"。

这样就可以看到全国各地劳动力市场对劳动力的需求数量，如果想进一步看某一个岗位的人员需求情况，就可以利用"筛选器"进行筛选。具体操作步骤如下：

（3）将维度中的 positiontype 拖入"筛选器 Shelf"，选择想要分析的岗位，这里选择"移动开发"。这样就可以看到这一岗位在各地的需求量了。

（4）如果需要进一步了解这一岗位在北京劳动力市场的平均工资水平。可以将度量中的 salary – average 拖入"列"，取平均值，就可以"移动开发"在劳动力市场上给出的平均薪酬水平。

三、仪表板与故事板

前面介绍了在 Tableau 中各种表格的制作。在人力资源管理活动中，在分析一个问题时可能同时需要查看多个表格；有些表格还可能不止用一次，如人力资源各种报表可能每年、每季或每个月都需要查看，这时就可以用仪表板。仪表板是显示在单一位置的多个工作表和支持信息的集合，它便于用户同时比较和监视各种数据。创建好仪表板后就可以在其中显示所有视图，而不必逐个浏览每个工作表。

本节结合一个案例来介绍公司不同职位（如公司高管、企业人力资源总监等）关于人力资源管理的实际需求介绍仪表板与故事板的应用。

（一）该公司高管用仪表板与故事板

在数字经济高速发展的背景下，聚能公司专注于软件业务的开发，为了了解公司发展与战略目标的达成，公司高管需要了解公司近几年整体发展状况、各部门业务完成情况以及公司在行业中的位置。这时就需要使用仪表板和故事板。

仪表板工作区使用布局容器把工作表和一些像图片、文本、网页类型的对象按一定的布局方式组织在一起。简单来说，就是把很多张相关图表放在一起，方便系统地查看数据。具体操作步骤如下：

步骤1：创建"公司目标完成情况"仪表板。在 Tableau 工作区页面单击新建仪表板或者选择上方菜单栏中的"仪表板"→"新建仪表板"，打开仪表板工作区，之前做的各个工作表/视图就自动出现在仪表板工作区的左侧，如

图 6-31 所示。之后就可以向仪表板中添加视图/工作表。

图 6-31 创建仪表板

步骤 2：向仪表板中添加视图。向仪表板中添加视图非常简单：在仪表板区左侧的"工作表"选项卡中，单击所需要的工作表并将其拖入仪表板中间（"在此处放置工作表"）。因此，为了了解公司发展与战略目标的达成，公司高管需要了解公司近几年公司整体发展状况、各部门业务完成情况以及公司在行业中的位置，依次将工作表"公司今年目标完成情况""各业务部门目标完成情况"以及"公司在行业的位置"从左侧拖至仪表盘中，就可以生成"公司发展情况"仪表板，如图 6-32 所示。将工作表添加至仪表板后，为工作表打开的任何图例或筛选器都会自动添加到仪表板中。

默认情况下，仪表板使用"平铺"布局，这样每个视图和对象都排列到一个分层网格中。也可以将布局更改为"浮动"（在布局选项卡中勾选"浮动"即可），浮动布局中允许视图和对象重叠。

从图 6-32 中可以看出：聚能公司在行业中基本处于中等位置；公司近三年的目标都没有达成，并且目标完成率直线下降；其中 2018 年华北地区业务完成情况最差。

公司今年目标完成情况

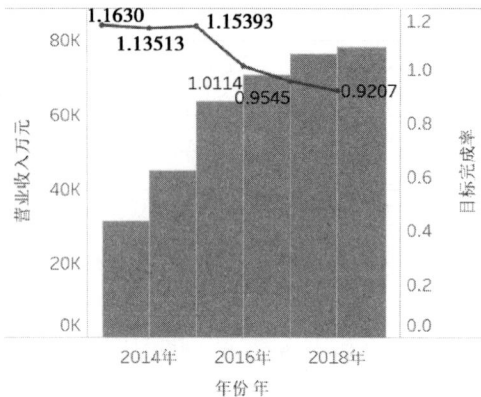

各业务部门目标完成情况

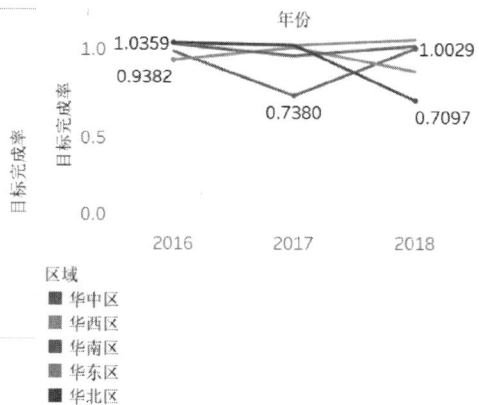

公司在行业的位置

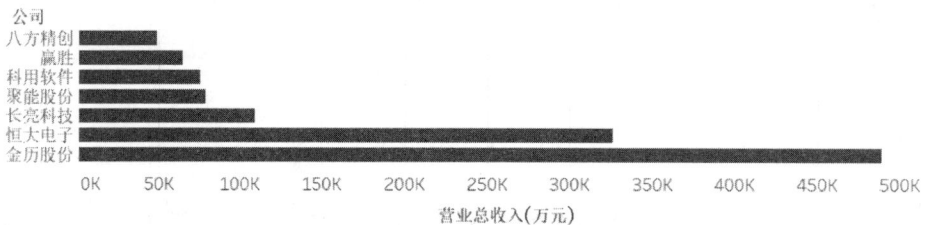

图 6 - 32　公司发展情况仪表板

（二）HR 总监常用仪表板与故事板

作为巨能公司的人力资源总监，会关注公司人力资源现状能否支撑公司战略目标得以实现，例如，人力资源储备问题，即是否有合适的人才；人力资源成本问题，即完成战略目标所需人力资源预算是多少；人力资源政策及配套相关人力资源管理制度是否合适，即招聘渠道、面试方法、绩效管理、晋职晋级、薪酬体系、福利设计、员工流失等问题。

这里以故事板的方式展示近几年企业员工流失人数、流失率的变化趋势，进一步考查员工流失原因等问题，以便及时采取措施。

员工流失率就是辞职员工占单位时间内员工总数平均值的比例。员工流失率的高低与行业、职位高低都有关系。

步骤 1：创建"近几年员工离职情况"故事板。故事板是一个包含一系列共同作用以传达信息的工作表或仪表板的工作表。

在 Tableau 工作区页面下方单击新建故事或者选择上方菜单栏中的"故

事"→"新建故事",打开故事工作区,之前做的各个工作表/视图/仪表板就自动出现在仪表板工作区的左侧,如图6-33所示。之后就可以向仪表板中添加视图/工作表/仪表板等。

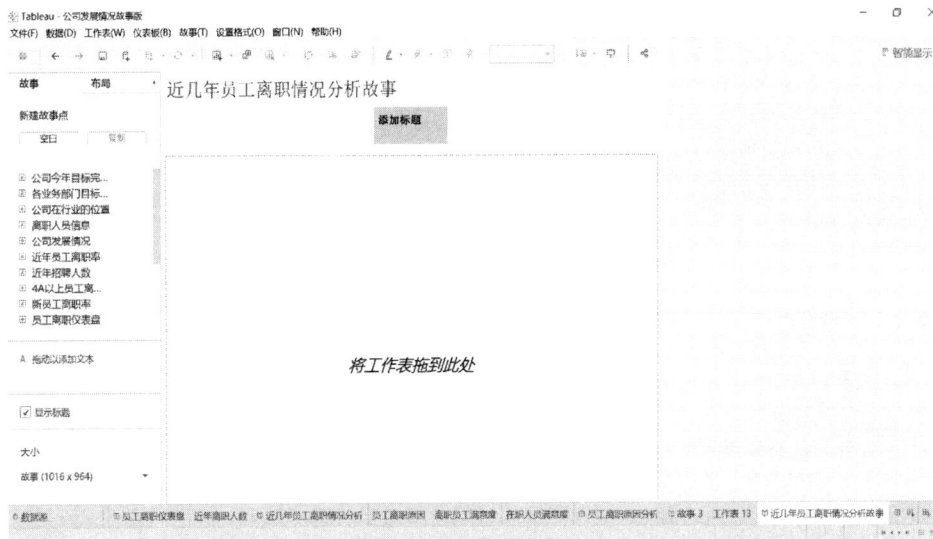

图6-33 创建近几年员工离职情况分析故事

步骤2:向"近几年员工离职情况分析"故事中添加视图/仪表板等。向故事中添加视图与仪表板中添加视图非常类似:在故事板左侧的"工作表"选项卡中,单击所需要的工作表并将其拖入仪表板中间("在此处放置工作表")。因此,为了了解公司近几年员工离职情况,依次将"近年离职人数""近年招聘人数""近年员工离职率""新员工离职率"等从左侧拖入故事中,就可以生成"近几年员工离职情况分析",如图6-34所示。

从图6-34可以看出:近几年员工流失人数在逐年上升,并且因为流失人数的上升,需要招聘的人数也在不断上升,从而可能造成招聘成本逐年递增;员工离职率也在小幅上升,其中新员工的离职率达到50%左右,非常高。

步骤3:向"员工离职原因分析"故事中添加视图/仪表板等。为了进一步了解员工离职的原因,按照以上步骤做了"员工离职原因分析"故事板,如图6-35所示,依据员工离职原因和离职员工满意度、在职人员满意度分析可以看出:对薪酬、领导管理风格与晋升的不满,是员工离职的主要原因。

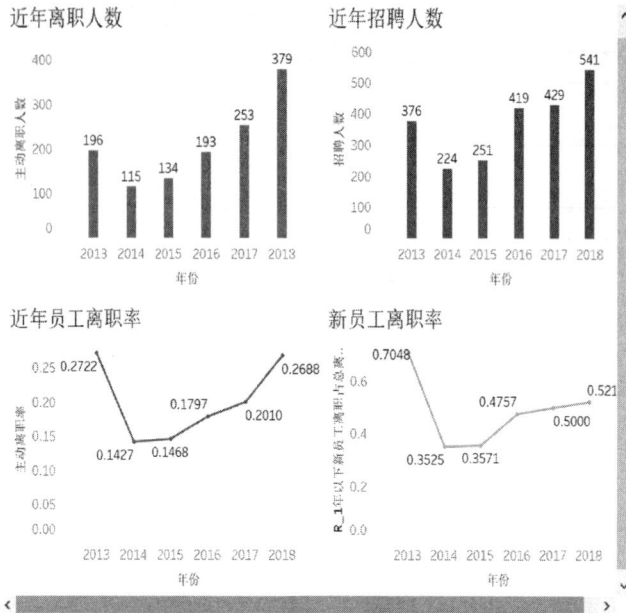

图 6 – 34　近几年公司员工离职情况分析

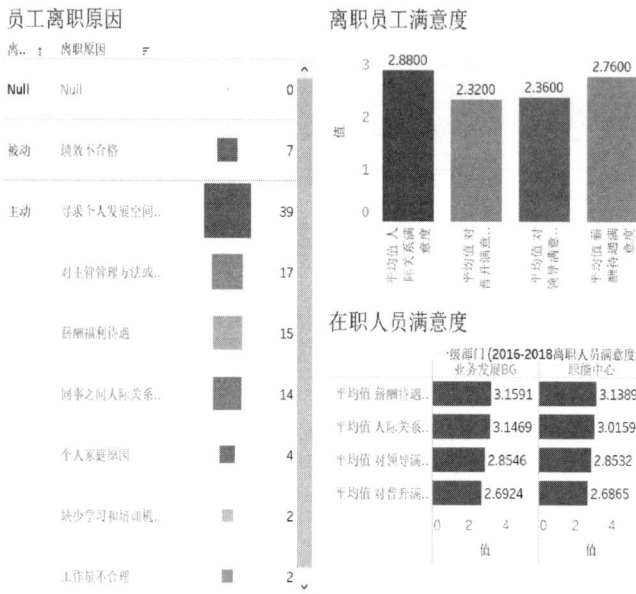

图 6 – 35　员工离职原因分析

本章小结

（1）数据可视化可以助力高层精准决策，提升人力资源工作效率，满足员工个性需求。

（2）数据可视化要在遵循数据可视化目的的基础上，图表呈现易理解、重点突出。

（3）各种数据可视化软件工具的功能，包括 Excel、魔镜、Echarts、Power BI、Tableau 等。

（4）根据人力资源管理的需求，运用 Tableau 进行数据可视化图表、仪表板以及故事板的制作。

思考题

（1）什么是数据可视化？

（2）数据可视化设计的原则是什么？

（3）常用的数据可视化工具都有哪些？这些工具各自有什么特点？

（4）如何分析的人力资源管理问题，运用 Tableau 制作可视化图表。

第七章 数据挖掘技术及操作示例

本章着重讲解如何应用大数据挖掘技术处理数据的操作示例，主要包括回归分析、分类分析、聚类分析、降维分析、文本分析以及社会网络分析六种不同数据处理技术。首先介绍每种数据处理技术的应用场景和数据要求，然后结合人力资源管理中的具体示例，利用 Spss Model、NVivo、CiteSpace 三种工具详细演示了每种方法的处理流程和步骤，其中回归分析、分类分析、聚类分析、降维分析通过 Spss Model 软件加以实现；文本分析借助 NVivo 完成；CiteSpace 用于社会网络分析。

第一节 回归分析及操作示例

回归分析指的是确定两种或两种以上变量间相互依赖的定量关系的一种统计分析方法。

一、回归分析的数据要求

在运用回归方法对大数据进行数学处理时，根据自变量和因变量的函数表达式可分为两种不同的回归分析方法：线性回归和非线性回归。对于常用的线性回归分析要求数据必须为数值型数据。

在人力资源管理领域中，以在职场中员工的责任心对组织公民行为的影响为例，简要介绍运用 SPSS MODLER 进行经验回归分析的操作步骤。在将数据导入 SPSS MODLER 之前，根据分析需求对数据进行清洗（也可在 SPSS MODLER 中完成）并选择需要的变量导入软件进行分析。清洗后的数据结构如图 7 - 1 所示。

图7-1 责任心和组织公民行为调查清洗后数据

二、回归分析的操作过程

通过 SPSS MODLER 的"文件（File）"节点导入数据，并连接"类型（Type）"节点，指定"责任心""组织公民行为"节点为"输入"，其他节点指定为"无"，单击"应用"；选择左下角"建模"选项中的"回归"节点连接到"类型"节点，右击鼠标，在弹出的对话框中进行参数设置，如图7-2所示；单击"运行"即可生成回归结果，如图7-3所示；单击"图形"选项中的"散点图"节点，还可以进行数据的可视化，如图7-4所示。

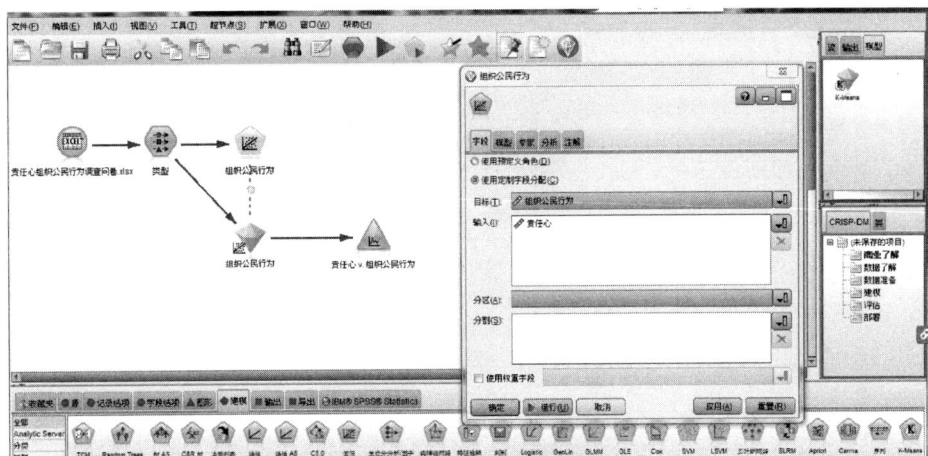

图7-2 回归分析参数设置

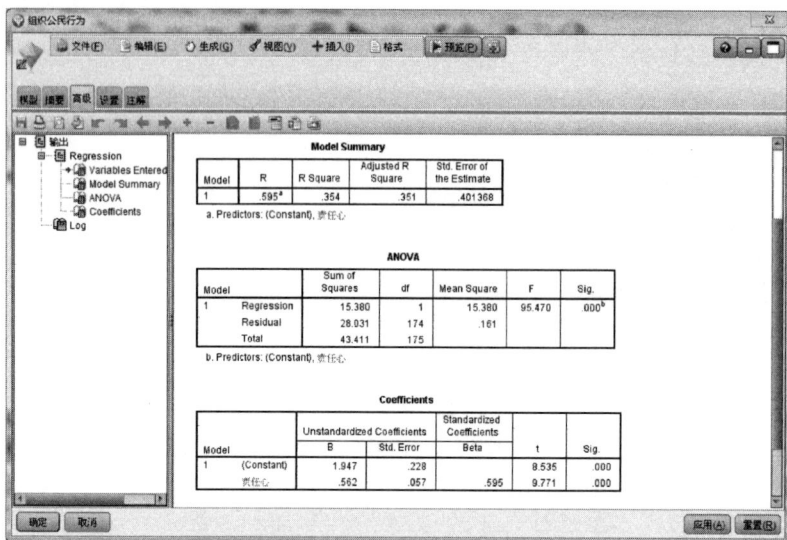

图 7 – 3　回归结果示意图

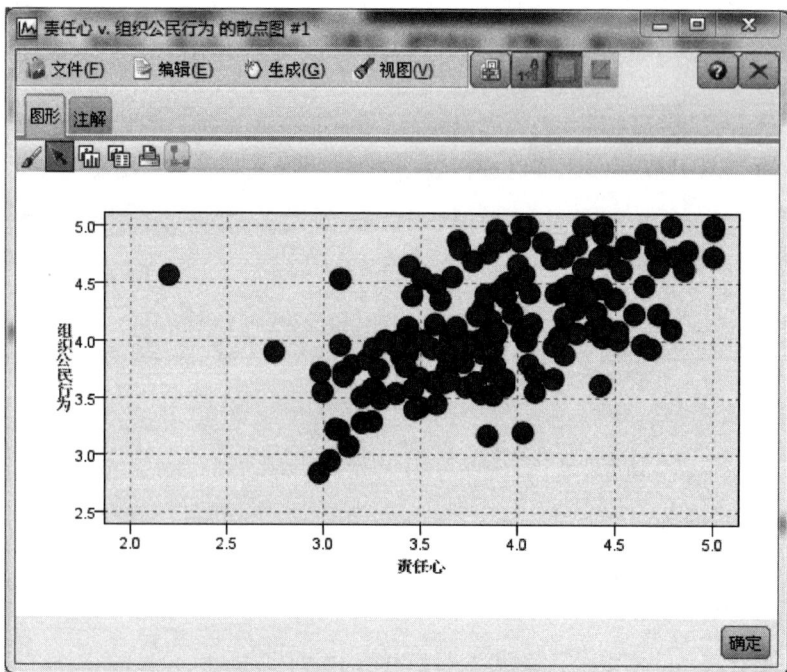

图 7 – 4　回归结果散点图

三、回归分析结果解释方法

根据以上程序，回归结果如图 7-3 所示，责任心对组织公民行为的标准化回归系数为 0.595，且在 0.01 水平上显著，可以说明，在职场中员工的责任心对组织公民行为具有显著的正向影响。

第二节　分类分析及操作示例

分类问题是数据挖掘领域中研究和应用最广泛的技术之一，在 SPSS MODLER 中最常用的分类分析主要有决策树、贝叶斯以及支持向量机。下面以常用的决策树分析为例，介绍如何运用 SPSS MODLER 对数据进行分类分析。

一、分类分析的数据要求

分类是指把数据样本映射到一个事先定义的类中的学习过程，即给定一组输入的属性向量及对应的类，用基于归纳的学习算法得出分类。主要目的是分析输入数据，通过在训练集中的数据表现出来的特性，为每一类找到一种准确的描述或模型。分类分析的数据要求：①数据的类别已知；②类别标号为离散数据。

以某企业某年度"员工满意度调查"为例，运用分类分析方法中常用的决策树分析方法讨论"员工满意度是否会影响员工的离职问题"，并介绍 SPSS MODLER 的具体应用。首先根据数据分析需求对原始数据进行清洗，保留所需数据；由于分类分析要求数据的类别标号为离散数据，在进行数据处理时利用 Excel 的"IF"函数功能，将员工对满意度的打分转化为二分变量，本书以 3 分为标准将员工的各类满意度划分为"高、低"两档，用"是、否"来表示员工是否离职（也可在 SPSS MODLER 进行数据的清洗与转换）。清洗后的数据如图 7-5 所示。

二、分类分析的操作过程

通过 SPSS MODLER 的"文件（File）"节点导入数据，并连接"类型（Type）"节点，指定"人际关系""领导""薪酬待遇""晋升"节点为"输入"，"是否离职"节点设为"目标"，其他节点指定为"无"，单击"应用"；

选择左下角"字段选项"选项中的"分区"节点连接到"类型"节点，右击
鼠标，在弹出的对话框中进行参数设置，如图7-6所示。

图7-5　员工满意度调查表清洗后数据

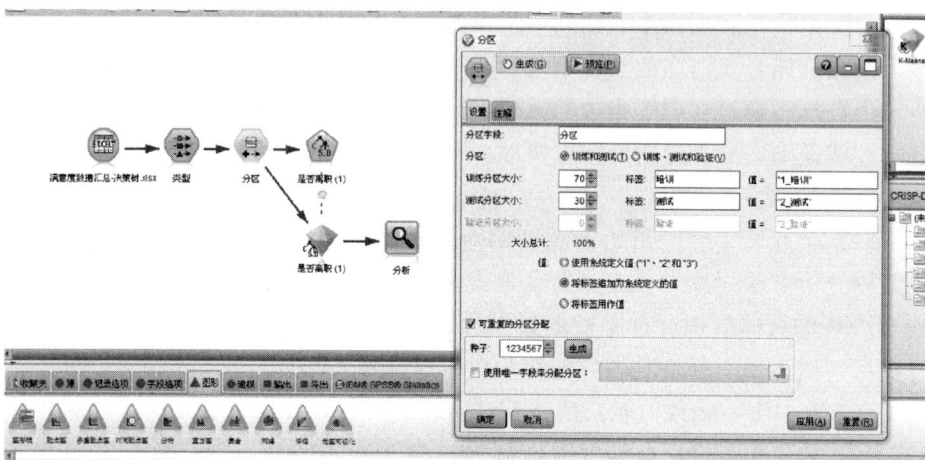

图7-6　分区参数设置

单击"应用"按钮；然后选择"建模"选项中的"C5.0"节点，双击进
行参数设置，如图7-7所示，单击"运行"按钮，双击即可查看分析结果，
如图7-8所示。

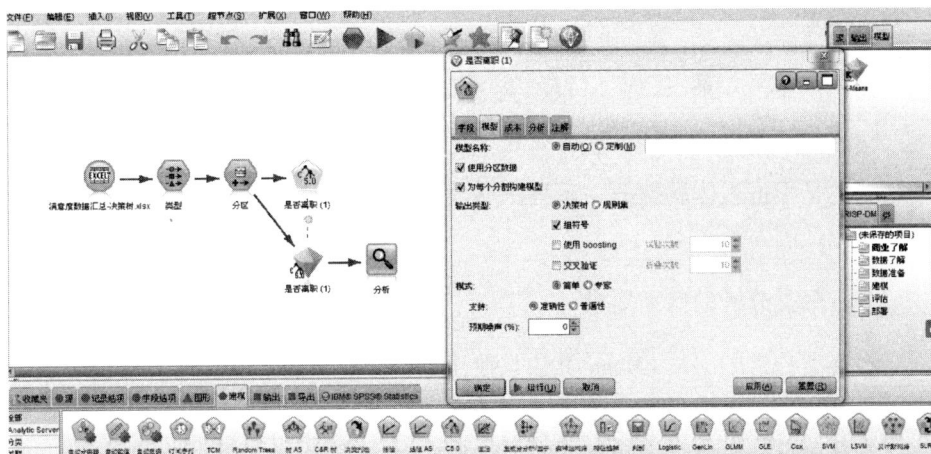

图 7 - 7　决策树分析参数设置

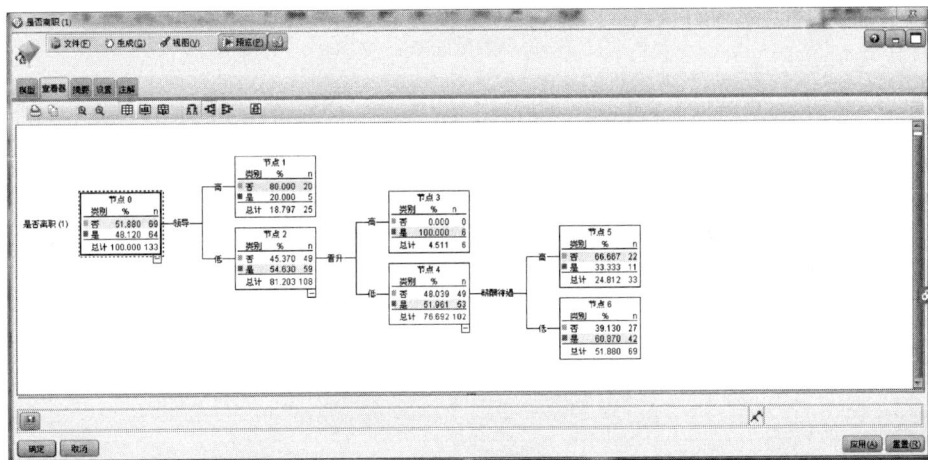

图 7 - 8　决策树分析结果示意图

三、分类分析结果解释方法

如图 7 - 8 所示，在总样本中，约 52% 的员工未离职，约 48% 的员工已离职；其中在"对领导满意度"高的组别中的离职员工占比只有 20%，而在"对领导满意度"高的组别中的离职员工约占 55%，说明员工对领导的不满是导致离职的一大原因。

第三节 聚类分析及操作示例

聚类是根据客体属性把一系列未分类的客体进行类别的识别，把一组个体按照相似性归为若干类。

一、聚类分析的数据要求

在聚类分析中，K – Mean 算法是使用最广泛的算法，进行聚类分析的变量既可以是定类变量也可以是定量（离散和连续）变量。

本部分以某企业员工的薪酬数据为例，讨论在 SPSS MODLER 中 K – Mean 算法的具体应用。分析的目标是，各部门的薪酬水平如何，哪些部门在相同的薪酬水平上。首先，对原始数据进行清洗，保留分析所需数据，如图 7 – 9 所示。

序号	所在部门	专业	入司时间	司龄	参加工作时间	工龄	2016绩效	2017绩效	2018绩效	基本工资	工资占比	年薪
1	总裁办	人力资源管理	2005-04-01	15.8	1988-07-01	32.6	A	B+	B+	32500.00	0.60	650000.00
2	总裁办	电子信息工程	2005-02-21	15.9	1997-08-21	23.5	B+	A	B+	27000.00	0.60	540000.00
3	总裁办	矿物加工工程	2008-09-21	12.3	1996-07-21	24.6	B+	B+	B+	25500.00	0.60	510000.00
4	总裁办	经济学	2011-10-10	9.3	2002-07-02	18.6	B+	B+	A	27500.00	0.60	550000.00
5	总裁办	工业工程	2010-08-10	10.4	1999-01-01	22.0	A	B+	A	29000.00	0.60	580000.00
6	总裁办	工商管理	2012-10-10	9.5	2001-02-10	19.6	B+	A	B+	26000.00	0.60	520000.00
7	总裁办	工商管理	2012-10-21	8.3	2007-07-01	13.6	B+	A	B	26000.00	0.60	520000.00
8	总裁办	企业管理	2001-11-22	19.2	1997-07-01	23.6	B+	B+	A	20000.00	0.60	400000.00
9	总裁办	会计学	2013-10-09	7.3	2005-08-01	15.5	A	B+	A	21000.00	0.60	420000.00
10	市场部	计算机及应用	2015-09-10	5.4	2007-07-01	13.6	A	B	B+	21683.00	0.70	371700.00
11	市场部	园艺	2012-05-11	8.7	1988-07-01	32.6	B+	A	B+	10420.00	0.80	156300.00
12	市场部	果树	2017-01-01	3.6	2017-01-01	3.6	B+	B+	A	3627.00	0.80	54400.00
13	市场部	自动化	2016-06-10	4.6	2006-02-01	15.0	B+	B+	B	16973.00	0.80	254600.00
14	市场部	通信工程	2014-07-10	6.6	2006-10-10	14.3	B+	A	B+	10133.00	0.80	152000.00

图 7 – 9 某企业员工薪酬清洗后数据

二、聚类分析的操作过程

通过 SPSS MODLER 的"文件（File）"节点导入数据，并连接"类型（Type）"节点，指定"所在部门""年薪"节点为"输入"，其他节点指定为"无"，单击"应用"按钮；选择左下角"建模"选项中的"K – Means"节点连接到"类型"节点，右击鼠标，在弹出的对话框中进行参数设置，如图7 –

10 所示；单击"运行"即可生成聚类分析结果。

图 7 - 10　k - means 分析参数设置

三、聚类分析结果解释方法

如图 7 - 11 所示，聚类分析结果表明，按照 K - Mean 算法划分的三个聚类分析中，财务部、企业管理部、人力资源管理部、市场部、业务一部、业务二部、业务三部为第一聚类，在第一聚类中，年薪大多分布在 0 ~ 20 万元，人数占比较大；产品技术部被划分为第二聚类，该聚类中，年薪大多分析在 0 ~ 40 万元，人数占比中等；总裁办被划分为第三聚类，年薪在 40 万 ~ 60 万元，人数占比较少。

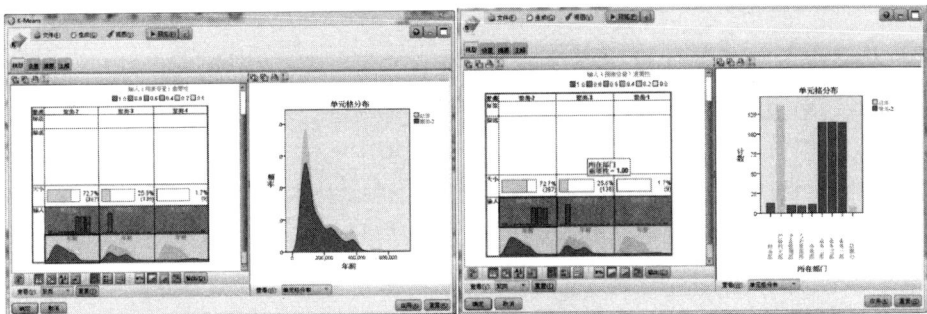

图 7 - 11　聚类分析结果

第四节 降维分析及操作示例

对高维度的大数据做降维处理，可以缩减数据维度，提升数据处理的效率和效果，因子分析和主成分分析是最常用的降维分析方法。

一、降维分析的数据要求

验证数据是否适合做因子分析主要参考 KMO 结果，一般认为大于 0.5 即可接受。同时还可以参考相关系数，一般认为分析变量的相关系数多数大于 0.3，则适合做因子分析。

以"责任心的维度构成"为例，简要介绍运用 SPSS MODLER 进行因子分析的操作步骤。分析数据如图 7 - 12 所示。

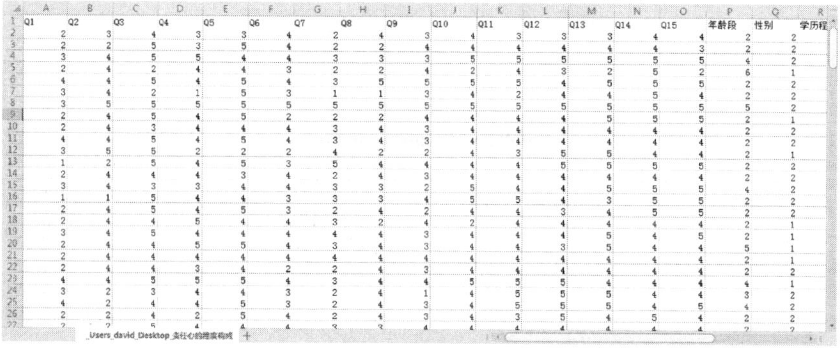

图 7 - 12 责任心维度构成清洗后数据

二、降维分析的操作过程

通过 SPSS MODLER 的"文件（File）"节点导入数据，并连接"类型（Type）"节点，指定"Q1 ~ Q15"节点为"输入"，其他节点指定为"无"，单击"应用"按钮；选择左下角"建模"选项中的"主成分分析/因子"节点连接到"类型"节点，右击鼠标，在弹出的对话框中进行参数设置，如图 7 - 13 所示；单击"运行"按钮即可生成因子分析结果。

三、降维分析结果解释方法

如图 7 - 14 所示，旋转后的 15 个题项共提取出三个因子，其中 Q10 ~ Q15

划分为第一个因子，表示"责任行为"；Q1~Q3以及Q6~Q8划分为第二个因子，表示"责任态度"；Q4、Q5、Q9划分为第三个因子，表示"责任感"。

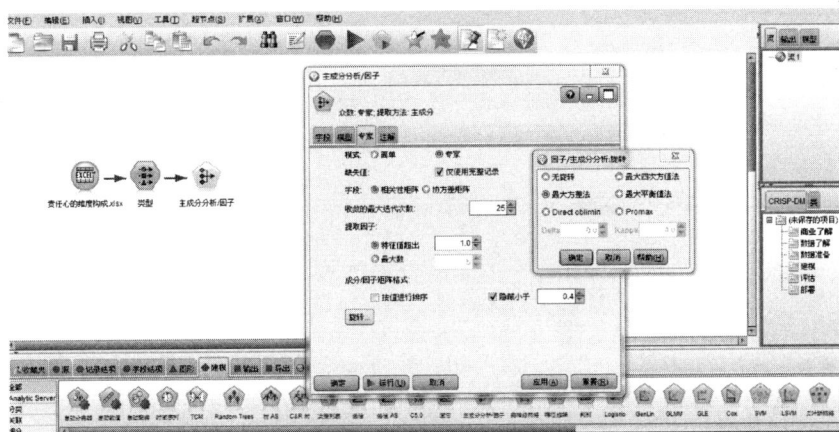

图 7-13　主成分分析参数设置

Analysis.

Rotated Component Matrix

	Component		
	1	2	3
Q1		.730	
Q2		.634	
Q3		.447	
Q4			.750
Q5			.791
Q6		.737	
Q7		.703	
Q8		.631	
Q9		.400	.552
Q10	.593		
Q11	.633		
Q12	.820		
Q13	.785		
Q14	.718		
Q15	.823		

Extraction Method: Principal Component
Analysis.
Rotation Method: Varimax with Kaiser

图 7-14　旋转后因子分析结果

如图 7 - 15 所示，三个因子对责任心的解释力度为 55%。表明三个因子能够解释"责任心"大部分的构念。

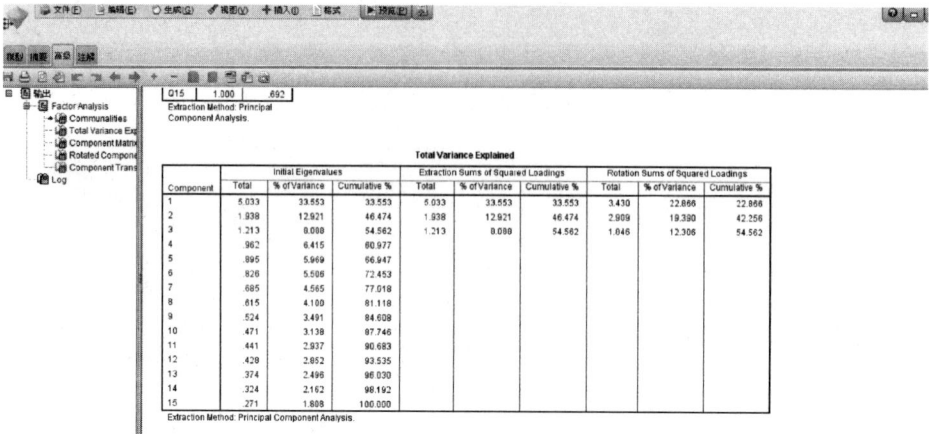

图 7 - 15　主成分分析结果

第五节　文本分析及操作示例

Nvivo 是澳大利亚 QSR 公司发行用于质性研究分析的软件，它可以收集、整理和分析访谈、焦点小组讨论、问卷调查、音频、社交媒体和网页等内容。可以将研究者从分类、排序、整理等繁杂手工作业的劳累中解脱出来，以便有更充分的时间研究发展趋势，建立理论模型，并最终获得研究问题的结论。

一、文本分析的数据要求

Nvivo 软件具有分析所有形式的非结构化数据所需的一切功能，可以处理文本、音频、视频、图像和电子表格等，还可以轻松地捕获社交媒体内容进行分析。

二、文本分析的操作过程

以"各省市鼓励外来务工人员就地过年的措施"为例，对网络抓取的 35 条新闻报道以及政策文件进行分析、编码并总结出当下鼓励员工就地过年的有效措施。首先，将从网络抓取的数据保存到文件夹里备用，如图 7 - 16 所示。
为方便分析，本书将以下 35 条网络内容以 Word 形式进行了汇总，作为文本分
析的备用材料，如图 7 - 16 所示。

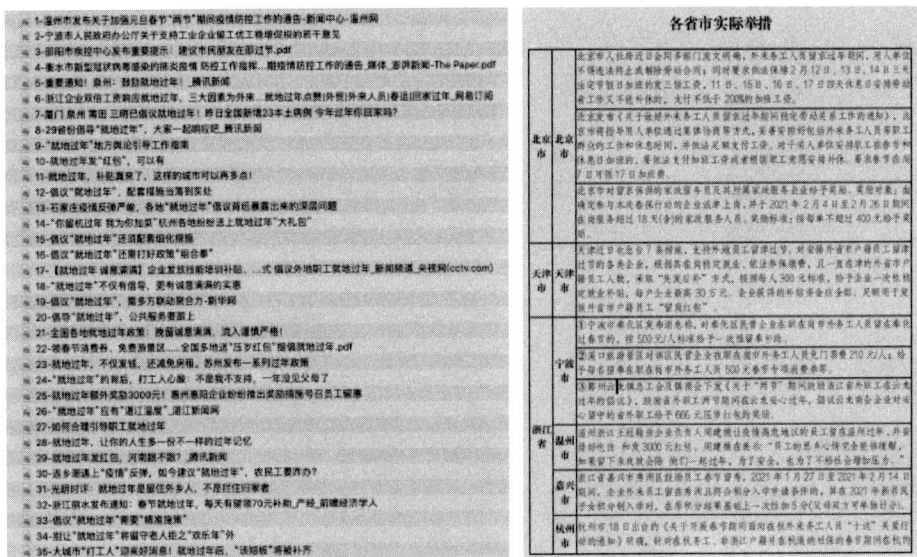

图 7 - 16　文本分析原始材料

其次，打开 Nvivo 软件，单击"文件"选项，选择"文档"导入备用材
料，如图 7 - 17 所示。

图 7 - 17　Nvivo 文本文件导入界面

再次，选中文档信息，单击鼠标右键，选择"编码"，如图 7 - 18 所示，新建节点并重新命名，以此类推，将相同性质或类型的文本统一到相同的子节点。

图 7 - 18　文本数据编码步骤

最后，文本编码完成后，单击相应的节点就可以查看，每个子节点下所包含的文本内容如图 7 - 19 所示。

图 7 - 19　文本分析输出结果

三、文本分析结果解释方法

通过以上分析，可以对与"就地过年"相关的文本内容按照扎根理论进行三级编码、二级编码以及一级编码，归纳总结出各省份鼓励外来人员就地过年最常用的方法，如表 7-1 所示。各省份鼓励外来务工人员就地过年最常用的方法为发放留岗红包、支付加班费、发放节日津贴等，还可以看出，用现金激励是留住员工就地过年最有效的方法。

表 7-1 文本分析结果

一级编码	二级编码	三级编码
鼓励"就地过年"有效措施	发放留岗红包（24）	①北京市对留京保供的家政服务员及其所属家政服务企业给予奖励。奖励对象：由确定参与本次春保行动的企业派单上岗，并于 2021 年 2 月 4～26 日在岗服务超过 18 天（含）的家政服务人员。奖励标准：按每单不超过 400 元给予奖励 ②企业获得的补贴资金应全部、足额用于发放外省份户籍员工"留岗红包" ③给予留泰州职工专项补贴。春节期间（2 月 11～17 日）外地员工留泰州满七天的，按每人 500 元标准给予补贴；留泰州外地员工在此期间上岗工作的，再按每人每天 100 元标准给予补贴 ……
	支付加班费（21）	①11 日、15 日、16 日、17 日四天休息日安排 ②劳动者工作又不能补休的，支付不低于 200%的加班工资 ③要求春节在岗 7 可领 17 日加班费 ……
	发放节日津贴（17）	①东莞胜美达（太平）电机有限公司在通过加大防疫知识宣传的同时，出台奖励措施：员工留厂过春节每人奖 900 元，节日在岗每天还发 100 元津贴 ②对春节期间留在安溪过年的规模以上工业企业、限上商贸企业、在建受监工程、县级在建重点项目的省外务工人员，给予每人节日补贴 1000 元 ③日前，东莞一家企业发放春节假期安排通知，鼓励员工留莞过年，公司给每位留莞过年的员工发放 1500 元春节费 ……

续表

一级编码	二级编码	三级编码
鼓励"就地过年"有效措施	发放节日礼包（12）	①义乌给就地过年的人群发放了春节大礼包 ②海沧区推出1100万元的"大礼包"，鼓励全区职工留在厦门过年。设立500万元专项资金，为留厦的非厦门籍工会会员赠送新春大礼包 ③上海市总工会将依托各级工会条线和会员服务卡、申工社微信平台、爱心企业，向留沪外来建设者赠送通信费补贴、健康医疗补贴、3000份影音娱乐大礼包和5000份扶贫产品零食礼包
	免费文旅活动（9）	①溪口旅游景区对该区民营企业在职在岗市外务工人员免门票费210元/人 ②泉州市表示，春节期间留泉的外地来泉就业企业职工凭个人身份证可免费乘坐公交车、免收国有A级旅游景区门票 ③留安人员凭身份证可免费乘坐公交车、免收安溪县A级景区门票 ……
	吃住保障（8）	①倡议房东减免半个月以上租金 ②厦门市思明区安排360万元为春节期间在岗的重点企业、建设工程项目职工每人送上价值200元的爱心屋年夜饭套餐 ③为留在南京过年的民众提供各类安全放心的餐饮配送、大厨上门服务 ……
	发放消费券（6）	①给予每名留在奉化区的市外务工人员500元春节专项消费券等 ②顺德近日发布《关于鼓励市民留在顺德健康过大年的八条措施》，主要措施包括开展新春送暖慰问活动、举办线上顺德年货节、倡导年花年桔云销售、实行顺德景区免费游览、发放健身消费抵扣券、发放技能提升培训补贴、鼓励企业留住职工在顺过年、加强职工合法权益保障 ③广东肇庆除提供外地务工人员每人300元补贴外，还将送出消费券、A级景区游览券、免费电影票、免费技能培训等"暖心大礼包" ……

第六节 社会网络分析及操作示例

CiteSpace 又翻译为"引文空间"，是一款着眼于分析科学研究中蕴含的潜在知识，是在科学计量学、数据可视化背景下逐渐发展起来的引文可视化分析软件。利用 CiteSpace 中的合作关系网络分析可以对某一研究主题的重要学者、发文数量以及学者之间的合作关系进行分析。

一、社会网络分析的数据要求

CiteSpace 是基于 WoS 的数据格式进行开发的，在 CNKI 或 CSSCI 数据库中下载的数据需要在 CiteSpace 中转换为 WoS 的数据格式进行分析。以 CSSCI 数据库为例，以"工作投入"为关键词搜索，得到 155 篇相关文献，将数据导出为文本格式，如图 7 – 20 所示。

南京大学中国社会科学研究评价中心
数字文献处理系统 版本：2.1
版权所有 (C) 2000 – 2001 CSSCI Corp.

【来源篇名】家庭支持对员工创新的影响——工作投入的中介和生涯规划清晰的调节作用
【英文篇名】The Impact of Family Support on Employee Innovation——The Moderating Role of Career Planning Clarity and Mediating Role of Work Engagement
【来源作者】马灿/周文斌/赵素芳
【基　　金】国家社会科学基金项目(14BSH068)/中国社会科学院大学拔尖人才项目(0201080303819131)
【期　　刊】软科学
【第一机构】中国社会科学院大学
【机构名称】[马灿]中国社会科学院大学./[周文斌]中国社会科学院工业经济研究所./[赵素芳]中国社会科学院大学.
【第一作者】马灿
【中图类号】F272.92
【年代卷期】2020,34(010):103-109
【关 键 词】家庭支持/员工创新/生涯规划/有中介的调节作用
【基金类别】
【参考文献】
1.阿马比尔.情景中的创造力.成都:四川人民出版社
2.Tang,Y..Good Marriage at Home, Creativity at Work: Family——Work Enrichment Effect on Workplace Creativity.Journal of Organizational Behavior.2017.38(5)
3.王三银.工作—家庭边界管理的一致性对员工工作绩效的影响研究.软科学.2017.31(8)
4.宋一晓.工作-家庭价值观一致性对工作态度的影响研究.软科学.2017.31(12)
5.Madjar,N..There"s No Place Like Home? The Contributions of Work and Nonwork Creativity

图 7 – 20　CSSCI 原始数据

二、社会网络分析的操作过程

在进行正式分析之前首先需要将数据的格式转换为 WoS 数据格式。首先需要建立两个文件夹"Import"和"Export"，将待转换的数据存储在"Import"文件夹中，打开"CiteSpace"软件，单击"Data"选项，选择"CSSCI2.0"节点进行数据转换，Input Directory 选择"Import"文件夹，Output Directory 选择"Export"，单击"Format Conversion"转换数据，如图 7 – 21 所示。

数据转换完成后再新建"Data"和"Project"两个文件夹，将转化后的数据保存到"Data"文件夹里，然后打开软件，单击 New 选项，创建新的项目，

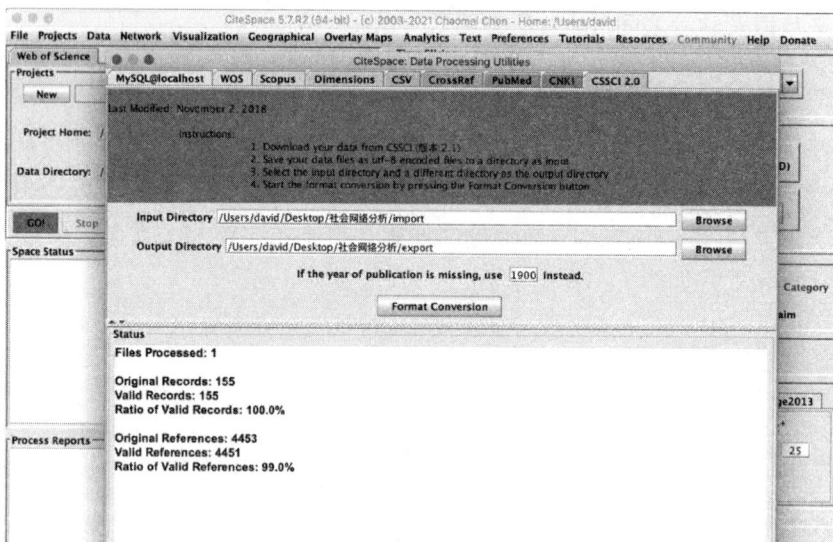

图 7 – 21　数据转换方法

数据来源选择"Data"文件夹，分析结果保存到"Project"文件夹。Time Slicing、Node Type 以及 Pruning 参数设置如图 7 – 22 所示，单击"GO"即可运行。

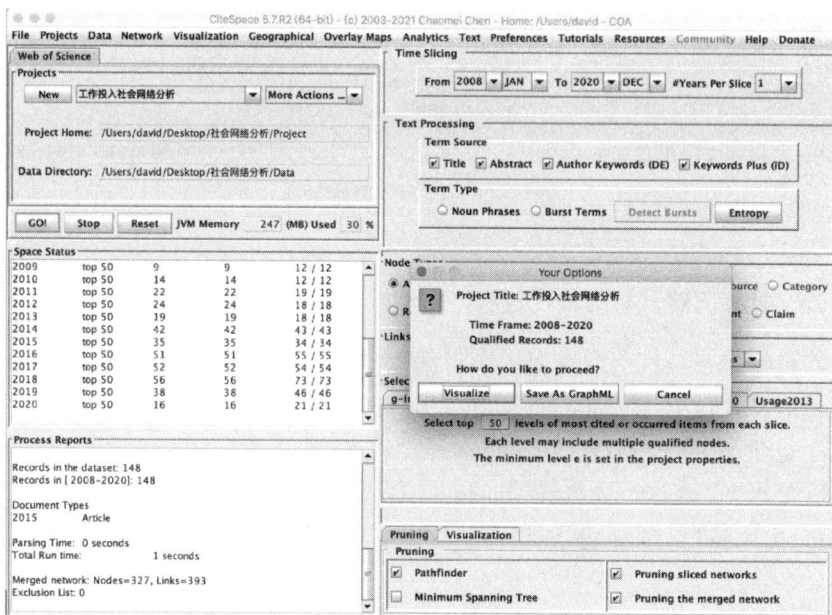

图 7 – 22　参数设置

运行完成后选择"Visualize"即可生成可视化结果。

三、社会网络分析结果解释方法

合作关系网络如图 7 - 23 所示，姓名字体的大小表示发文数据的大小，姓名之间的连线代表合作关系，连线的粗细代表合作次数的多少，连线的颜色代表合作的时间。

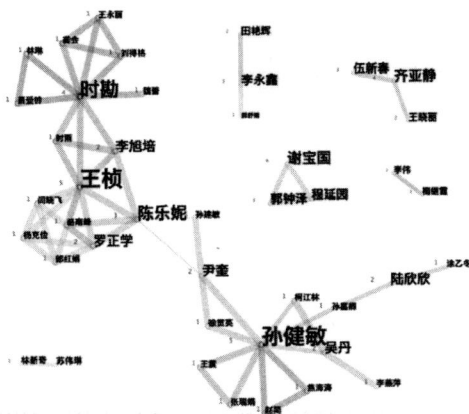

图 7 - 23　合作关系网络

本章小结

（1）回归分析方法包括线性回归和非线性回归，线性回归分析要求数据必须为数值型数据。

（2）分类是指把数据样本映射到一个事先定义的类中的学习过程，分类分析的数据要求：数据的类别已知、类别标号为离散数据。

（3）聚类分析中，k - mean 算法是使用最广泛的算法，进行聚类分析的变量既可以是定类变量也可以是定量（离散和连续）变量。

（4）对数据做降维处理能够提升数据处理的效率和效果，因子分析和主成分分析是最常用的降维分析方法。

（5）Nvivo 软件具有分析所有形式的非结构化数据所需的一切，可以处理文本、音频、视频、图像和电子表格等，还可以轻松地捕获社交媒体内容进行分析。

（6）CiteSpace 软件着眼于分析科学研究中蕴含的潜在知识，利用 CiteSpace 中的合作关系网络分析可以探索某一研究主题的重要学者、发文数量以及学者之间的合作关系。

思考题

（1）各种数据挖掘方法对数据的要求是什么？

（2）如何利用分析软件开展数据挖掘？

第三部分　实践篇

第八章　企业人力资源大数据分析综合实例①

本章以综合案例的形式，讲解如何应用大数据思维方式、数据可视化和数据挖掘技术方法处理人力资源管理业务问题。首先，基于数据导向分析逻辑，确定待解决核心问题以及思路；其次，利用故事板对相关数据进行可视化展示，初步对问题进行诊断；再次，利用回归分析、分类分析对相关数据进行挖掘，对核心问题背后深层次因素进行探索，揭示潜在的因果关系；最后，基于两方面的分析结果，提出对策和优化建议。

第一节　案例背景资料

T公司是一家提供金融行业专用信息化软件系统、信息技术服务、创新性软件解决方案的高科技IT企业，其公司有"TZ"知名品牌，连续五年保持了超过年均40%以上的快速增长。2015年公司开始发展"云服务"业务并尝试进入其他新的战略性新兴业务。公司近三年业绩增长持续放缓；公司也出现了人员流动加大的现象；一些地区关键岗位人员相继提出了离职申请；各部门以发展新业务、人员变动、工作量繁重、加班严重等为由不断提出人手不足、需要大量增加人员的需求，部分部门员工抱怨、牢骚较多，士气、团队氛围等较前几年也有了较明显的变化。

【问题】通过相关数据分析和挖掘，为该公司人力资源管理未来发展和制度优化提供建议并撰写研究报告。

---

① 源自北京信息科技大学学生参加首届北京市高校大数据分析技能大赛人力资源案例大数据分析网络赛资料，指导老师廉串德，参与学生人力1701班海庆、李笑、孙琬琪、刘思杨。

第二节　基于数据导向的分析过程

一、明确分析思路

基于人力资源数据分析的基本模型，首先，通过数据处理对该公司当前业务情况和人力资源基本状况进行实证分析，找出目前公司经营和人力资源管理出现的问题；其次，通过对比分析等方法分析公司的整体员工绩效和离职情况，从而找到公司经营和人力资源管理出现问题的原因，并从中找到解决问题的方法；再次，根据公司的经营战略，对公司关键部门——技术研发部门进行可视化分析；又次，利用数据挖掘技术对公司员工的绩效、人员流动以及离职情况进行预测；最后，结合前三步中的分析结论和案例企业的背景信息，得出最终结论并提出建设性建议。

二、确定数据结构

结合企业的问题，收集了人员基本信息数据、公司业务数据、绩效考核数据、员工潜力数据、离职人员数据和满意度数据，具体数据类型和指标项如表8－1所示：

表8－1　主要数据来源及类型说明

来源分类	数据名称	说明	数据类型
基础数据	人员编号	员工在公司的工号，具有唯一性	文本型
	部门	分为一级部门、二级部门、三级部门三个层级，二级部门由一级部门划分，三级部门由二级部门划分	文本型
	姓名	员工姓名，不重复具有唯一性	文本型
	性别	员工性别分为男女两类，"1"代表男性，"2"代表女性	文本/数值型
	最高学历	分为大专、本科、硕士研究生、博士研究生四类，从低到高分别用"1、2、3、4"代表	文本/数值型
	职级	员工职级从低到高分为1A、1B、2A、2B…7A、7B七大类14个等级，同一大类别B比A高	文本型

续表

来源分类	数据名称	说明	数据类型
基础数据	职级大类	从低到高分为 1~7 七大类	数值型
	年龄	员工自然年龄	数值型
	年龄区间	划分为 25 岁（含）以下、25~30 岁（含）、30~35 岁（含）、35~40 岁（含）、40~45 岁（含）、45 岁以上六大类	文本型
	司龄	在本公司的工作时间，同一集团内不同公司工作时间一般累计计算	数值型
	司龄区间	划分为 1 年以下、1~3 年、3~5 年、5~8 年、8 年以上五类	文本型
	工龄	员工参加工作的年限	数值型
业务数据	营业收入	企业的营业收入总额（万元）	数值型
	人均营业收入	企业的营业收入总额/员工人数（万元）	数值型
	净利润	企业的净利润总额（万元）	数值型
	人均净利润	企业的净利润总额/员工人数（万元）	数值型
	人工总成本	企业的人工成本总额（万元）	数值型
	人均人工成本	企业的人工总成本/员工人数（万元）	数值型
	净利润率	企业的净利润率（%）	数值型
	人事费用率	企业的人事费用率（%）	数值型
	年份	企业经营的年份标识	时间型
效能数据	年度离职率	年度离职率=年度离职总人数÷（（年初人数+年末人数）÷2）×100%	数值型
	4A 以上人员	职级 4A（含）以上人员情况，代表公司的关键岗位，骨干员工	数值型
	绩效考核结果	从好到差分为 A/B+B/C 四类，"—"表示新员工未参加当期考核无结果	文本型
	绩效考核结果	从好到差分为 5/4/3/2 四类，"0"表示新员工未参加当期考核无结果	数值型
	潜力得分	根据员工通用能力、专业能力、价值观等各因素评估得出的分数，从低到高为 1~5 分，5 分为满分	数值型
	潜力得分区间	潜力从低到高分为 3 分以下、3（含）~4 分、4（含）~5 分三级	文本型

来源分类	数据名称	说明	数据类型
效能数据	绩效得分	根据绩效考核结果加权平均，从低到高分为 1 ~ 5 分，5 分为满分	数值型
	绩效得分区间	绩效从低到高分为 3 分以下、3（含）~ 4 分、4（含）~ 5 分三级	文本型
	人际关系满意度	同事间人际关系调查数据，分为 1 ~ 5 分，5 分为满分	数值型
	对领导满意度	对直接主管满意度调查数据，分为 1 ~ 5 分，5 分为满分	数值型
	薪酬待遇满意度	对薪酬福利激励等调查数据，分为 1 ~ 5 分，5 分为满分	数值型
	对晋升满意度	对职务、职级、岗位晋升等的调查数据，分为 1 ~ 5 分，5 分为满分	数值型

资料来源：根据竞赛材料和数据整理。

三、数据故事板与可视化

（一）业务数据故事板

2013 ~ 2018 年 T 公司的年营业收入和净利润都在逐年增加，整体趋势是向好发展的。公司的业绩考核目标收入也在逐年提高，但公司的目标完成率却从 2015 年开始下降，尤其在 2017 年和 2018 年降到了 1 以下，需要特别关注。观察 2016 ~ 2018 年各地区的目标完成率的折线图发现，2017 年的华中地区和 2018 年的华北地区出现了拐点，明显低于同地区其他年份的目标完成率。如图 8 - 1 所示。由此可以推测公司在这两年的发展中，部分地区的人员配置上可能出现了问题。有可能是公司的新的云业务开拓时，公司人手紧缺或关键人员的离职导致的。

之后聚焦在 2018 年 T 公司与同行业的对比。从"2018 年同行业营业总收入和净利润"可以看出，虽然藤泽股份的营业总收入和金证股份、恒生电子有很大差距，但它的净利润在行业里能排到第三位，说明盈利能力较强，还是很有发展潜力的。再从"2018 年同行业人均营业收入和人均净利润图"中劳动力利用角度来看，T 公司企业经济效益不错。还有，T 公司的人事费用率（指人工成本总量与营业收入的比率）为 0.47，行业内横向对比来看较低。

因此，综观 T 公司 2013 ~ 2018 年的发展，公司整体经营情况不错，能看

图 8 - 1　基于企业战略的业务数据故事板

出来发展势头很好。在同行业中进行横向对比，T 公司的盈利能力还是很强的。但是近年的云业务拓展对其目标完成率有了负面影响。而且 T 公司的人事费用率较低，应该重视和及时调整员工的薪酬待遇，留住优秀人才。

综上所述，T 公司属于中等规模的公司，公司利润中等偏上。但是公司的营业收入增长速度放缓，公司的目标完成率有明显下降，而且人事费用率在行业中偏低。

（二）人力资源基本状况故事板

根据平台提供的数据，我们对该企业的人力资源基本状况分别进行了静态分析和动态分析，以此了解目前人员状况。

在静态分析部分，首先，对在职员工的学历状况进行一个基本了解。根据环形图的数据不难发现，有 76.54% 的员工是本科文凭，研究生和大专群体在公司内部占少数部分。本科生成为企业内推动经营的主力军。其次，对一级部门员工的数量、年龄、司龄和工龄的调查发现，技术研发部门和业务发展部门的员工数量占比远远高于其他部门，可见由于当前企业战略规划和"云平台"新业务的开展，相关部门的人员补给迅速。各部门在职员工的年龄普遍处于30 岁以上，这个年龄阶段的员工对薪酬的追求和对个人发展空间、晋升渠道非常看重，这时员工会对所处公司的各方面进行心理衡量，他们还有多次跳槽或离职的可能性存在。目前在职员工的司龄处于 3～6 年这个层面，可能由于工作内容变化不大的因素影响，使职能中心的平均司龄更高一些，而技术研发、业务发展和产品管理的司龄偏低，会受到技术层面、技术评级等影响进行留下或离开的不定向选择。最后，对在职员工的职级分布进行数据调查发现，年龄、司龄和工龄越高，其职级等级越高，从而显现出一点"论资排辈"的意味。如图 8 - 2 所示。

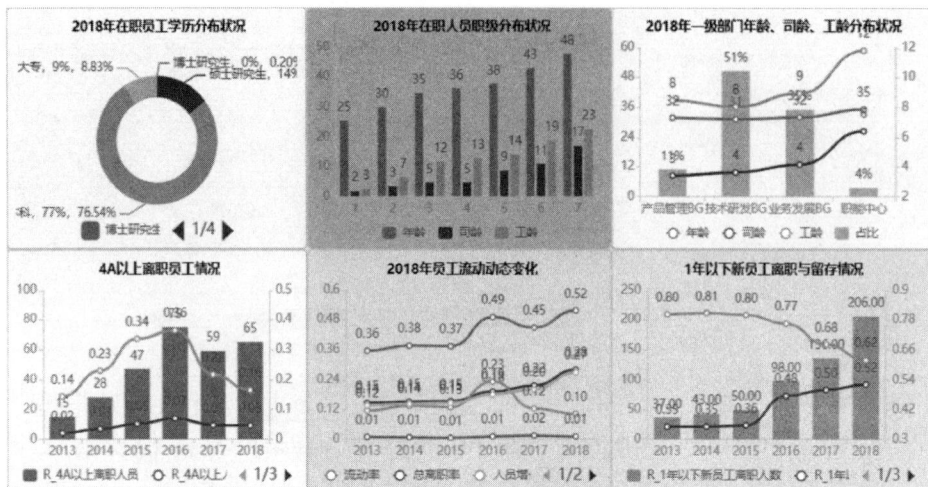

图 8 - 2　企业人力资源基本状况故事板

在动态分析部分，对当前企业的人员流动率进行总体性分析。在 2013 ~ 2018 年，企业的人员流动率一直在增长，可见其公司的人员不稳定性高，同时也带来较高的用人成本。在这些离职人员中，主动离职率与总离职率几乎可以完全重合，被动离职率一直保持在 1% 左右，没有较大的波动。由此，可以从侧面看出，员工会因企业内部的不合理因素和自身因素选择离职，这一点需要企业对内部影响因素进行深入分析与调查。首先，这些年人员增长率一直无法弥补流失人员的比率，一边补充新鲜血液，一边流失内部员工，如同蓄水池一般，无法在规定时间内达到人员饱和的要求。其次，调查 1 年以下新员工的离职与留存数据。对数据的可视化分析发现，新入职的员工的离职数量在不断攀升，尤其是与 2017 年相比，2018 年有断崖式攀升的现象。新员工离职在总离职中占比逐步上升，慢慢占据流失群体的一半，同时也反映出新员工会留在企业的人数也逐渐下降。他们将企业当成跳板或临时驿站，留存率不高。这一点需要警示，在下面的分析中需要深入挖掘背后的驱动因素。最后，是对 4A 以上员工离职情况的调查。发现在 2016 ~ 2018 年，这三年间的离职人数占总离职人数的比例在逐步下降，离职率保持在 5% 左右。这背后的原因也是需要后续挖掘分析的一部分。

综上所述，当前企业内部人员流动率高，因企业战略规划和"云平台"的开发，大部分新员工流入技术研发和业务发展部门，但新入职人员无法填补离职员工的数量。由于公司内部职级设置为"论资排辈"，从而在一定程度上使新入职员工大多不愿留在这里长久发展。

（三）企业绩效故事板

首先，从在职人员绩效分布角度看，该企业在职人员绩效情况比较好，绩效考核情况为 A、B 以及 B + 的分布比较大且均匀，C 绩效较少，整体绩效表现良好。另外，该绩效考核比例近似正方形，尾端有一点三角形，不符合绩效比例最优的椭圆形比例，该公司绩效考核有可能绩效指标设定不够科学。从绩效潜力方面看，绩效潜力在 3 ~ 4 分的比例较大，占 60%；3 分以下和 4 ~ 5 分的比例较小且相差不大，即该企业员工潜力主要在中等水平；从整体人才盘点角度，该企业高绩效主要以高绩效、中潜力的人才为主，占 42%；高潜力和高绩效的人也还可以，占 12.1%，这些明星员工是企业应该重点关注的内部人才资源，公司应该通过建立有效激励措施，留住这些员工，同时该企业低绩效、低潜力的人员占 7.8%，比重相对较大，对这部分人应该考虑辞退或调岗，避免人力成本的浪费，而绩效潜力在 4 ~ 5 分，绩效在 3 分以下的是最有可能离职的重点员工，也是企业内部可挖掘的人才，在这个企业中占 0.1%，企业应该充分进行激励和培训，发挥他们的潜力。如图 8 – 3 所示。

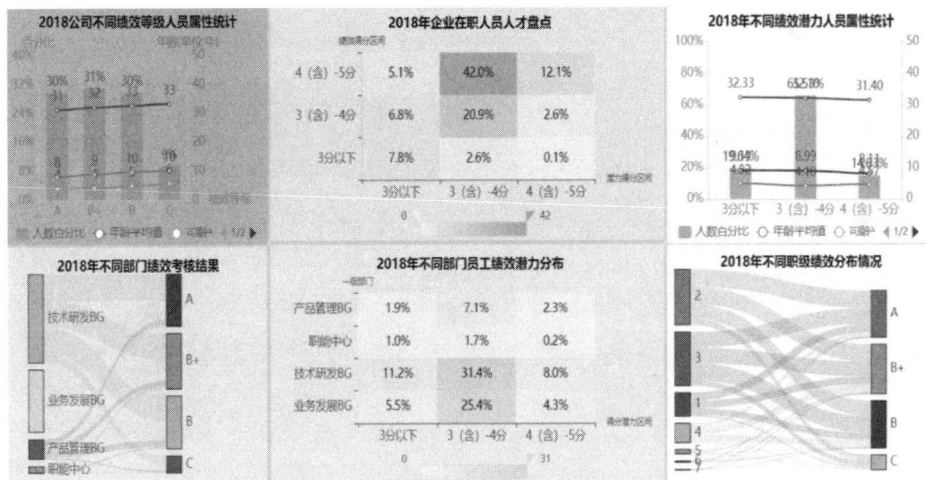

图 8 – 3　2018 年公司绩效情况统计故事板

其次，从部门和职级的绩效来看，各部门内部员工绩效考核等级分布比例比较均匀，与公司整体绩效等级分布一致，只有职能中心的 A 绩效考核等级较低，需要改善；各职级部员工绩效考核等级分布比例也比较均匀，与公司整体绩效等级分布一致，只有一级、四级等级 A 绩效比例较二级、三级比例较少，但总体差距不大。

再次，从一级部门的绩效潜力来看，研发和业务部门人员潜力较大，应该充分给予激励和培训，发挥他们的潜力，挖掘内部人才价值；而职能部门和产品管理部门内部人员潜力不大，可以适当更换和调整，应该从外部市场获取更多的人才。

最后，从各绩效指标和绩效能力区间的年龄、司龄、工龄平均值来看，区间变化整体较为平稳，和公司员工平均年龄、司龄、工龄差不多，故而依照企业的绩效考核制度进行分析，员工的年龄、司龄、工龄、职级和部门均对绩效好坏没有影响。

综上所述，T 公司低等绩效比例低，高等、中等较平均；公司人才分布集中在中潜力、高绩效人群；技术研发和业务部员工潜力较大。

（四）离职情况故事板

从 2016~2018 年离职人员统计图来看，随时间推移，离职人数的比例呈逐年上升趋势。其中，平均司龄有所增加，说明 T 公司中资历较高的员工离职比例上升；而平均年龄和工龄有所降低的，说明 T 公司年轻员工离职倾向升高，因此，T 公司人员流失问题趋于严重。如图 8 - 4 所示。

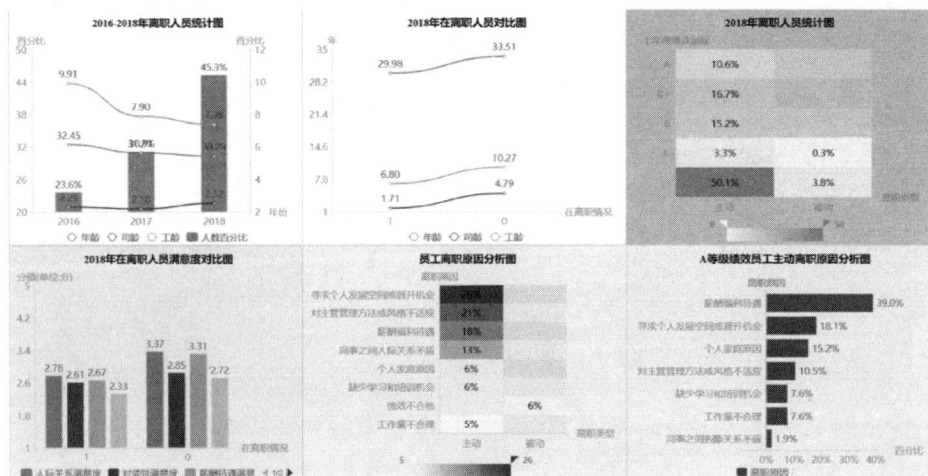

图 8 - 4　离职人员分析故事板

从离职员工与绩效的组合分析总体可得，T 公司主动离职人数比例远远大于被动离职人数比例，且绩效为 A 或 B + 的员工离职率占总主动离职人数的 26% 左右，且新员工主动离职人数占 50%，说明 T 公司高绩效员工和新员工流失比较严重。

从 2018 年在职人员和离职人员比较来看，1 代表离职员工，0 代表在职员工，年龄、司龄和工龄三个指标斜率比较小，说明在离职人员的年龄、司龄、工龄均值差距不大，三个指标并不是主要影响因素。从 2018 年在职人员、离职员工满意度对比来看，在职员工的满意度四维度均比离职人员高，因此，员工满意度为影响员工离职主要因素。

从 2018 年离职员工的原因分析来看，寻求个人发展空间和晋升机会以及对主管管理方法和风格的不适应的离职因素占比为 50% 左右，而明星员工中由于对个人薪酬福利待遇不满意占比为 39%，说明员工选择离职的主要原因为寻求个人发展空间和晋升机会以及对主管管理方法和风格的不适应，而明星员工主要是由于对个人薪酬福利待遇不满意。

综上所述，T 公司人员流失问题比较严重；员工满意度为影响员工离职的重要因素；员工选择离职的主要原因为寻求个人发展空间和晋升机会以及对主管管理方法和风格的不适应，而明星员工主要是因为对个人薪酬福利待遇不满意。

（五）技术部门人力资源故事板

首先，我们先从技术部门的整体绩效情况入手进行调查。2018 年技术研发部门绩效结果在 B 以上的占大多数，从而看出技术研发部门的绩效水平还是不错的。如图 8 - 5 所示。

人才盘点中，技术研发部门中有 13.21% 的人属于明星员工，潜力得分和绩效得分同时达到了最高值。我们预测明星员工的未来会在技术研发方面小有成就，并为企业发展助力，帮助企业在未来开展多方位创新型的技术业务。另外，有 8.76% 的人属于问题员工，他们的绩效得分和潜力得分均达到了最低值。我们预测这类人群不能为公司创造价值，他们有极大可能因为绩效不合格而被动离职。

从 2016 ~ 2018 年三年技术研究部门离职情况可以发现，该部门离职人员数量呈增长趋势，且离职人数增加较多。离职员工的平均年龄在 30 岁左右，且平均司龄和工龄都不长，说明技术研究人员更倾向于去更有实力的公司施展自己的才华。

我们做了技术研究部门离职员工的离职原因和绩效考核结果的相关性分类，

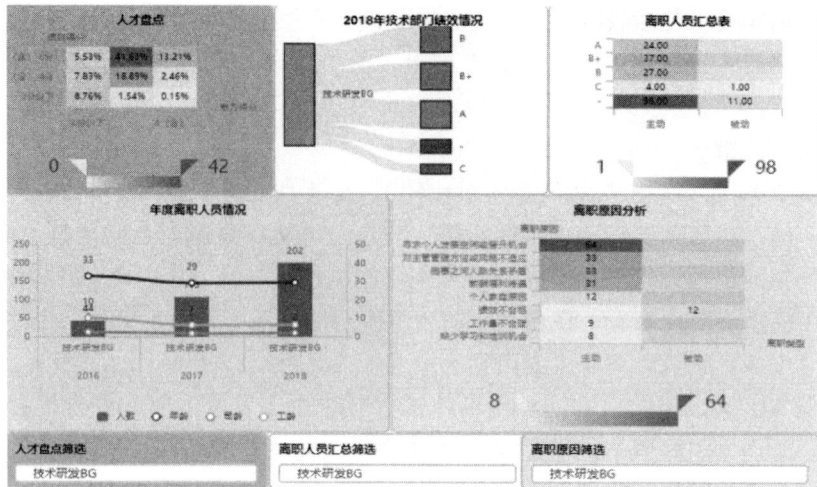

图 8-5　技术部门人力资源分析

发现主动离职的人员数量远高于被动离职，且主动离职的人员大部分都是绩效考核结果不错的人。往往是绩效考核结果较低的员工会被公司辞退，这属于企业经营过程中优胜劣汰的正常现象。

之后，我们对员工的离职原因做了进一步分析，发现最主要的离职原因是对晋升机会不满意，后面依次是对主管风格不满、对人际关系矛盾和薪酬福利待遇不满。因此，这四个因素对员工离职行为有一定的影响。

综上所述，技术研发部门人员绩效结果较好，人员主要集中在高绩效中等潜力层面，但是近年来该部门高绩效员工主动离职的人数不断增加，寻求晋升和个人发展机会是主要的离职原因。

四、数据挖掘与成因分析

（一）基于线形回归的绩效影响因素分析

绩效考核建模采用了线形回归模型分析，决定系数（R^2）为 0.0598，关联度极低。这就意味着员工的背景信息（如司龄、工龄和年龄）与绩效没有太大关联。因此，员工背景也不能用来判断其未来绩效发展，这样做是没有意义的。员工晋升不能按资排辈，而且在之后的晋升和绩效考核中都需要注意此问题。因此，该模型不成立。如图 8-6 所示。

（二）基于线性回归的人员流动因素分析

利用线性回归进行数据挖掘发现，与招聘人数密切相关的因素有以下五种：

线性回归模拟实训图

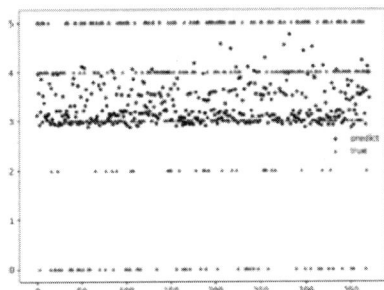

测试数据预测结果

线性回归系数结果

年龄	-0.0605
司龄	0.2484
工龄	0.0554

测试集预测结果与真实值对比结果（预测）   导出

	年龄	司龄	工龄	真实值	预测值
0	28.314	2.302	2.302	5	3.1223
1	33.3890410959	9.3082191781	11.5890410959	4	3.9644
2	31.0593342044	5.9575342466	8.1593342044	5	3.5773
3	34.0408588342	0.1131838357	11.1408588342	0	2.9269
4	24.1588960112	2.3	2.3	4	3.1982
5	34.7758829924	8.5575342466	11.7758829924	5	3.8591
6	34.0082191781	0.6505446165	11.2082191781	4	2.9881
7	27.276656196	5.276656196	5.276656196	5	3.5217
8	26.7835616438	4.0424657534	4.0424657534	5	3.3729
9	23.6209180161	1.5731258587	1.6209180161	4	3.116

数据默认10条，若想查看全部数据，请点击表格右上角导出按钮

截距：0.0000   自变量个数：3   因变量个数：1

评估模型

均方误差（MSE）：2.4291   决定系数（R2）：0.0598

图 8-6　绩效考核结果建模

— 211 —

总离职人数、主动离职人数、被动离职人数、净增加人数以及年平均人数，这些因素会对招聘人数产生极大的影响。从数据和案例背景来看，问题主要出现在管理上，由于每年的离职员工在不断上涨，所以与其对应的招聘人数也在逐年增加，在这些因素的推动作用下，将来的人工成本会增加。如图8-7所示。

线性回归系数结果

总离职人数	0.2116
主动离职人数	0.2136
被动离职人数	0.1417
净增加人数	0.2452
年平均人数	0.2875

测试集预测结果与真实值对比结果（预览）　　　　　　　　　　　　　　导出

	总离职人数	主动离职人数	被动离职人数	净增加人数	年平均人数	真实值	预测值
0	272	253	19	157	1258.5	429	473.7815
1	140	134	6	111	912.5	251	251.6043

截距：-0.0000　　　　　自变量个数：5　　　　　因变量个数：1

评估模型

均方误差（MSE）：1002.8760　　　　　决定系数（R^2）：0.8734

图8-7　人员流动因素回归结果

（三）基于决策树的离职因素分析

对可视化分析中初步确定的离职影响因素进行决策树分析发现，对领导满意度、年度绩效考核结果、薪酬待遇满意度、对晋升满意度以及人际关系满意度是影响离职的主要因素，即该模型成立，且对领导满意度和年度绩效考核结果是影响最大的因素，可以通过上面五个指标进行人员离职预测。如图8-8所示。

（四）基于决策树的离职预测

利用上述决策树离职分析结果对云平台部128名员工做了离职预测，如图8-9所示。

最大树深的选择结果

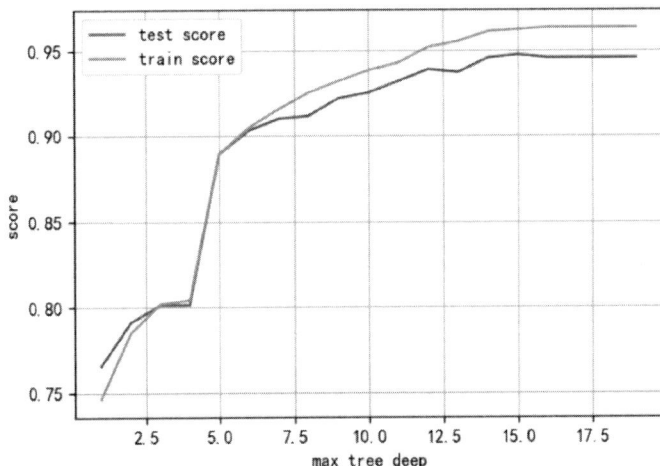

重要性排序　　　　　　　　　　导出

	importance	feature
2	0.3597	对领导满意度
0	0.2339	年度绩效考核结果
3	0.1519	薪酬待遇满意度
4	0.1395	对晋升满意度
1	0.115	人际关系满意度

分类指标的文本报告　　　导出

type	precision	recall	f1-score	support
0	0.9443	0.9764	0.9601	382
1	0.9536	0.8937	0.9227	207
macro avg	0.949	0.9351	0.9414	589
weighted avg	0.9476	0.9474	0.947	589

精准度：0.9474

图 8 - 8　离职预测的数据挖掘结果

云平台部预测人员中离职人员占比 27.13% ，从经验来看离职比例较高，并且从绩效角度分析绩效等级在 4 和等级 5 的离职比例较大，即高绩效人员离职倾向较为严重，没有参与绩效考核的新人离职意向也比较严重，应该对该类人员进行特别关注。同时基于满意度分析，预测离职人员普遍对晋升、人际关

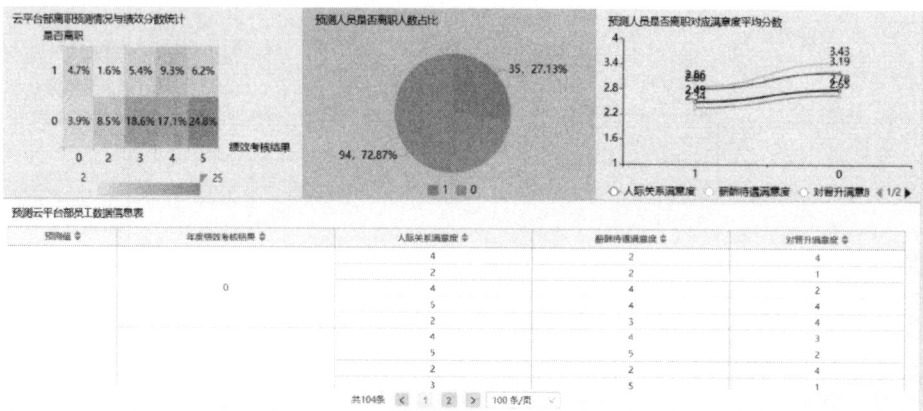

图 8-9 云平台部预测人员分析故事板

系、薪酬待遇、领导满意度都比非离职人员低，且差距最大的是薪酬待遇满意度，公司应该着重提升这方面的水平，留住员工。

第三节 解决方案与优化策略

通过数据分析，T公司净利润呈上升趋势，发展势头较好，但是其目标完成率低，甚至2017年、2018年都没有达标；公司员工学历以本科为主，员工年龄普遍在30岁左右，司龄普遍在3~6年，公司人力资源倾向年轻化；2013~2018年公司离职率逐年升高，人员增长率远不及员工离职率，人员流动过快出现短缺现象；该公司员工绩效水平较好，绩效潜力大多集中于中等水平；在离职数据中，高绩效员工和新员工离职比率较大，公司离职员工离职原因主要出于缺少晋升机会和个人空间发展以及其对公司领导风格的不适应，其中高绩效员工离职主要因为薪酬福利和晋升机会缺少。同时，分析员工的工龄、年龄、司龄对绩效影响不大，对领导满意度、年度绩效考核结果、薪酬待遇满意度、对晋升满意度以及人际关系满意度是影响离职的主要因素。

根据上述结论，提出下列建议：

第一，员工的工龄、年龄、司龄对绩效影响不大，影响员工绩效结果的因素主要是员工能力和潜力，因此，绩效考核制度的设计应以考察员工能力和潜力作为重点。且公司员工非常重视晋升机会，对晋升不满意选择离职的员工有很多，如果想要留住人才，在晋升方面就绝不能助长论资排辈的不良风气。

第二，企业在进行人力资源规划时应保证企业的薪酬具有外部竞争性，可以激励明星员工，可以适当采用不同的薪酬激励方式，优化薪酬结构，尽可能使薪酬结构多元化，注重经济性和非经济性薪酬相结合，同时要添加一些体现人文关怀的企业福利，举办一些猎奇性质的文化活动，满足相对年轻化的企业员工需求。

第三，由于员工离职主要因为缺少晋升机会和个人发展空间。故而企业应该向员工明确相关职位的晋升渠道和职业生涯规划，并定期根据员工的满意度调查和匿名意见反馈，对相关渠道进行灵活的动态调整，保证晋升渠道具有科学性，给予员工较大的职业发展空间。

第四，企业在发展中要注重孕育和发展企业文化，建立员工对领导的匿名评价或建议机制，及时给领导其下级对他的反馈，同时公司对管理层也要进行一定的培训，招聘管理和领导岗位时要注重其领导风格和企业文化的匹配性，使上级的管理风格和领导风格更适应本企业员工性质，同时领导在工作中也要注重对上下级关系的引导。同时公司的管理者和领导也要足够重视员工，关心员工的工作生活和职业发展，耐心给予员工指导和帮助。

第五，针对优秀人才流失问题，应提高其最重视的企业薪酬待遇和晋升和个人发展机会，把绩效和能力作为晋升的重要考评因素，从而不断激发员工的工作热情，调动员工工作积极性，挖掘员工潜力，让员工感受到企业内部人力政策的公平性，进而吸引和保留优秀人才，提高员工的忠诚度。

第六，针对科技企业人员工作节奏快、精神压力大等特点，适当提供心理咨询服务，疏导员工的消极情绪，减轻员工的心理压力。针对公司内部的人际关系，可以适当组织团队活动和团队比赛，增强员工内部凝聚力，同时也可以研发一些内部 App，提供员工展示、交流、分享的线上平台，促进员工之间的沟通了解。

本章小结

（1）数据分析的目的是通过相关数据分析和挖掘，为 T 公司人力资源管理未来发展和制度优化提供建议。

（2）T 公司的营业收入增长速度放缓，公司的目标完成率有明显下降，而且人事费用率在行业中偏低。

（3）T 公司内部人员流动率高，大部分新员工流入技术研发和业务发展部门，内部职级设置为"论资排辈"，人员流失问题比较严重。

（4）员工满意度是影响员工离职的重要因素；员工选择离职的主要原因为寻求个人发展空间和晋升机会，以及对主管管理方法和风格的不适应，明星员工主要由于对薪酬福利待遇不满意。

（5）利用大数据挖掘技术处理复杂人力资源管理问题的流程和思路。

思考题

（1）如何理解大数据分析对企业人力资源管理的价值？

（2）选择一种或者多种大数据处理技术分析现实中两家公司的人力资源管理现状。

第九章　社会网站人力资源大数据分析典型实例

本章分别介绍了基于智联招聘网站的"CIER 指数"、基于"58 同城"网站的"蓝领就业景气指数"、基于百度搜索引擎的"失业百度指数"和"招聘网站活跃度指数"、基于微信的"失业"与"就业"微信指数。同时，介绍了基于小红书用户的海量笔记，利用大数据技术分析疫情影响下大学生的求职行为。

第一节　基于智联招聘网站的"CIER 指数"

智联招聘网站成立于 1994 年，2014 年 6 月 12 日正式在纽约证券交易所挂牌上市，经过 20 多年的发展，逐渐成为国内主流的招聘网站。该网站日均活跃求职者用户 468 万人，累计合作企业 351 万家。截至 2017 年 3 月 31 日，智联招聘拥有 1.35 亿注册用户[①]。

智联招聘网站作为国内在线招聘网站的主体，已经被国内的部分学者和机构用以收集劳动力市场匹配数据，以测量劳动供求状况、分析劳动市场歧视等问题。例如，Kuhn 和 Shen（2009）、中国就业研究所的 CIER 指数。其中，"CIER 指数"的全称是中国就业研究所市场就业竞争指数，这是中国就业研究所在 2008 年金额危机爆发之后提出来的。它是劳动力市场求职申请人数与市场招聘需求人数的比值（CIER 指数 = 求职申请人数 × 招聘需求人数），反映了劳动力市场上求职人数与岗位空缺数量的比例状况。中国就业研究与智联招聘网站建立合作关系，基于北京、上海等全国 30 多个大中城市智联招聘网站的求职申请人数和招聘需求人数，构建了 CIER 就业竞争指数，简称 CIER 指数。根据智联招聘网站的数据周期，中国就业研究所推出月度 CIER 指数、

---

① 数据来源于智联招聘网站，https://special.zhaopin.com/sh/2009/aboutus/about.html，2017 年 12 月 19 日。

季度 CIER 指数，同时，还根据行业分类、职业分类和地区（城市）划分，分别给出了行业 CIER 指数、职业 CIER 指数和地区（城市）CIER 指数。例如，图 9-1 给出了从 2011 年第一季度（2011Q1）至 2020 年第四季度（2020Q4）每季度的 CIER 指数、招聘需求人数和求职申请人数。

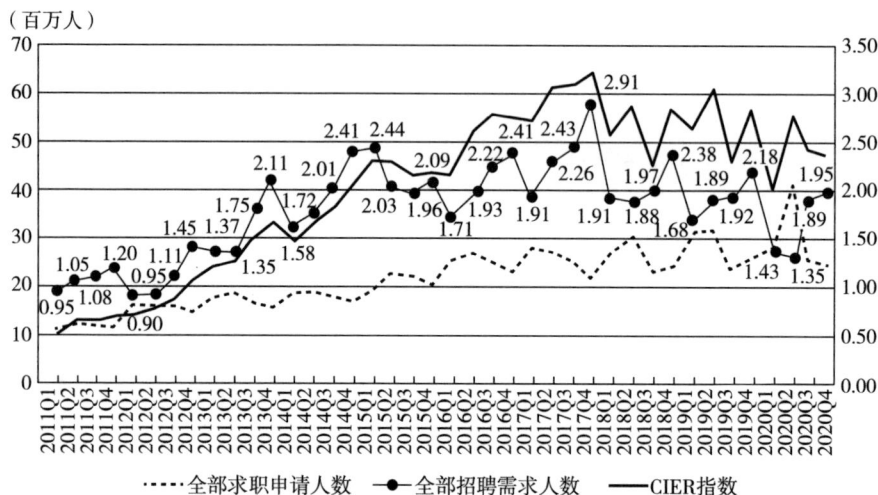

图 9-1　2011 年第一季度至 2020 年第四季度 CIER 指数

资料来源：中国人民大学中国就业研究所，智联招聘. 2020 年第四季度中国就业市场景气报告［EB/OL］. 中国就业研究所网站，http：//www. chinajob. gov. cn/.

第二节　基于"58 同城"网站的"蓝领就业景气指数"

58 集团创立于 2005 年 12 月，到 2011 年 12 月，月度日均用户突破 1000 万人。从求职者技能分类和空缺岗位的技能需求来看，"58 同城"招聘上的求职者以低技能求职者（或称为"蓝领"）为主，空缺岗位以低技能岗位为主。"58 同城"招聘占据"蓝领"工人招聘市场份额的 80% 以上，覆盖全国 300 多个城市。[①]

---

① 2018 年课题组与"58 同城"负责人访谈资料。据"58 同城"负责人介绍，"58 同城"与赶集网合并之后，这两个网站对"蓝领"工人的招聘比例占据"蓝领"工人招聘市场份额的 80% 以上。

基于"58 同城"招聘网站大数据，中国就业研究所与 58 同城招聘研究院联合开发"中国蓝领就业景气指数"（BLUE 指数，简称 B 指数、"蓝领指数"）。该指数是通过计算招聘人数和投递求职者数得到的，其测量对象为我国新时期产业工人、生活服务业的基层员工以及其他企业基层员工等，反映了我国第二、第三产业基层人员就业的整体走势及市场景气程度。如图 9 - 2 所示。

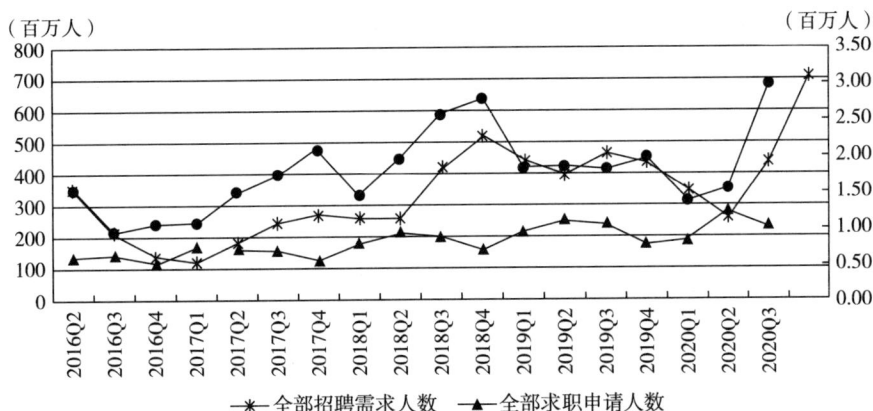

图 9 - 2　2016 年第二季度至 2020 年第三季度"蓝领就业景气指数"

资料来源：中国人民大学中国就业研究所，58 同城．蓝领就业市场 2020 年第三季度研究报告［EB/OL］．中国就业研究所网站，http：//www.chinajob.gov.cn/．

第三节　基于百度搜索引擎的"失业百度指数"和"招聘网站活跃度指数"

2021 年 2 月《中国互联网络发展状况统计报告》显示，截至 2020 年 12 月，我国搜索引擎用户规模达 7.70 亿，占网民整体的 77.8%。因此，除了招聘网站，搜索引擎也是人们进行工作搜寻的重要媒介之一。那么基于搜索引擎所记录的工作搜寻行为数据，也能够对劳动力市场运行状况进行分析。从已有研究来看，基于百度搜索引擎进行劳动力市场监测的指标主要有"失业的百度指数"和招聘网站访问量及访问人次。

百度搜索在 2006 年 11 月推出百度指数。这是基于百度网站及其下属各产品的海量网民行为数据提供的数据分享平台。该指数能够展现出某个关键词在百度的搜索规模，一段时间内的涨跌态势以及相关的新闻舆论变化，关注这些词的网民是什么样的、分布在哪里，同时还搜了哪些相关的词。截至 2014 年，百度指数主要功能模块有基于单个词的趋势研究（包含整体趋势、PC 趋势还有移动趋势）、需求图谱、舆情管家、人群画像；基于行业的整体趋势、地域分布、人群属性、搜索时间特征。

一、失业的百度指数

根据国外已有的研究成果，基于搜索引擎（主要是谷歌）上关于人们工作搜寻行为的大数据，能够预测失业率。这是基于网络大数据进行失业率预测的一种有效方法。根据这种方法，国内学者也尝试基于百度搜索引擎的数据，预测国内的失业率。例如，Su（2014）根据百度指数，构建了失业的百度指数。百度指数通过百度搜索引擎返回关键词搜索的用户流行度指数。一个关键词的指数是一段时间内的指数值与基准时间内指数值的比率。指数值取决于在一天内搜索关键词的 IP 地址的总计数。要通过百度索引数据建立有意义的指标，有必要考虑到关键词搜索量的增加可能是由于新的搜索引擎用户的增加。假定搜索引擎用户的变化与他们的搜索行为并无系统相关。这是由于新搜索引擎用户与已有用户行为并无区别。因此，即使用户数量变化，关键词的相对频率也还可以用来解释问题。关键词搜索强度的指数表示的是，与关键词相关的行为对于与关键词相关的问题的关注程度。

在基于百度搜索引擎数据对失业状况进行监测时，将定义百度指数 BI 作为关键词"失业"和"工作搜寻"的百度指数比率，衡量的是"失业"搜索的相对强度，每周的 BI 波动比较大。为了较少时间序列的噪声并获得一致的信息充分的指标，进一步将搜索指数进行平滑化。模型如下所示：

$$MA_t = \frac{1}{k} \left(I_{t-k+1} + I_{t-k+2} + \cdots + I_t \right)$$

着重分析不超过四周的时间序列平均。每周的 BI 和 GI 数据被聚合成月度序列并纳入模型。

二、招聘网站活跃度指数

以百度搜索引擎为例，可以在百度上收集一段时间内国内主流招聘网站的访问量和网站访问人数数据。[①] 董倩（2017）根据这些数据，构建招聘网站活跃度模型，如下所示：

$$A_{i,t} = \sum_{i=1}^{n} \omega_i \frac{N_{i,t}}{P_{i,t}} \qquad i = 1, 2, \cdots, n; \ t = 1, 2, \cdots, m$$

其中，$A_{i,t}$ 为招聘网站在某个时间段的活跃度；$N_{i,t}$ 为招聘网站在某个时间段的访问量；$P_{i,t}$ 为招聘网站在某个时间段的访问人数，ω 为不同行业的权重；t 为时间，可以表示为日、月、季或年；i 为不同行业，如房地产业、工业、金融业等。

第四节　基于微信（即时通信）的"失业"与"就业"微信指数

　　微信（WeChat）是腾讯公司于 2011 年 1 月 21 日推出的一个为智能终端提供即时通信服务的免费应用程序。微信官方统计显示，截至 2016 年第二季度，微信已经覆盖中国 94% 以上的智能手机，月活跃用户达到 8.06 亿。[②]

　　2017 年 3 月 23 日，微信官方推出了"微信指数"功能。这是基于微信大数据分析的移动端指数。微信指数是微信整合了其搜索和浏览行为数据，基于对海量云数据的分析，从而形成当日、7 日内、30 日内以及 90 日内的"关键词"的动态指数变化情况，方便人们看到某个词语在一段时间内的热度趋势和最新指数动态。简单地说，就是通过微信指数，我们可以看到某件事物在微信上被大家搜索了多少次、讨论了多少次、热度究竟有多高、人们的兴趣有多浓。具体操作是在微信手机端，从"小程序"→"微信指数"→"输入词语搜索"。

　　当通过微信指数进行劳动力市场监测时，可供选择的词语包括"就业""失业""劳动力市场"等，即可呈现当日、7 日、30 日和 90 日的指数变化环比图（单位：K、M）。图 9—3 中从左到右依次展示了"失业"和"就业"这两个词语在 2020 年 2 月 1 日的 7 日内、30 日内、90 日内的微信指数。除了呈现单个词语在一定时期内的变化图，还可以进行对比多个指数。

---

　　① 董倩（2017）选取某搜索引擎 2013 年 7 月到 2016 年 6 月，全国 25 个主流招聘网站（剔除"58 同城"、赶集网）的访问量次数和访问人数数据。数据显示，2013 年 7 月到 2016 年 6 月的招聘网站，总访问量约为 413 亿次，平均每天访问量为 3782 万次。

　　② 搜狗百科，https://baike.sogou.com/v18046480.htm?fromTitle=微信.

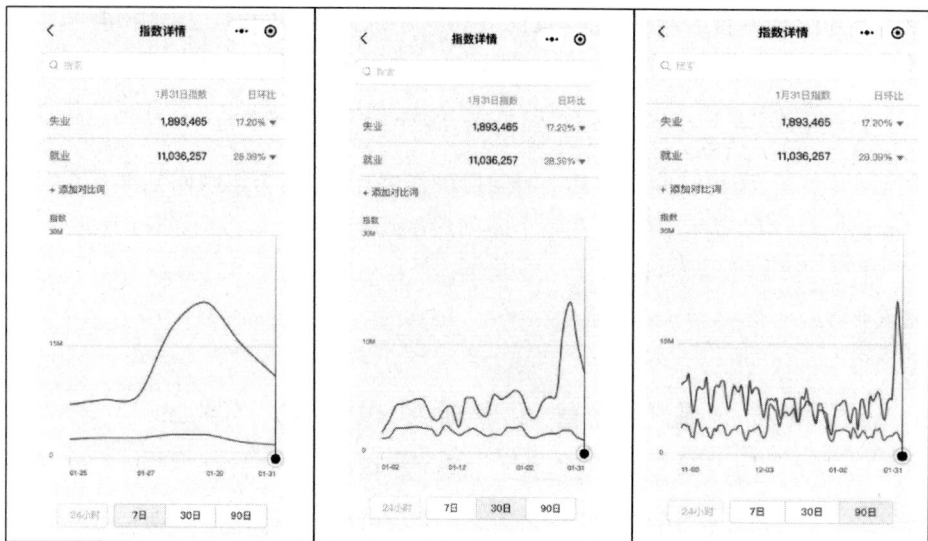

图 9 - 3　以"失业"和"就业"为例的微信指数

资料来源：笔者在 2020 年 2 月 1 日从微信指数小程序中获取。

第五节　疫情影响下的大学生求职行为
——基于小红书用户笔记的分析结果①

2020 年，受疫情等多方面形势影响，应届生就业面临诸多挑战。同时，应届生开始更多使用社交平台进行求职经验、求职心态和求职进展等内容的分享，互帮互助，抱团取暖。2020 年 12 月 24 日，小红书与猎聘联合发布《2020 大学生求职报告》。基于小红书用户的海量笔记，利用大数据技术提炼了六大关键词组，结果如下：

一、关键词组一：超长求职季

从大学生笔记中探寻他们对 2020 年求职季的整体感知，发现这是一场持久战，共有 55300 人在小红书发笔记许愿，期望通过努力获得理想工作，是 2019 年的 10.3 倍；38343 人晒出 Offer，较 2019 年同期增长 11 倍。小红书站

---

① 本文源自《2020 年大学生求职报告》，由小红书科技有限公司提供素材。

内相关搜索和发布一直呈爬升趋势，于 11 月第 3 周达到高峰。而 2019 年全年的发布和搜索有两个小高峰：一个在 4 月中旬，另一个在 10 月中旬；在 7 月、8 月暑假期间几乎没有讨论，10 月后热度也迅速滑落。由此可以看出，相较于 2019 年，对 2020 年校园招聘的讨论热度一直在升高，持续时间非常长。

二、关键词组二：迷茫中的坚持

分析所有大学生求职笔记中的情绪性词汇发现，2020 年求职大学生怀着一种复杂的情绪，近 50% 提到了迷惘，但提到"坚持"的更多，占 75%。较 2019 年同期提及"调整求职心理预期"的小红书博主增长了 320%，"保底"的笔记提及率相较 2019 年翻了三番。如图 9 - 4 所示。

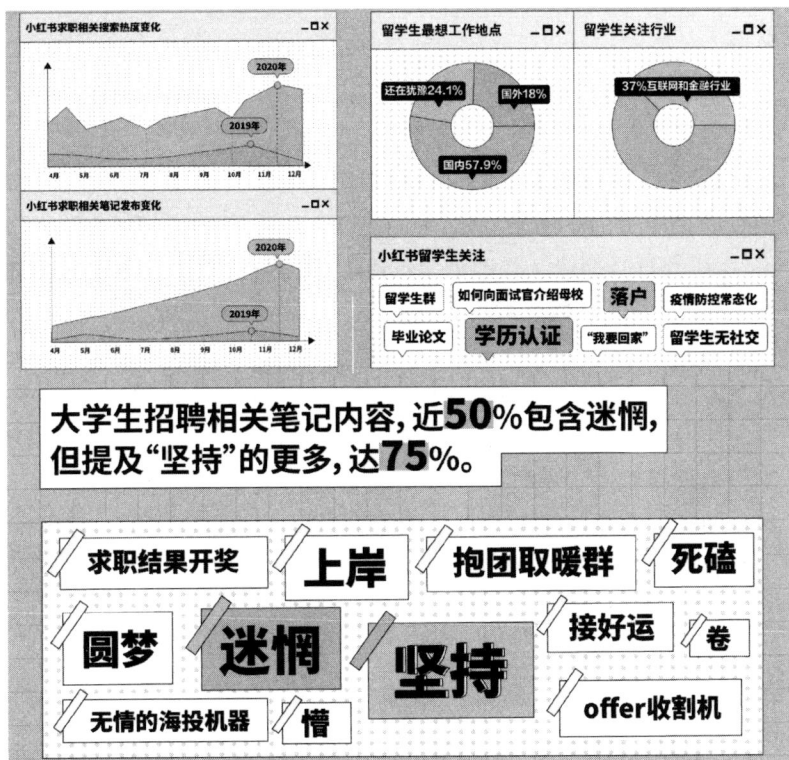

图 9 - 4　疫情期间求职

三、关键词组三：留学生归国热

2020 年，近六成海外留学生想回国工作。小红书 2021 届留学生回国求职有关的笔记发布较2019年同期增长了近7倍，占全部留学生相关内容的82%。小红书上2021届留学生最关注的行业分别为金融行业和互联网行业，相关笔记各占留学生求职全部笔记的37%。分析大数据发现，小红书上留学生最关心的问题是回国就业后的学历认证和落户。他们也面临向面试官介绍海外学校的困境，关注疫情防控常态化，担心就业与完成毕业论文的时间冲突。无论如何，"我要回家"是他们的心声。

四、关键词组四：追寻自我，拒绝悬浮

大数据分析发现，2020年大学生在求职过程中保持着理想与理性的平衡，崇尚个性，也更加脚踏实地。他们在小红书上分享自己在简历的关键词，彰显自己看中的求职能力，其中不少颇具时代特色。在他们看来，"网络文学写手"的身份和"当上学生会主席"同样值得骄傲。他们最看中的能力是"网感好"。

五、关键词组五：对新职业的讨论

互联网是2021届毕业生求职讨论中最热的行业，相关笔记占全部讨论的47.2%。根据猎聘大数据，互联网聚集的新增职位最多，占全行业的21.87%。在线教育受追捧，教师则是热度上升最快的职业，搜索量较2019年同期上升了69.77%。猎聘大数据显示，2020年在线教育新发职位在整体教育培训行业职位的占比近20%。

针对职业的讨论涉及359种职业，小红书热议的不少新兴行业显示出吸纳人才的巨大潜力，其中不乏近年来国家发布的新职业。如服装网店打款师、数字化转型咨询师、直播"带货"经纪人、IP猎手、剧本杀主持人、民宿试睡员、家庭整理师、农业经理人、在线学习服务师、运动康复师、社区网格员、无人机出租商等。如图9-5所示。

六、关键词组六：网络社区助力求职成功

大学生利用网络社区在线学习，不断积累求职技能提高求职能力，应对挑战。小红书博主分享自身经历，为应届生答疑解惑。在职场经验分享最受欢迎的博主方面，"2020届毕业生""全职知识博主""热门企业的员工或前员工""专业HR"和"心理咨询师"的热度位居前五名。在各种职场"干货"中，热度最高的是简历技巧。针对如何提高求职成功率，分享求职经验的小红书博主中，超过50%提及"实习经历"的重要性。如图9-6所示。

图 9-5 职业与简历元素

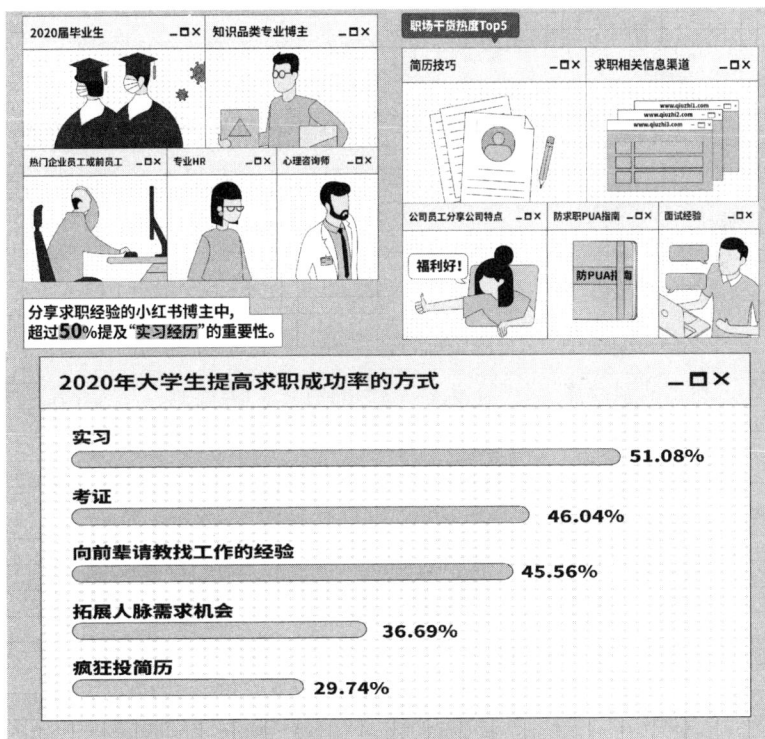

图 9-6 求职经验分享

本章小结

（1）基于智联招聘网站大数据所构建的"CIER 指数"是指劳动力市场求职申请人数与市场招聘需求人数的比值（CIER 指数 = 求职申请人数 ÷ 招聘需求人数），反映了劳动力市场上求职人数与岗位空缺数量的比例状况。

（2）基于"58 同城"招聘网站大数据所构建的"蓝领就业景气指数"是计算招聘人数和投递求职者数得到的。其测量对象为我国新时期产业工人、生活服务业的基层员工以及其他企业基层员工等，反映了我国第二、第三产业基层人员就业的整体走势及市场景气程度。

（3）基于百度搜索引擎数据，对失业状况进行监测时，将失业的百度指数作为关键词"失业"和"工作搜寻"的百度指数比率，衡量的是"失业"搜索的相对强度。某招聘网站某时间段的活跃度指数可以表示为招聘网站在某个时间段的访问量与该网站在某个时间段的访问人数的比值。

（4）"失业"和"就业"微信指数是微信整合了微信上的搜索和浏览"失业"和"就业"这两个关键词的行为数据，基于对海量云数据的分析，从而形成当日、7 日内、30 日内以及 90 日内的这两个"关键词"的动态指数变化情况，方便人们看到这两个词语在一段时间内的热度趋势和最新指数动态。

（5）基于网络用户的海量笔记，利用大数据技术提炼关键词组，反映求职市场的变化。

思考题

（1）请自行查找人社部"求人倍率"的概念，阐述其与"CIER 指数"的区别。

（2）结合本章介绍的"CIER 指数"和"蓝领就业景气指数"概念，阐述这两个指数的异同。

（3）简要分析"失业的百度指数"与"失业"的微信指数之间的异同。

第十章 基于 VR 的大数据人才 测评实例[①]

本章主要介绍 VR 大数据现代测评技术的背景、特点、实施、结果解读和应用领域，重点是在校大学生测评结果报告解读和企业员工测评结果报告的解读方法，并对 VR 大数据测评在企业人才发展方面和学校人才培养方面的应用做了相应的论述。

第一节　VR 大数据测评背景

一、宏观背景

2019 年 11 月 6 日，国家发展改革委修订发布了《产业结构调整指导目录（2019 年本）》（以下简称《目录（2019 年本）》）。《目录（2019 年本）》面向新时代的新要求，以深化供给侧结构性改革为主线，将党的十九大报告特别点名的行业，即人力资源服务业列入鼓励类第 46 项，并提出七项具体内容，七项内容中，将"人力资源与人力资本信息化建设"作为首要任务，将"人才测评""人力资源培训""人力资源信息软件服务"作为重要抓手。众所周知，互联网时代的核心是两个字："链接"，AI 时代的核心也是两个字："判断"，AI 必须依赖大数据，而将大数据技术应用于人才测评，是大数据诸多功能中最根本，也是最核心的功能。

二、技术背景

大数据现代测评技术是测评领域近年来最新和最前沿的技术革新动向成果之一，是现代科技测评的里程碑技术，该技术不仅解决了传统测评技术媒介单

[①] 本实例由北京潜质大数据科学研究院提供。

一以及 AC 测评中心数据效率较低的问题；而且解决了笔试测评中重认知轻行为、单一枯燥；模拟测评中的社会期许、假设伪装；当前所有测评技术的结果判定大都非常依赖专家经验、评估师主观判断三大问题。该技术也成为中国人力资源开发研究会人才测评专业委员会 2020 年会上最具吸引力的研究话题。

基于 VR 的大数据现代测评系统是北京潜质大数据科学研究院联合斯坦福大学、杜克大学等国外顶级高校，在 1300 万个企业实证研究数据和多所高校大量学生深度访谈基础上，结合冰山素质模型率先研发出来的 VR 大数据测评系统。基于 3E Model 系统模型的相关线上、线下科技产品已服务国内 100 多家企业、近 100 家高校，拥有 2000 多万的多元异构的数据量，与之配套的知识产权近 100 项，并通过国家知识产权 GB/T29490 – 2013 标准认证，目前已联合中国人力资源开发研究会人才测评专委会等测评界的权威组织开展普及和联合研究工作。

该平台成功融合 VR 场景这种高仿真、高沉浸感的特点，尤其是解决了多元异构数据采集的难点，将文本、语音、行为、时间、空间、生理等多元异构数据通过 VR 进行科学采集，结合大数据处理和分析理论、工具和算法，是大数据测评技术诞生以来首款具有应用意义的系统平台，具有稳定成熟以及科技含量高、学科交叉度高、领域关注度高"三高"特点。如图 10 – 1 所示。

图 10 – 1　VR 大数据测评场景

三、环境背景

VR 大数据现代测评系统的环境框架如图 10 - 2 所示。

硬件环境：Pico，G2，4K 高清，Plus；42 寸一体机投射系统。

软件环境：GPCA 大数据现代测评系统 V2.1。

系统环境：无线连接 Internet 可用，评估数据云管理系统 V2.3。

用户管理系统

语音识别人工校对系统

VR测评控制系统

专家评审及系统智能
学习系统

测评数据收集
管理系统

客户端

云服务端

管理端

开放性答案自主
判定系统

评测数据实时展示系统

多级管理人员管控系统

图 10 - 2　VR 大数据现代测评系统的环境框架

第二节　VR 大数据测评的特点

相对于传统问卷、量表，基于 VR 的大数据现代测评技术具有以下显著特点：

一、减少社会期许效应

传统的问卷、量表测评存在较显著的社会期许效应，比如，问卷中的问题：你是一个有爱心的人吗？选项有非常同意、同意、不确定、不同意、非常不同意。面对这样的题目，绝大多数人会选择前两个，因为这里面有一个社会期许效应，人们都希望自己是一个有爱心的人，这样的人是社会所呼唤的，但是这种传统测评实际测出来的是"想象中的自己"，不是真实的自己。而基于VR 的大数据测评，可以很好地避免此类效应，比如同样的问题，当被试者带上 VR 眼镜以后，看到一个老人在路边摔倒了，这个时候我们去看看被试者的表现就很明显了，VR 具有行为捕捉功能，如果被试有上前扶老人的动作，或者有上前扶老人的倾向，我们就可以根据大数据去判定这个人的爱心状况，而被试的这个动作是无法伪装的，因为人们带上 VR 眼镜以后，看到的情景是身临其境的情景，是发生在眼前的情景，是眼见为实的情景，不会感觉到"假"，被试的反应是自然的、真实的，是没有经过加工处理的，而这种真实数据，是大数据测评中最重要的组成部分。

二、场景多维性

传统的问卷、量表测评存在测评场景单维的问题。所谓单维，一方面是指通过问卷、量表核心是测评学生的认知层面，信息很单一；另一方面是指学生只在一个环境下开展测评，如在一个指定的教室里，无法实现测评协同。而基于 VR 的大数据测评，可以很好地避免此类情况，VR 大数据现代测评，收集到的信息不仅包括认知层面，还包括行为层面、生理层面、语言层面、时间信息、位置信息等，同时，基于 VR 大数据现代测评技术，一个测评系统至少包括三种不同的场景，三种不同的场景就是三种不同的测评环境，通过不同的环境去激发和测评一个人，相互验证，互为因果，稳定关联，这本身就是提高效度的最好办法。

三、测评客观性

传统的问卷、量表测评存在主观判断，依赖专家的问题。有专家参与的测评自然是好事，问题在于是人就会出错，是人就会有情绪，是人就会受到影响，如何把好事做得更好，既有专家的功能，又没有专家可能的错误、情绪、被影响？基于 VR 大数据现代测评正在解决这个问题，通过大量的动态标定大数据对神经网络系统模型进行训练，训练出用于测评数据处理和测评结果判定的人工智能系统，然后通过程序和计算，加持数据处理和测评结果判定，避免了人的情绪等方面的影响，更加公正、客观、科学。

四、测评公平性

传统的问卷、量表测评是有标准答案的，因此在测评中，如何防作弊成为一个很关键的问题。在很多人才面试中，被试者为了拿高分，学了很多答题技巧，甚至报了很多辅导班，人才测评最后变成了"应试"，变成了考官和被试之间的斗智斗勇，这个肯定不是我们想看到的结果。基于 VR 的大数据现代测评技术，通过 VR 场景，采用类游戏的方式，被试过程中无对错之分，没有标准答案，只有高低的不同，大数据自学习算法会对已有常模进行动态更新和调整，所以这种测评技术不需要防作弊，大大减轻了测评负担。

五、测评趣味性

传统的问卷、量表测评是基于假设和想象的，存在枯燥、体验感差等问题。比如一些场景类题目，被试者需要先读完一段材料以后，根据材料作答，而被试者需要先想象一下这个测评题目中给出的场景，尽量去假设自己在这样的场景下该如何做。另外，很多专业的问卷，动辄在 200 道题左右，做到最后其实已经无感了，很枯燥，甚至很烦。基于 VR 的大数据现代测评技术有效解决了上述问题，通过 VR，采用类游戏的方式，所有场景都是真实发生在眼前的，不需要想象，不需要假设，同时，类游戏的设置，使测评生动有趣，让人沉浸其中，一边玩，一边完成测评，达到了测人于无形、寓测于乐的效果。

六、数据集成性

基于传统问卷、量表测评去构建 AC 中心成本很高，很多单位和组织是很难做到的，而基于 VR 的大数据现代测评技术，每一个 VR 设备可自成一个 AC 中心，这里面包括了多种测评方式，比如类角色扮演、准公文筐处理、类无领导小组等，这使传统意义上很难做到的 AC 中心成为可能，且成本大大降低，最简单的 AC 中心可以是一台 VR 一体机、一个显示系统、一套大数据测评软件即可构建初级 AC。

七、大数据量级

基于传统的问卷、量表测评是很难做到大数据所要求的数据量级的，一套问卷或量表，采集到的数据条数是有限的，一个人一次测评大概在 100 ~ 200 条，而基于 VR 的大数据现代测评技术，每次测评，目前可以采集到的数据在 2000 条以上，是传统测评的 10 ~ 20 倍，这相对于传统测评是一个指数级增长，是可以真正做到大数据测评所要求的"海量数据"，同时，通过二次开发，数据量可以在原有基础上再次增加，可以达到 10000 条以上，再次实现指数递增。

另外一点值得注意，通过数据量增加，专业人员可以构建新的人才测评模型，通过大数据验证，新的人才测评模型可以产生新的应用，这解决了传统测评一套问卷只测一个方面，即解决了传统测评中数据利用效率低的问题。同时这种测评技术融合了心理学、管理学、组织行为学、教育学、计算机、云计算、大数据、图形处理、VR 技术、Python、人工智能等学科，属于典型的跨界交叉融合。

第三节　VR 大数据测评分析

一、VR 大数据测评分析的步骤

VR 大数据测评系统主要包括以下步骤：

（1）数据预处理。主要是去除不完整、含噪声和不一致的数据，缺失值处理、噪声数据和离群点的清洗，提高数据的一致性、准确性、完整性、可信性和可解释性。

（2）数据再提取。主要是客观选项数据、操作时间数据、行为轨迹数据、语音文字数据、提取语音数据中的音色、音调、响度、周期、波长、频率、振幅、相位、声压、声强等特征；眼睛关注点数据、手部操作数据等多维度数据、时间数据、空间数据，分别按照约定格式存储，如图 10 - 3 所示。

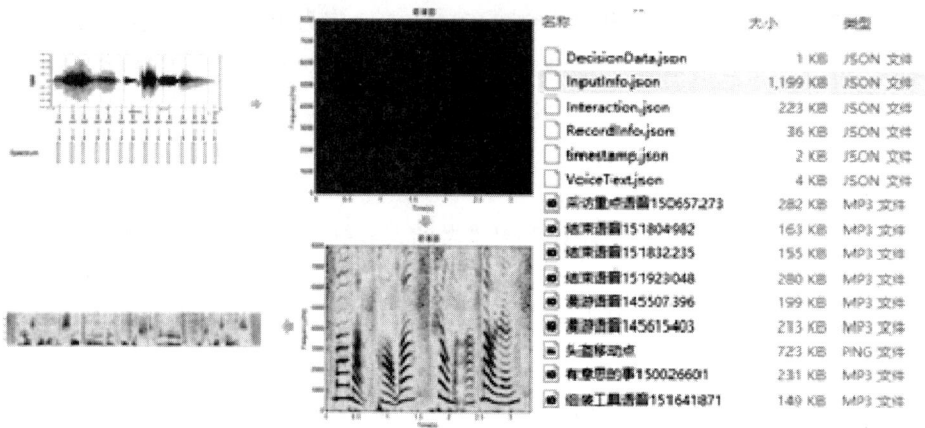

图 10 - 3　语音谱图处理过程及多元异构数据样例

（3）利用设定算法、人工智能模型进行运算处理，融合多种数据处理结果。

（4）基于前期处理结果和相应的大数据库特征分布情况，调用相关进程和服务，出具个性化报告。从数据采集，数据处理到报告生成的过程如图10－4所示。

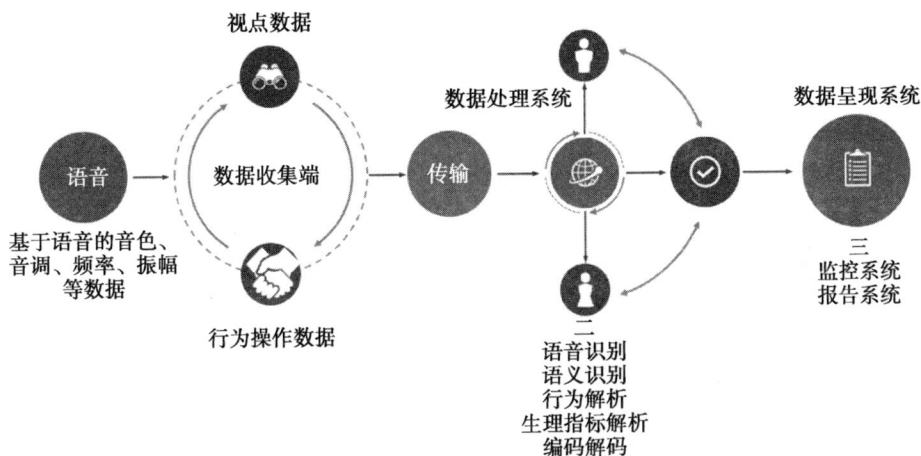

图10－4　数据收集及分析过程示意图

基于 VR 的大数据分析，可以形成有针对性的个体报告和群体报告，为专业化的报告解读和个性化培养制订提供数据基础。VR 测评具有生动有趣的类游戏化体验，紧跟现代科技发展前沿，运用多维大数据分析和人工智能处理技术，大大提升了测评的体验感和兴趣关注度，整体提升参与度、好感度；同时，对于体验的数据，由于是原创第一手数据，极具科研价值和分析价值，其分析研究结果而成的论文具有很高的质量，深受广大核心期刊和外刊的欢迎。

二、VR 大数据测评潜质理论分析模型

VR 大数据测评的理论基础，是在大量本土化数据的基础上，融合麦克利兰冰山素质模型，结合两个世界顶级 VR 实验室的最新研究成果（Stanford University 的 VHIL 实验室，Duke University 的 DIVE 实验室），通过大量的理论研究和实证数据验证（40 年长期跟踪 L 计划），深度结合国家人才发展战略而形成的。北京潜质大数据科学研究院（PRI）是一家从事潜质的理论研究与实践研究的科研机构，结合质性研究和量化研究的方法，构建出了"3E

Model"潜质模型，"3E"是指"Exploration""Empathy""Enlightenment"，分别代表"探索力""共情力"和"创解力"，具体如图 10 – 5 所示。

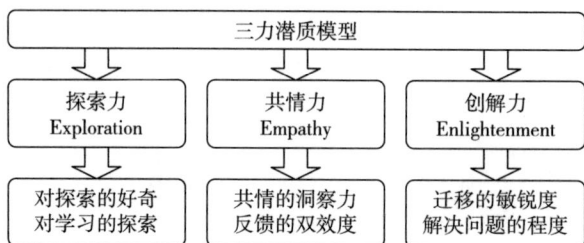

图 10 – 5　"3E Model"潜质模型

潜质模型中的探索力对应 lead oneself，其本质是丰富自我认知世界，即个体对事物、对他人、对自己的认知。探索力分为对探索的好奇和对学习的探索两部分。

潜质模型中的共情力对应 lead someone，其关键点是同理对方并给对方带来积极影响。共情力共情的洞察力和反馈的双效度由两部分组成。

潜质模型中的创解力对应 lead something，其核心是基于解决问题的跨领域思考。创解力包括迁移的敏锐度和解决问题的程度。

第四节　在校大学生测评报告解读

VR 大数据现代测评技术的一个重要应用场景是大学生职场领导力潜质评估。大数据分析研究发现，一个人的职业发展，主要是指职位晋升中，专业方面的知识技能起到的作用占 20%，职场领导力起到 80% 的作用，包括自我认知的能力、有效共情他人的能力、创造性解决问题的能力。然而，对于将要走入职场的大学生而言，如何尽快适应职场、成功转变角色，并在整个职业生涯中得到快速发展、实现自身价值，是其最迷茫和困扰的问题之一。职场领导力潜质测评旨在帮助大学生发掘探索力、共情力和创解力这三个能力的潜在素质，潜质评估的过程是发现自身优势的过程，是排解迷茫的过程，也是提升核心竞争力的过程。大学生的测评报告可以结合领导力潜质开发和职业生涯规划课程使用，通过翔实的测评数据指引学生未来的职业发展。

下面我们就以某大学生的职场领导力潜质评估报告为例，对报告进行解读：

一、综合测评结果解读

该报告是基于3E Model 的大学生职场领导力评估，主要用于判断大学生的职场领导力潜质，综合结果如图 10 –6 所示。

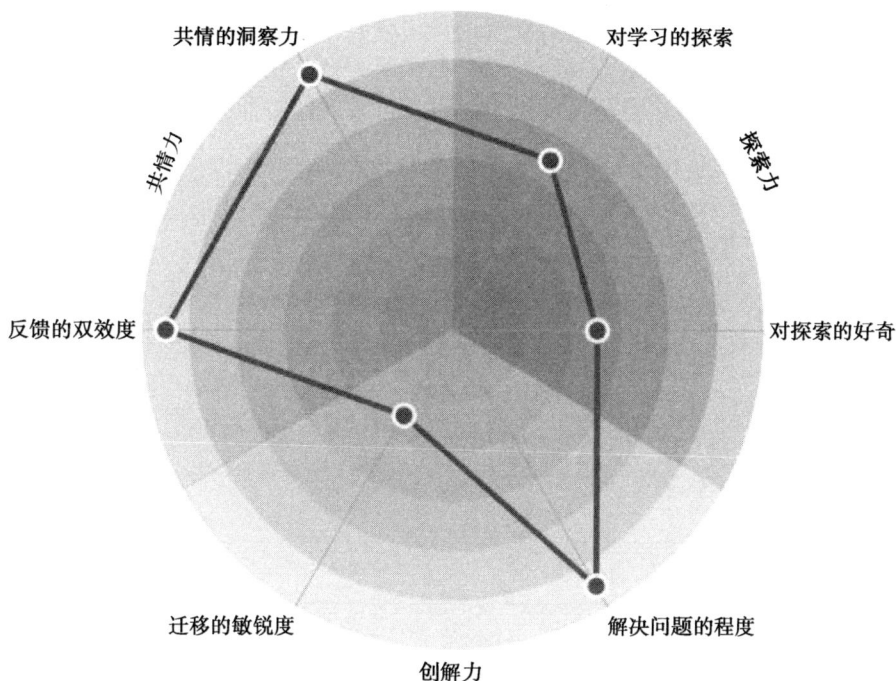

图 10 –6　评估结果综合描述

从图 10 –6 可以看出，在该学生的职场成长画像中，其共情力、探索力、创解力三个职场领导力发展不均衡，该生在共情力方面潜质较高，在探索力和创解力方面表现一般；该生两个表现一般的潜质项又有较大区别，其中探索力的两个子维度均处于中等水平；但是创解力方面中，解决问题的程度得分较高，达到了和共情力得分同一水平线，迁移的敏锐度得分很低，是所有六项子维度中最低的一项；该生的共情力是职场成长潜质中的优势方向，可以作为个人的优势继续放大，充分发挥；探索力两个子维度都比较低，属于个人劣势项，以后职场中可以考虑有意识避开与本潜质项相关的工作方向；创解力现在处于较低水平，但是本潜质项具有较大提升空间，可以通过后期有意识的学习历练得以提升，假以时日，会有很大改变。

二、共情力测评结果解读

共情力需要从三个层面进行解读和理解，分别是"整体层面""层级层面"和"发展层面"。整体层面是指从整个得分状况上来分析，了解共情力所有八个层级上的得分总情况；层级层面是指所有层级的个体得分，以及每个层级得分对其他层级的影响；发展层面是在了解了自己在这个潜质项以及每个层级得分的基础上，发现短板及关键阻碍点，进行有针对性的提升发展，以起到事半功倍的效果。图 10－7 展示了某大学生的共情力测评结果。

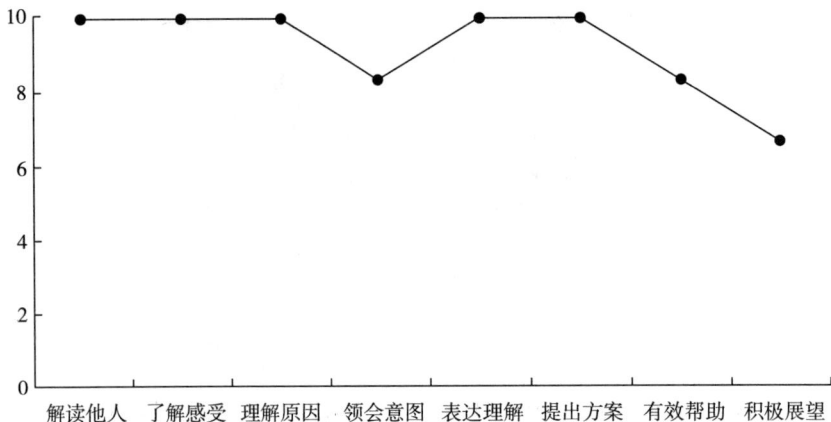

图 10－7　共情力得分概览

从图 10－7 可以看出，从整体层面上来看，该生在共情力这个职场成长潜质项方面处于较高潜质水平，同时本潜质项也是该生的优势潜质项，那看本潜质项就要从发挥优势方面解读；对于本潜质项，评估报告中给的解读是"能够自然而然地表现出对他人的关怀，有能力化解尴尬"，对于这句话，既是点评更是要求，要求充分发挥优势，达到自然而然地展示关怀和帮助，巧妙化解尴尬的场面。

在层级层面，从图 10－7 可以很明显地看出，该生在解读他人、了解感受、理解原因这三个认知层面上得分最高，在领会意图这个认知能力上还有提升空间；在行为层面上，该生在表达理解、提出方案上得分较高，但是在有效帮助和积极展望两个方面的得分逐渐降低；这里面突出了问题所在，认知层面是在于领会意图，行为层面首先要打通有效帮助。

在发展层面，需要在了解图 10-7 潜质项概况的基础上，结合图 10-8 所示的潜质层级进行更深层次解读，主要是针对上面的领会意图层级和有效帮助层级。

（1）领会意图层级。对于领会意图层级，在分数较高基础上，怎样才能在领会意图方面做到更精确更明了？潜质发展池定制化地给出了较好建议："学习马斯洛的需求金字塔，在他人向你倾诉的时候，将他的需求按照金字塔来分割"。如图 10-8 所示。

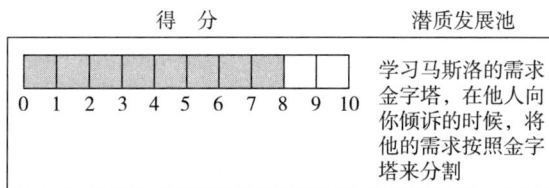

图 10-8　领会意图层级分析

（2）有效帮助层级。对于有效帮助层级，该生得分也处于较高水平，那么针对这个水平而言还能做哪些，以给予别人更多帮助呢？潜质发展池给予了一定建议，如"在引发情绪问题的事件不能得到解决的情况下……"这句话是一个例子，教给你一种处理问题的另外一种思路，你尝试以不同的思路来给予别人帮助，比如先聆听对方讲话，会达到意想不到的效果。如图 10-9 所示。

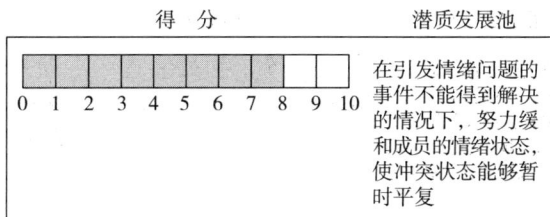

图 10-9　有效帮助层级分析

三、创解力测评结果解读

上面主要是针对该生优势潜质项的分析和解读，那么该学生具有提升空间的劣势潜质项该怎么分析和面对呢？主要是分析创解力，如图 10 – 10 所示。

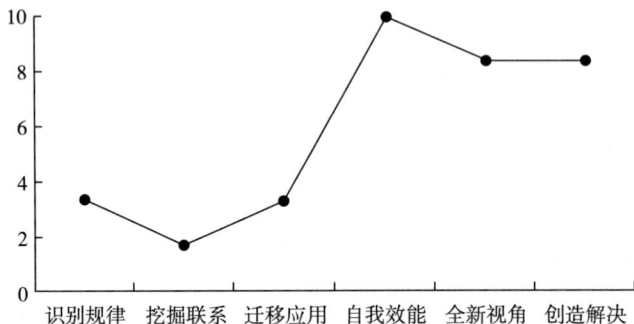

图 10 – 10　创解力得分概览

针对图 10 – 10，也需要从"整体层面""层级层面"和"发展层面"进行解读和理解，但是这三个方面又和优势潜质项的分析方法以及处理方法有所不同。

在整体层面上，该生在创解力这个职场成长潜质项方面处于中等潜质水平，同时本潜质项也是该生的劣势（提升空间大）且较易提升的潜质项，那看本潜质项要从补齐短板方面解读；从图 10 – 10 可以看出，创解力潜质项中解决问题的程度得分较高，但是迁移的敏锐度子维度得分很低；所以想要补齐短板，首先要从迁移的敏锐度着力。

在层级层面，从图 10 – 10 可以很明显地看出，该生在识别规律、挖掘联系和迁移应用方面相当低，同时不像是一般规律那样：挖掘联系得分高于迁移应用得分。在本子维度中，得分高低没有绝对的逻辑规律；同时在创解力潜质项中，又违反了认知层面较高才会在行为有更好表现的一般规律。这说明该生认知层面得分较低很可能是因为没有经过系统的学习训练，而不是本身能力不够的问题，所以该生通过系统的学习和训练后，本潜质项的提升潜力会非常大。

结合上面分析的层级得分表现，在发展层面首先要在得分低的层级上分别训练再加上系统整体培训；面对这种情况，该生可以参照分维度解读中的潜质发展池建议（见图 10 – 11）进行训练，有了一定基础后再求助于专业的老师进行系统培训。

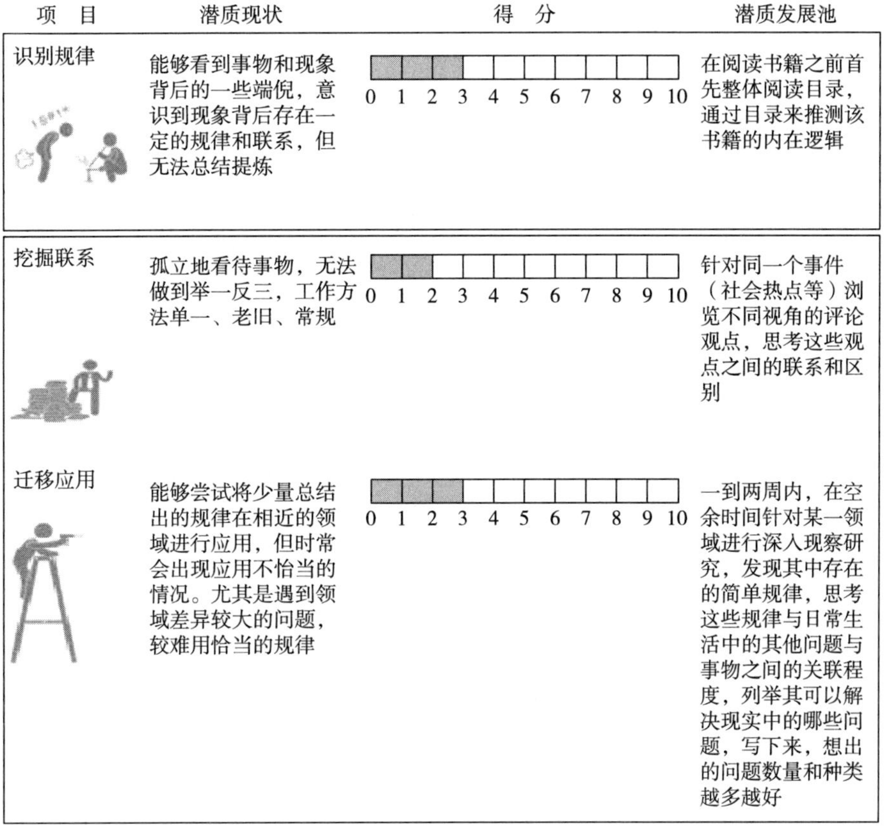

项 目	潜质现状	得 分	潜质发展池
识别规律	能够看到事物和现象背后的一些端倪，意识到现象背后存在一定的规律和联系，但无法总结提炼	0 1 2 3 4 5 6 7 8 9 10	在阅读书籍之前首先整体阅读目录，通过目录来推测该书籍的内在逻辑
挖掘联系	孤立地看待事物，无法做到举一反三，工作方法单一、老旧、常规	0 1 2 3 4 5 6 7 8 9 10	针对同一个事件（社会热点等）浏览不同视角的评论观点，思考这些观点之间的联系和区别
迁移应用	能够尝试将少量总结出的规律在相近的领域进行应用，但时常会出现应用不恰当的情况。尤其是遇到领域差异较大的问题，较难用恰当的规律	0 1 2 3 4 5 6 7 8 9 10	一到两周内，在空余时间针对某一领域进行深入观察研究，发现其中存在的简单规律，思考这些规律与日常生活中的其他问题与事物之间的关联程度，列举其可以解决现实中的哪些问题，写下来，想出的问题数量和种类越多越好

图 10 - 11　潜质发展池

图 10 - 11 中，"项目"是潜质项中对应的层级名称；"潜质现状"是对该潜质项层级的现状描述；"得分"是该层级得分现状；"潜质发展池"是该生本层级现状下比较有效的一些提升方法。该生只要参照这些提升方法坚持锻炼，就可以得到有效的提升。

四、VR 情景的反馈检验

VR 作为情景模拟技术，可以通过情景反馈交流测评结果。这些表现和解读可以让该生在解读报告过程中回忆起体验的一些细节，让学生与报告内容产生更多的情感链接，更容易理解和执行报告的提升建议。

在图 10 - 12 情景中，包含了 VR 探索行动轨迹、VR 配置解药环节得分、VR 抓凤尾鱼环节得分三个图，是展示该生在 VR 体验环节中一些操作真实表现，这些表现会映射该生的得分，更为重要的是，每个场景下对某些特定的考察点是往复考察，实现一个考察点在多场景下测评，让被试加深对测评报告的理解和应用。

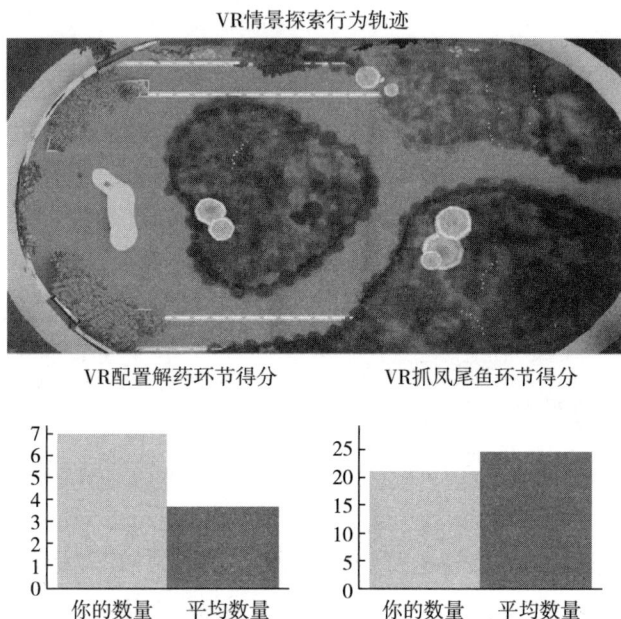

VR情景探索行为轨迹

VR配置解药环节得分   VR抓凤尾鱼环节得分

图 10 - 12　情景反馈检验

五、岗位职能推荐

人工智能大数据报告分析系统可以根据该生的潜质表现和潜质层级得分进行计算和对比分析，给出该生在以后的职场中更能发挥自身优势的岗位定位和职能推荐，并对推荐的岗位定位和岗位职能，给出胜任指数和挑战指数。这个推荐需要从三个方面解读：

（1）从图 10 - 13 可以看出，以该生现在的潜质现状来分析，该生从事战略运营岗位定位中的"前台"职能更能够发挥自身优势，取得较好成绩（这个"前台"并非公司具体岗位中门口的前台，具体可以查看报告说明）。

（2）对于该生来说，并非现在推荐的岗位定位和职能就是绝对能够胜任的，只是相对而言是最合适的，有潜质的，如该生在"前台"这个岗位职能中，胜任度只有 0.7，达不到岗位指数最佳匹配区间，这说明该生还需要做出

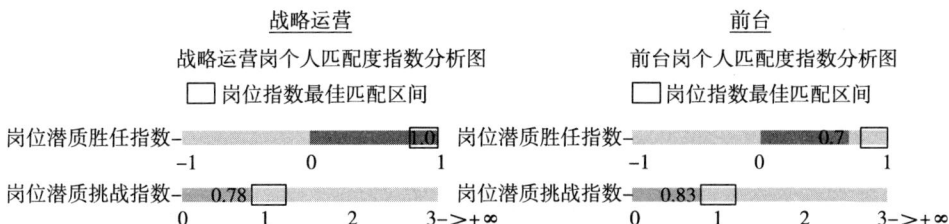

战略运营　　　　　　　　　　　　　　前台

战略运营岗个人匹配度指数分析图　　　前台岗个人匹配度指数分析图

□ 岗位指数最佳匹配区间　　　　　　　□ 岗位指数最佳匹配区间

图 10 - 13　岗位定位和职能推荐

注：①图中的匹配度为潜质得分与数据库中岗位潜质标准线自适应精准匹配后得到。②指数最佳匹配区间为此层级/职能所需潜质与你的潜质得分的适宜匹配范围。

一些提升才能胜任该职能，否则胜任度方面是不足的。

（3）对于该生来说，还需要注意到岗位职能挑战指数，岗位挑战指数太小，说明该生的能力没有充分发挥，对该生是一种能力浪费；如果挑战指数太高，则该生在所指定的岗位中就比较被动，在一定阶段内可能会挫伤个人的积极性和上进心，一般处于岗位最佳匹配区间最好。该生的岗位定位和岗位职能上挑战指数都处在最佳挑战指数左部边缘，说明该生在推荐岗位定位和岗位职能上都能够比较轻松地应对，相对来说是能力的浪费，也说明该生可以在潜质提升后从事更具挑战的岗位定位和岗位职能才是最好选择。

第五节　企业员工测评报告解读

上面是对高校学生个体报告进行的解读，下面以某大型互联网企业群体报告为例，从管理者的层面进行报告解读。

一、层级分析

该测评是基于领导者效能调研系统（TSS），TSS 作为 3E Model 线上大数据评估系统，主要应用在企业各层级领导者。

通过图 10 - 14 我们可以发现：

（1）该企业的高效能领导者比例低于全国对标企业 38 个百分点，绝对值仅为 14%。大数据研究发现，当一个企业高效能领导者低于 20% 时，该企业的管理者在管理业务和领导团队方面都存在很大问题，该比例需要尽快提升到新的百分点。

高绩效企业，52%

| 高绩效企业 | 52% | 21% | 14% | 13% |

本企业，14%

高层领导者	17%	17%	66%
中层领导者	33%	33%	34%
中层领导者后备	11%	44%	45%
基层领导者	25%	75%

■高效能　■挫伤型　■失焦型　■低效能

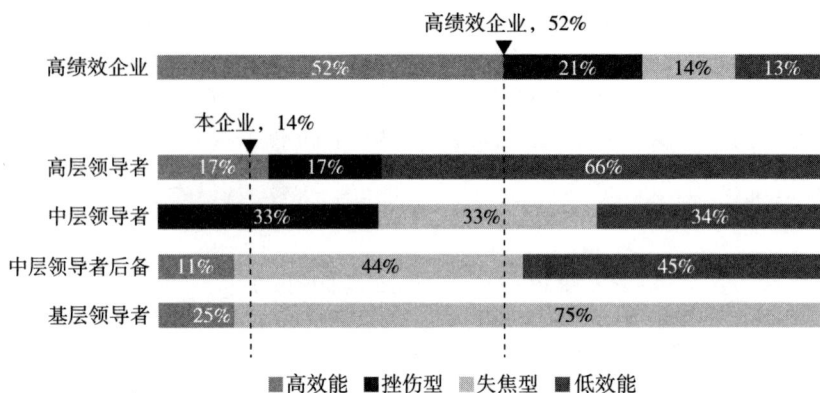

图10-14　某大型互联网企业群体报告——按层级分析

（2）该企业的中层领导者中没有高效能领导者，要么是挫伤型领导，要么是失焦型领导，要么是低效能领导，这样的管理团队没有排头兵，导致中层有断层的风险，需要从挫伤型或者失焦型领导者中进行重点培养。

（3）中层后备中，失焦型领导占44%，这种团队存在更多关注人的问题，而不是关注公司业务，平时表现在团队氛围很好，一团和气，但是业绩不理想，失去了管理者最本质的工作内容，管理者不能失焦，管理者更不是做烂好人，来公司是要解决问题，把业务管好，这个是根本。

（4）该公司基层管理者相对而言是最好的一个群体，高效能领导者占25%，是中层后备的2倍多，但是存在大量的低效能，需要向失焦型或者挫伤型过渡转变，或者直接向高效能转变提升。

二、总体分析

总体分析是指对三个方面九个维度的分析，测评结果如图10-15所示：领导业务包括价值创造、价值链接、价值评价；领导他人包括识别人才、激发人才、赋能人才；领导自己包括优势认知、优势变现、优势突破。在做总体分析时，需要带上三副"眼镜"：一副是绝对值眼镜，另一副是相对值眼镜，还有一副是期待值眼镜。所谓绝对值，就是图10-15中左边的数字，这个值是指该企业管理者在三方面九个维度的实际得分；所谓相对值，就是右面"VS高绩效企业"下面的百分值，这个值是相对全国高绩效企业的大数据差值，差值为负，说明低于对标；而期待值，就是自己希望自己的各项得分是多少，而不仅仅是只看报告中的数据。

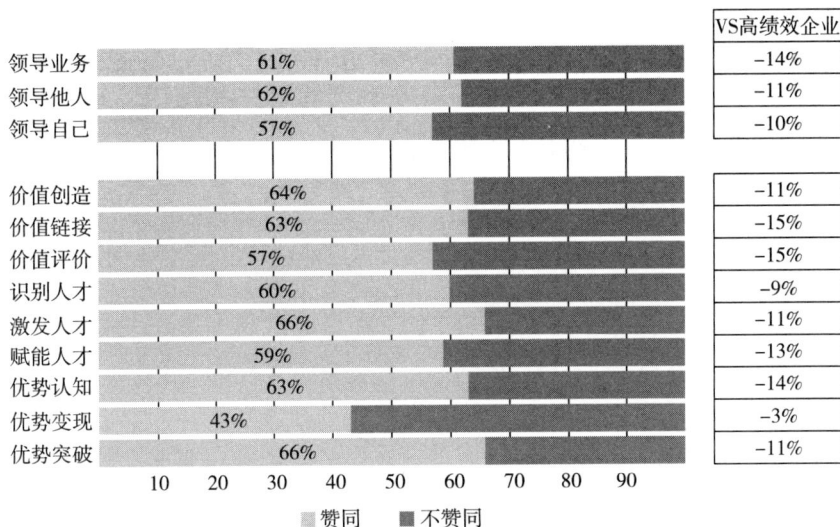

	VS高绩效企业
领导业务 61%	−14%
领导他人 62%	−11%
领导自己 57%	−10%
价值创造 64%	−11%
价值链接 63%	−15%
价值评价 57%	−15%
识别人才 60%	−9%
激发人才 66%	−11%
赋能人才 59%	−13%
优势认知 63%	−14%
优势变现 43%	−3%
优势突破 66%	−11%

■ 赞同　■ 不赞同

图 10 – 15　某大型互联网企业群体报告——总体概况

通过图 10 – 15 可以发现：

（1）从相对值来看，该企业价值链接、价值评价是最差的，均低于对标 15%，说明这个企业在战略目标分解上是有问题的，每位员工不清楚自己的工作与企业战略目标之间的关系，自己对企业意味着什么不清楚，企业对自己意味着什么也不清楚，当价值链接出现问题后，会导致一系列问题，比如，上传下达的问题、积极性问题、主人翁缺失问题等，同时，价值评价上，企业对员工的绩效计划、绩效执行、绩效评估、绩效辅导等均存在问题，员工不清楚做完这件事对自身的价值和帮助，建议该企业从上到小进行战略解码，从下到上进行绩效辅导。

（2）在报告图上看到一个很关键的问题，在九个维度中，"优势变现"的绝对值是最低的。但相对值却是得分最高的，这个数据展示了中国领导者普遍存在的问题，即"优势变现"整体偏低。所谓优势变现就是一个人能够发挥自己的优势，并把自己的优势转变成企业绩效，转变成自己的工作成果，转变成自己的核心竞争力。《中国领导者效能 TSS 调研蓝皮书（2020）》大数据显示，在全国范围内，男性领导者在"优势变现"这个维度上平均得分为 40.62 分，女性领导者在"优势变现"这个维度上平均得分为 42.04。这可能是因为在人才培养过程中，木桶原理影响深刻，我们的学校更注重学生的补短教育，而不是扬长教育。这个从小养成的教育理念，直接作用到学生，毕业后进入企业就是这个不及格的结果，所以需要引起我们注意。未来，我们更应该注重扬长式人才培养，注重人的潜质评估和开发，从"根儿"上解决问题。就该企业而言，优势变现低于高绩效企业3%，优势突破低于高绩效企业11%，建议该企业从优势突破上多下功夫，让员工不断放大自身的优势，实现组织的跨越式发展。

三、职能分析

这张报告图称为热点图，所谓热点图，就是越红越不好（发烧了），越绿越好。如图 10-16 所示。

	高绩效企业（%）	前台部门（%）	中台部门（%）	后台部门（%）
价值创造	75	70	61	62
价值链接	78	68	59	64
价值评价	72	67	52	55
识别人才	69	71	56	57
激发人才	77	76	60	65
赋能人才	72	70	56	55
优势认知	77	71	63	57
优势变现	46	46	40	43
优势突破	77	72	62	66

■ 赞同比例高于对标10%或更高　　■ 赞同比例高于对标5%至10%　　□ 赞同比例低于对标5%至高于5%　　▨ 赞同比例低于对标5%至10%　　■ 赞同比例低于对标10%或更低

图 10-16　某大型互联网企业群体报告——按职能分析

从图 10-16 可以看出：

（1）按职能划分后，中台部门问题是最大的，除了"优势变现"以外，其他和各项全线飘红，问题很多。其次是后台部门，如果将企业比作一个作战部队的话，那么前台是打炮弹的，中台是运输炮弹的，后台是制造炮弹的，一个作战部队，当运输炮弹、制造炮弹都出了问题后，前台通常会出现这样的声音：这仗没法打了。因此，急需对中台部门、后台部门进行集中培训提升或者与前台轮岗。

（2）按职能划分后，在九个维度中，价值链接问题最明显，低于对标企业大数据值 10 个百分点，而价值链接最大的问题在于前台，同时导致了优势认知也出了问题，因此急需对前台进行目标分解，根据大数据池，这里建议采用 DOAM 分解法，将行动方向 D（Direction）、目标值 O（Objective）、行动计划 A（Action）、衡量标准 M（Measure）进行三级明确，让前台知道自己的价值所在，清楚打法，理顺前台核心岗位的 KPI，聚焦重点，打胜仗。并做好各任务的化学拆解和物理拆解。

四、中层领导者

这部分报告是按照剥洋葱的逻辑进行，首先是三方面，其次是九维度，最后是若干具体问题，如图 10 - 17 所示。

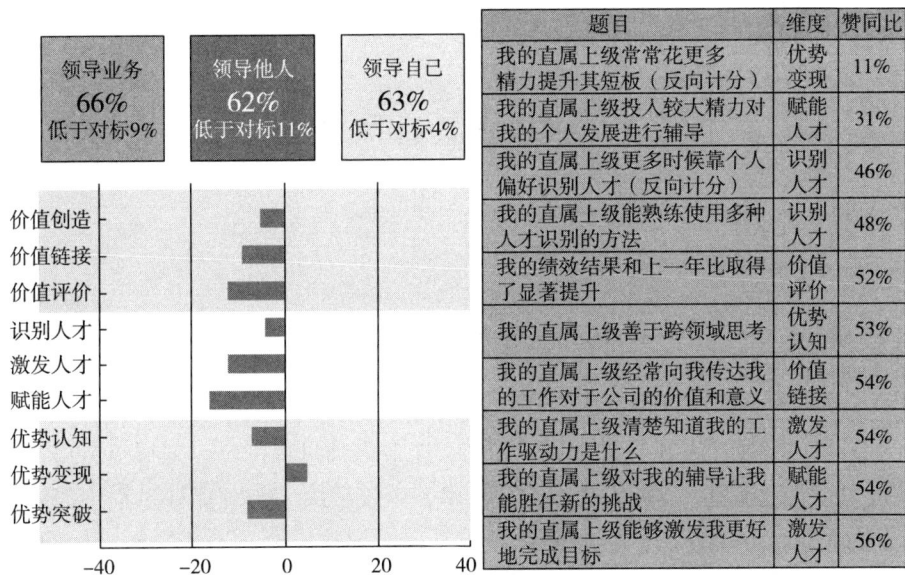

领导业务 66% 低于对标9%	领导他人 62% 低于对标11%	领导自己 63% 低于对标4%

题目	维度	赞同比
我的直属上级常常花更多精力提升其短板（反向计分）	优势变现	11%
我的直属上级投入较大精力对我的个人发展进行辅导	赋能人才	31%
我的直属上级更多时候靠个人偏好识别人才（反向计分）	识别人才	46%
我的直属上级能熟练使用多种人才识别的方法	识别人才	48%
我的绩效结果和上一年比取得了显著提升	价值评价	52%
我的直属上级善于跨领域思考	优势认知	53%
我的直属上级经常向我传达我的工作对于公司的价值和意义	价值链接	54%
我的直属上级清楚知道我的工作驱动力是什么	激发人才	54%
我的直属上级对我的辅导让我能胜任新的挑战	赋能人才	54%
我的直属上级能够激发我更好地完成目标	激发人才	56%

图 10 - 17 某大型互联网企业群体报告——中层领导者

从图 10 - 17 可以看出：

（1）这张报告三方面中有两盏红灯亮起，说明企业要引起注意了。三方面中的第一层洋葱是领导他人（以领导他人为例），也就是带领团队方面需要加强，那么带领团队具体在哪儿出了问题？我们看到第一个问题是赋能人才（第二层洋葱），也就是企业在用人的过程中没有因材施教，没有做好培养人的工作，这里面建议企业通过教练技术实现赋能人才，具体通过四个步骤，即积极聆听、有效提问、正向反馈、建设性反馈进行教练赋能。

（2）领导他人的第二个突出的问题是激发人才，也就是企业中用人的问题，根据大数据池，建议该企业通过两个方面解决该问题：一个是通过设定激动人心的目标，这里面目标设定需要注意三个方面，即组织的要求、团队的理想、成员成功的标准。重点是把团队目标和个人链接起来。另一个是通过进一步采用 VR 大数据评估，发现优势，进而实现用人所长，充分发挥每个人的长处，使其动力十足。

（3）针对九维度下的若干个具体问题（第三层洋葱），在赞同比最低的十个问题中，我们看到，共性问题是人的问题，关键词"人才"出现了六次，而赋能人才出现了两次，其中"我的直属上级投入较大精力对我的个人发展进行辅导"得分为 31 分，提示该领导需要在这个具体问题上进行改进，以提高自身的领导效能。

第六节　VR 大数据测评的应用

一、助力企业人才发展

所谓企业就是人的组合，不同的人成就不同的事，不同的事造就不同的未来。基于 VR 的大数据现代测评技术，核心关注的是人。

1. 人才选拔准确性

近年来企业在人才选拔、人才发展，企业内训过程已经表现得很突出，众多领军企业已经引入 VR 大数据测评技术，不仅解决了传统测评过程中需要防作弊的问题，而且解决了因被测者经验不同而导致的测评不公平不准确问题，是企业人才测评发展的里程碑，也是未来的大势所趋。人才需求侧已经采用 VR 大数据进行人才评估，而不是传统的问卷、量表，这对传统测评方式提出了巨大的挑战。VR 测评应用于企业培训的场景如图 10 - 18 所示。

2. 人才潜质的鉴别

21 世纪企业选才新标准由素质选拔转变为潜质选拔，企业 HR 由培训向引导转变，尤其注重扬长式潜能开发，更加看重员工领导力潜质的激发。人的潜质是属于冰山模型以下的内容，具有难察觉、形成时间早、影响持久、难以改变四大特点，这四个特点导致我们用传统的测评工具很难对人的潜质进行评估，直接催生了 VR 大数据测评技术在企业中的应用。我们知道，潜质测评需

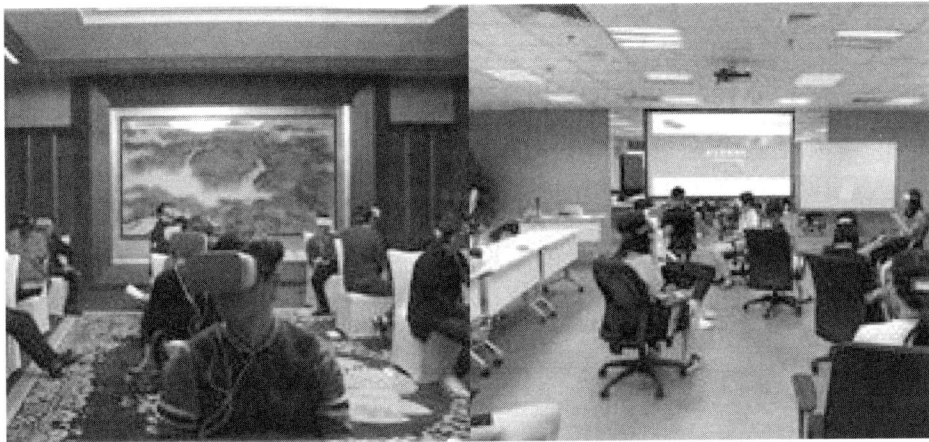

图 10 – 18　VR 测评应用于企业培训的场景

要环境激发，而这个环境在传统测评中要么很难实现，要么成本昂贵，而 VR
技术的出现恰恰解决了这个环境营造的问题。

3. 人才评价的客观性

企业的人才评定与发展是很容易受人诟病的，尤其是传统测评依赖专家评
分，专家评分一是依赖经验，二是存在主观性。大数据测评的出现，很好地解
决了这个问题，大数据测评依赖的是大数据和 AI 算法而非经验，且完全客观，
更不会作弊。同时，潜能评估，本身是发现人的长处，是因材施教，是以人为
本，这些特点促成了基于 VR 的大数据测评在企业人才评价中广泛使用。

二、提高学校人才培养质量

1. 让个性化教学得以落地

中国的教育有两千多年的历史，总结下来，无非还是圣人孔子说的那八个
字："有教无类，因材施教。"有教无类说的是教育公平性问题，经过这么多
年的努力，我们已经实现了高等教育的最高发展阶段，即高等教育普及化。随
后要解决的问题是因材施教，即教育质量问题。而这个问题，却一直没有真正
解决，为什么？因为因材施教也好，个性化教学也好，其前提条件都只有一
个，那就是要了解学生，而我们用传统的模式很难做到这一点，一个辅导员、
班主任面对上百个学生，一个教授课堂里至少几十人，都难以做到对学生的深
入了解。但是因为科技的发展，出现了改变。基于 VR 的大数据测评，通过科
技手段实现对人的了解，用技术使"因材施教"的教育难题有望得以解决。

2. 激发学生学习兴趣和满意度

基于 VR 的大数据现代测评技术，学生不仅可以掌握测评方法，而且在大数据基础上，可以构建新模型，设计新的大数据测评工具。同时，VR 技术的应用，有效促进了学生更好地学习相关数据分析软件，增加了趣味性。根据以往数据，参与测评和数据分析过程的学生，其实训过程的自主投入度提升了 21.8%，学生实训的时间，其投入增加了 18.7%，实训论文篇幅平均增加了 4817 个字，同时实践发现，本次实训课学生不记名的满意度评分较以往提升了 17.9%。

3. 提升教师科研水平

基于 VR 的大数据现代测评技术，帮助教师解决了大数据科研的难点：数据采集。教师在采集到的大数据基础上，可从多角度进行数据挖掘和分析，发表高质量原创论文，对申报课题、教学成果奖以及省级、国家级虚拟仿真项目也有了更好的抓手，并为"双一流"建设提供了"硬实力"，为人力资源特色化建设注入了源头活水。

4. 其他典型应用

基于 VR 的大数据测评技术应用广泛，从目前高校应用情况来看，还包括以下几个方面：基于大数据现代测评技术的一系列素质测评；基于大数据现代测评技术的职业生涯规划课程，招聘管理，组织行为学等课程；高校双创教育的人才发展及培养；潜质教育；大数据专业的第一手数据源获取及具有实际应用场景的数据分析及挖掘实操；基于大数据新的测评工具研发；大数据虚拟仿真实验室建设；等等。

本章小结

（1）大数据现代测评技术是测评领域近年来最新和最前沿的技术革新动向成果之一，是现代科技测评的里程碑技术，解决传统测评技术媒介单一、效率较低以及社会期许效应的问题。

（2）大数据 VR 现代测评技术的"3E Model"潜质模型，即共情力、探索力、创解力。

（3）人工智能大数据报告分析系统可以根据该生的潜质表现和潜质层级得分进行计算和对比分析，进行岗位定位和职能推荐，并对推荐的岗位定位和岗位职能，给出胜任指数和挑战指数。

（4）VR 大数据测评将在人才选拔准确性、潜质鉴别和人才评价客观性方面助力企业人才发展。

（5）VR 大数据测评可以帮助学校实现个性化教学，提高学生参与积极性和教师的科研水平。

思考题

（1）如何理解 VR 大数据测评的应用价值？

（2）企业如何选择 VR 大数据测验工具提升人力资源管理效率？

第十一章 人力资源大数据研究前沿文本分析实例[①]

大数据是商业领域的热门话题，在人力资源领域也不例外。文章以文献计量学为基础借助 CiteSpace 软件，对 2013～2020 年 CNKI 中国知网数据库中与"大数据与人力资源"主题相关的 1773 篇文献进行文献计量学和知识图谱可视化分析。研究结果表明，创新、组织应用、绩效管理、管理变革是主要研究热点，人力资源管理创新、人力资源管理模式、数字化转型、大数据分析、云计算、创新策略占据研究前沿位置。

第一节 引 言

在信息爆发式发展的今天，大数据已经成为企业管理的重要手段，它不仅能够帮助企业提升业务管理水平，而且对企业的人力资源管理工作也起着重要的作用[②]。德勤 2018 年发布的《全球人力资本全球趋势报告》显示，受访组织中有 69% 正在建立分析员工相关数据的集成系统，超过 70% 的受访者已经启动针对人才分析大数据的数据分析和数据化决策的大型项目。大数据在人力资源领域中的影响与应用已经成为当前的热门话题。但是，相较于在市场营销、物流等领域，大数据在人力资源管理领域的研究起步较晚，研究的深度和广度都有待进一步的提升。在此阶段，对现有研究成果进行回顾与梳理，探究大数据在人力资源领域的研究现状、热点和前沿具有重要意义。

---

① 王思明，廉串德. 人力资源与大数据热点与前沿探析：基于 CiteSpace 的共视可视化分析［C］. 第八届中国人力资源开发研究会人才测评分会年会优秀研究生论文，2020.
② 伯纳德·马尔. 人力资源与数据分析［M］. 胡明，黄心璇，周桂芳译. 北京：机械工业出版社，2019.

第二节　研究方法及数据来源

一、研究方法

研究主要采用文献计量学并借助可视化分析软件 CiteSpace 中的词频和共词分析功能①，对所收集到的数据进行分析，以探究大数据与人力资源管理领域研究前沿与热点。

二、数据来源

为保证数据资料能够涵盖"大数据与人力资源"的研究热点和前沿并体现其发展趋势，将收录文献较为全面的 CNKI 中国知网中与"人力资源与大数据"相关的期刊文章作为研究的数据来源。数据下载时间为 2020 年 7 月 10 日，检索条件为：高级检索—期刊—主题"人力资源"并含"大数据"—同义词拓展，出于数据资料的完整性的考虑，不设时间跨度。符合检索条件的原始数据有 1941 条，为了保证研究的严谨性和准确性，借助文献管理软件 Note-Express 对所收集到的原始数据进行人工复检，由两人各自复检一次，剔除公认的与研究主题不相关的数据，如"共享第一线""博士后招收简章""中国十大职业排行榜"等新闻报道，会议通知以及招生简章等无关内容，最终得到有效文献 1773 篇，将筛选后的文献作为研究的基础数据。

第三节　研究过程

一、总体概况

某一领域年度发文量及变化趋势反映了该领域受关注的程度，一定程度上可以预测未来研究发展状况②。图 11 -1 展示了 2013～2020 年各年的发文数量

---

① 李杰，陈超美. 科技文本挖掘及可视化［M］. 北京：首都经济贸易大学出版社，2019.
② 李兴源，陈业华. 基于 CiteSpace 的国内社会科学研究中熵的应用分析［J］. 科技管理研究，2018，38（13）：259 -266.

及总的趋势分布。根据文献增长趋势的分布特点，可将"人力资源与大数据"这一领域的发展过程以2017年为节点划分为两个阶段：起步期（2013～2016年）和发展期（2017～2020年）。

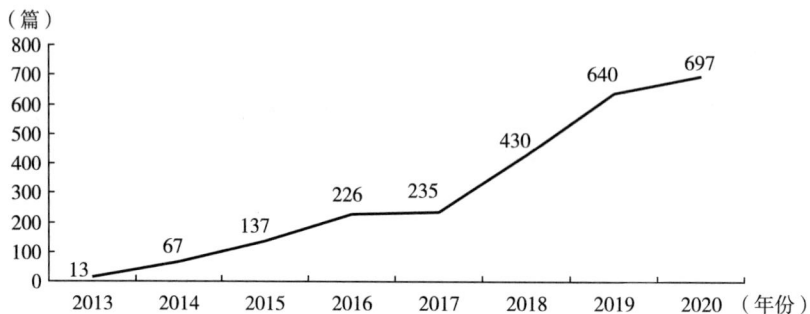

图 11 - 1   2013～2020 年文献增长分布

资料来源：CNKI 中国知网（2020 年为预测值）。

如图 11 - 1 所示，国内公开发表有关"大数据与人力资源"的期刊文献最早出现于 2013 年，当年发文数量较少，随后逐年上升，但增幅相对较小，到 2016 年趋于平稳，表明对"人力资源大数据"这一领域的研究正在开始起步，并逐渐得到人们的关注；从 2017 年开始，发文量开始大幅上涨，表明随着时间的推移，越来越多的学者开始关注"人力资源与大数据"这一领域。

二、研究热点

对"大数据与人力资源"的研究热点的探析，可以通过对高频关键词共现图谱来实现①。

借助 CiteSpace 软件，设置 Nodes（Top N，e）＝3.0，时间跨度为 2013～2019 年，时间切片为 1 年，节点类型选择关键词，Top N＝50，网络裁剪方式选择 Pathfinder、Pruning sliced networks、Pruning the merged network，运行后共生成节点 88 个，连线 157 条。

1. 高频关键词共现图谱

关键词共现分析可以发现一个领域的研究热点、子领域及其关系和领域知

---

① 龚伯韬 . 儿童社会学研究的热点与前沿——基于 CNKI 数据库文献的可视化分析 [J] . 当代教育与文化，2019，11（3）：6－13.

识结构。在保持上述设置不变的情况下，利用 CiteSpace 生成关键词共现图谱，根据关键词的共现关系，以及关键词之间的词义相似性，可将关键词归纳为八个聚类，如图 11 - 2 所示，方形聚类的关键词代表研究的背景，即大数据背景下的人力资源管理，圆形区域代表在研究背景下的研究热点，根据热点关键词的性质可以将研究的热点主题归纳为五个方向，如表 11 - 1 所示。

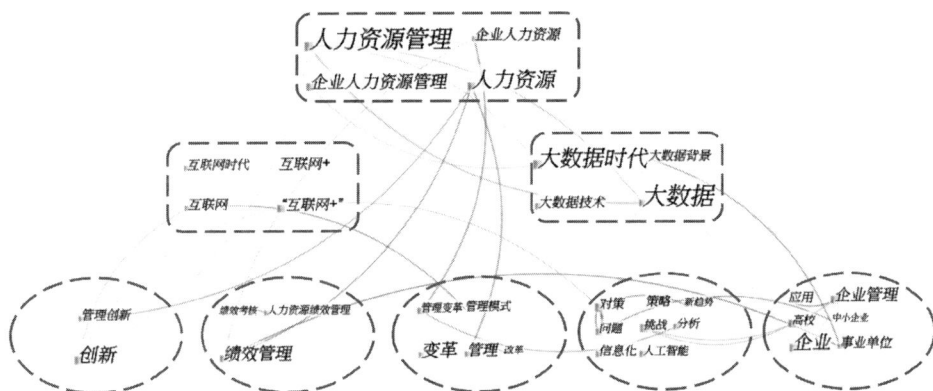

图 11 - 2　高频关键词共现图谱

表 11 - 1　高频关键词共现聚类

编号	研究热点	热点关键词
1	创新（105）	创新（88）；管理创新（17）
2	组织应用（95）	应用；企业管理；高校；中小企业；企业（95）；事业单位
3	绩效管理（88）	绩效管理（68）；人力资源绩效管理；绩效考核（20）
4	管理变革（36）	管理模式；管理变革（5）；变革；管理（31）；改革
5	机遇与挑战（11）	对策（9）；策略；新趋势；问题；挑战（2）；分析；信息化；人工智能

　　1 号区域，"创新"与"人力资源与大数据"共出现 105 次，说明这一主题方向的关注度非常高，关注的方向是在大数据背景下人力资源管理的创新，主要集中在人力资源管理模式的创新、人力资源规划的创新、人才选拔方式的创新、绩效考核方法的创新等。目前，对于大数据背景下人力资源管理创新的研究大多数还集中在宏观层面的论述和少数的探索性研究，缺乏鲜活的案例支撑。对大多数中小型公司来说，其数据和样本量的规模远没有达到利用大数据进行分析与管理的级别，盲目地利用大数据并非会产生理想的效果。

2 号区域，"组织应用"与"大数据与人力资源"共出现 95 次，关注的主要方向是大数据在企业、事业单位、高校等组织中的人力资源管理方面的应用。大数据在人力资源领域有着广阔的应用空间，但前提是组织要首先具有足够庞大的数据基础以及大数据收集和分析的能力，这正是目前阻碍大数据在组织中人力资源领域应用的鸿沟。

3 号区域，"绩效管理"与"人力资源与大数据"共出现 88 次，关注的主要方向是大数据人力资源领域中绩效管理方面的应用。

4 号区域，"管理变革"与"大数据与人力资源"共出现 36 次，主要关注的是大数据时代，人力资源管理的变革。大数据时代的到来重新定义了人力资源管理的职能，传统的凭借经验和感觉的工作方式也正转变为由数据驱动。数据驱动型的人力资源管理使得人力资源管理团队更具有洞见的潜力，可以更有效和高效地基于数据做出决策，更好地理解和评估员工之间的业务或情感的影响，提高组织内部人员的绩效，为组织实现增值并帮助其实现其战略目标[1]。但是真正能够使人力资源管理与大数据技术有效以及高效地融合，用数据说话，目前还存在很多问题[2]。

5 号区域，"机遇与挑战"与"大数据与人力资源"共出现 11 次，主要关注大数据背景下，人力资源管理应用大数据的机遇和挑战。大数据的出现，带给企业的将是一场全新的改变，无论是在人力资源规划、员工招聘、员工发展与成长还是在绩效管理、激励体系等方面均具有应用价值，就目前而言，运用大数据技术有效开展人力资源管理活动，不可避免地面临企业现实条件的约束与挑战[3]。

2. 主题演进脉络

在上述分析的基础上，利用 CiteSpace 的 Timezone 功能，将热点主题在时区上的分布可视化，以呈现"人力资源与大数据"研究主题的演进脉络，保持上述参数不变，在 CiteSpace 中切换为 Timezone view 生成高频关键词的时区分布图谱。

如图 11-3 所示，五个研究热点中的热点关键词，在每个时区上都有分布，但是在每个时区的关注度各有不同。2013~2015 年，主要关注大数据时

---

① 彭剑锋. 互联网时代的人力资源管理新思维 [J]. 中国电力教育，2014 (25)：8-11.

② 王标. 论数理统计方法在大数据时代下企业管理中的运用 [J]. 全国流通经济，2018 (1)：50-51.

③ 韩燕. 大数据在人力资源管理领域的应用价值与挑战 [J]. 经济研究参考，2016 (56)：51-56.

代下人力资源管理的变革与创新；2016～2017 年，主要关注大数据在与人力资源管理部门中的应用以及面临的机遇和挑战；2018～2019 年，主要关注大数据在绩效管理方面的实际应用。由此可以看出，学者们对"人力资源与大数据"的研究正在经历着从认知到实践的过渡。

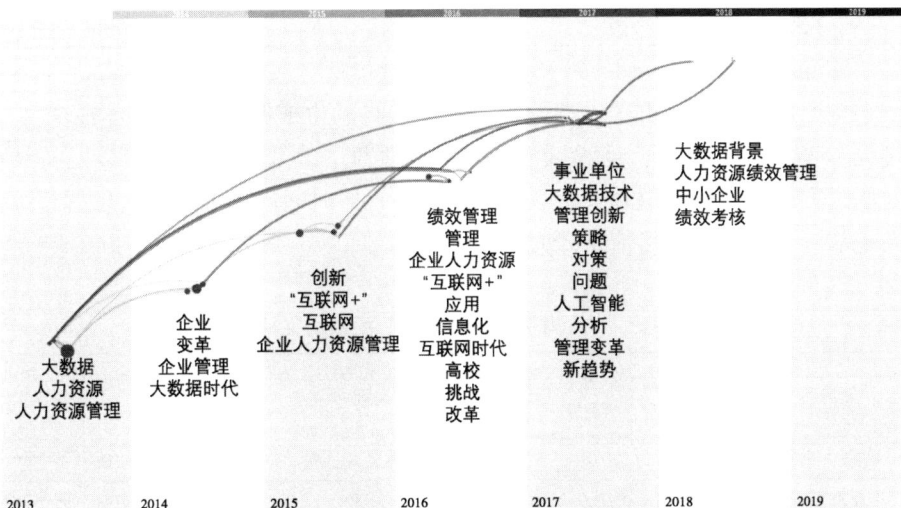

图 11 - 3　"人力资源与大数据"热点主题演进脉络

三、研究前沿

借助 CiteSpace 的突现词探测功能生成的关键词突现图谱，可以反映出关键词凸显的时间、持续的期间以及突现的强度和变化趋势，可以反映研究前沿发展变化的基本特点。相对于传统的高频主题词分析，突现主题术语更适合探测研究前沿①。

突现词探测的构建过程是，时间跨度设置为 2017～2020 年，时间切片设置为 1 年，设置 Nodes（Top N，e）＝2.0，时间跨度为 2017～2020 年，时间切片为 1 年（为保证研究前沿探测的准确性，将 2020 年视作一年处理），节点类型选择关键词，Top N＝50，网络裁剪方式选择 Pathfinder、Pruning sliced

---

① 曹文杰，赵瑞莹. 国际农业面源污染研究演进与前沿——基于 CiteSpace 的量化分析［J］. 干旱区资源与环境，2019，33（7）：1－9.

networks、Pruning the merged network，运行后共生成节点120个，连线206条，运用突现词探测功能，探测模型设置如下：

$$f(x) = ae^{-ax}, \quad a_1/a_0 = 2.0$$
$$a_i/a_{i-1} = 2.0$$

The number of states = 2

$\gamma [0, 1] = 0.7$

Minimum Duration = 1

按照模型，按照首次出现的年份，算法自动生成突现强度最高的35个关键词，表11-2列示了35个突现词、突现强度、突现的起止年份以及持续的时间，突现强度的数值越大，表明该术语在一段时期内越活跃，突现的持续状态越靠近当下，越有可能是研究的前沿。

表11-2 "人力资源与大数据"关键词突现信息分析

关键词	突现强度	开始年份	结束年份	持续状态	关键词	突现强度	开始年份	结束年份	持续状态
信息化建设	2.438	2017	2018	▬▬▬	人力资源外包	1.293	2018	2018	▬▬▬
管理会计	1.352	2017	2018	▬▬▬	招聘	1.293	2018	2018	▬▬▬
人力资源服务业	1.623	2017	2018	▬▬▬	数据分析	1.293	2018	2018	▬▬▬
网络招聘	1.599	2017	2017	▬▬▬	人力资源服务	1.725	2018	2018	▬▬▬
高校	2.677	2017	2018	▬▬▬	人力资源部门	1.282	2019	2020	▬▬▬
信息技术	2.166	2017	2018	▬▬▬	人力资管理模式	1.520	2019	2020	▬▬▬
创新思考	2.157	2018	2018	▬▬▬	人力资源管理创新	1.282	2019	2020	▬▬▬
现代企业	1.293	2018	2018	▬▬▬	数字化转型	1.282	2019	2020	▬▬▬
现状	1.370	2018	2018	▬▬▬	人力资源管理部门	1.539	2019	2020	▬▬▬
变革策略	1.540	2018	2018	▬▬▬	财务共享	1.539	2019	2020	▬▬▬
电力企业	2.157	2018	2018	▬▬▬	大数据审计	1.282	2019	2020	▬▬▬
公共服务	1.293	2018	2018	▬▬▬	国有企业	1.282	2019	2020	▬▬▬
产教融合	1.293	2018	2018	▬▬▬	改革	1.176	2019	2020	▬▬▬
人才	1.293	2018	2018	▬▬▬	大数据分析	1.402	2019	2020	▬▬▬
HR	1.725	2018	2018	▬▬▬	云计算	1.282	2019	2020	▬▬▬
物联网	1.293	2018	2018	▬▬▬	财务管理	1.539	2019	2020	▬▬▬
制造业	1.725	2018	2018	▬▬▬	创新策略	1.402	2019	2020	▬▬▬
模式	1.725	2018	2018	▬▬▬					

如表 11 - 2 所示，2017 年开始突现的关键词有"信息化建设""信息技术""网络招聘"等，数量相对较少，且偏重与信息化人力资源管理，但已经开始出现以案例为基础的研究，在此阶段学者们开始对信息化人力资源管理和大数据人力资源管理逐渐有了清晰的界定①。

2018 年突现词的数量开始倍增，表明学者们对大数据与人力资源的研究范围开始更加广泛，研究角度也更加多元，并且关注的焦点也开始从大数据对人力资源管理领域的影响转变为大数据在人力资源管理领域的应用，开始重点研究如何将大数据与企业人力资源管理融合，出现了"公共服务""电力企业""物联网""制造业""产教融合""数据分析"等词。

2019 年突现的关键词共有 13 个，突现时间都持续到 2020 年，代表了"人力资源与大数据"研究前沿。其中，"人力资源管理创新"和"创新策略"成为突现词，表明创新即是研究的热点也是研究的前沿，这也印证了彭剑锋在 2015 年提到的"创新是管理的永恒话题"这一观点②。"人力资源管理模式""数字化转型""改革"成为突现词也印证了"管理变革"这一研究热点也是学者持续关注的主题。"大数据分析""云计算"成为突现词，表明学者们正在关注大数据技术与人力资源管理的融合问题。此外，"大数据审计""财务共享"等新兴关键词也成为研究的前沿③。

第四节　研究结论

运用文献计量学的方法，以中国知网 CNKI 在 2013 ~ 2020 年发表的与"人力资源与大数据"主题相关的文献为数据来源，借助 CiteSpace 进行可视化分析，探析出自"人力资源与大数据"主题出现以来至今的研究的总体分布特征、研究热点以及研究前沿。研究结论如下：

第一，总体分布特征。从发文量的时间分布来看，中国知网收录的有关"人力资源与大数据"最早出现于 2013 年，以 2017 年为界，可将其发展趋势

① 西楠，李雨明，彭剑锋，马海刚. 从信息化人力资源管理到大数据人力资源管理的演进——以腾讯为例［J］. 中国人力资源开发，2017（5）：79 - 88.

② 彭剑锋. 从二十个关键词全方位看人力资源发展大势［J］. 中国人力资源开发，2015（2）：6 - 11.

③ 杨丽丽，刘国城. 基于大数据的人力资源审计管理平台构建研究［J］. 经济问题，2019（3）：114 - 121.

划分为起步期和发展期，起步期年发文数量较少、增幅相对较小，发展期在起步期的基础上发文量连续三年大幅上涨，"人力资源与大数据"这一领域在近三年受到了更多的关注。

第二，通过高频关键词的共现分析发现，"人力资源与大数据"的研究热点可以归纳为创新、组织应用、绩效管理、管理变革和机遇与挑战。这五个方面的研究存在少量的交叉，但有显著的不同。在创新方面，关注的主题主要集中在人力资源管理模式的创新、人力资源规划的创新、人才选拔方式的创新、绩效考核方法的创新等。在组织应用方面关注的主要方向是大数据在企业、事业单位、高校等组织中的人力资源管理方面的应用。在绩效管理方面，关注的重点是大数据人力资源领域中绩效管理方面的应用。在变革方面，主要关注的是大数据时代，人力资源管理的变革，包括数字化转型和人力资源管理模式变革等。在机遇与挑战方面，主要关注大数据时代的到来，对人力资源管理领域的影响。五个研究热点，在每个时区上都有分布，但是在每个时区的关注度各有不同。2013~2015 年，主要关注大数据时代下人力资源管理的变革与创新；2016~2017 年，主要关注大数据在与人力资源管理部门中的应用以及面临的机遇和挑战；2018~2019 年，主要关注大数据在绩效管理方面的实际应用。

第三，通过关键词的突现发现，2017 年至今，共有 35 个突现词，2017 年突现词共有 6 个，数量相对较少，且关注的重点偏重于信息化人力资源管理方面。2018 年突现词的数量开始倍增，关注的焦点开始从大数据对人力资源管理领域的影响转变为大数据在人力资源管理领域的应用，开始重点研究如何将大数据与企业人力资源管理融合。2019 年突现的关键词共有 13 个，突现时间都持续到了 2020 年，代表了"人力资源与大数据"研究前沿。其中，"创新"和"改革"既是研究的热点，也是研究的前沿，是学者们一直都持续关注并热衷的主题；对"大数据分析""云计算"等大数据技术与人力资源管理的融合问题的探讨在近期也比较活跃；此外，"大数据审计""财务共享"等新兴关键词也成为研究的前沿。

本章小结

（1）CiteSpace 分析软件可以实现对研究文献的词频和共词，探究大数据与人力资源管理领域研究前沿与热点。

（2）关键词共现分析可以发现一个领域的研究热点、子领域及其关系和领域知识结构。

（3）研究结果发现"人力资源与大数据"自 2017 年以来受到了关注度较高。

思考题

如何使用 CiteSpace 软件进行文本分析？了解相关领域的研究趋势。

参考文献

［1］ Bondarouk T. V. , Ruël H. J. M. Electronic Human Resource Management: Challenges in the Digital Era ［J］. The International Journal of Human Resource Management, 2009, 20 （3）: 505 –514.

［2］ Canchu L. , Anand S. K. , Long L. Conceptualizing Big Data Practices ［J］. International Journal of Accounting & Information Management, 2020, 28 （2）: 205 –222.

［3］ Gallup G. Employee Research: From Nice to Know to Need to Know ［J］. Personnel Journal, 1988 （67）: 42 –43.

［4］ Ganguly D. Taming the Beast: Psychometric Profiling, Demographic Regression Models, and Predictive Algorithms ［J］. The Economic Times, 1992 （4）.

［5］ Glanz E. F. , Dailey L. K. Benchmarking ［J］. Human Resource Management, 1992, 31 （1 –2）: 9 –20.

［6］ Gorry G. , Scott Morton M. A framework for Management Information Systems ［J］. Sloan Management Review, 1971, 13 （1）: 55 –70.

［7］ Green D. The Best Practices to Excel at People Analytics ［J］. Journal of Organizational Effectiveness: People and Performance, 2017, 4 （2）: 171 –178.

［8］ Gunther W. A. , Mehrizi M. H. R. , Huysman M. and Feldberg F. Debating Big Data: A Literature Review on Realizing Value from Big Data ［J］. Journal of Strategic Information Systems, 2017, 26 （3）: 191 –209.

［9］ Guzzo R. A. , Fink A. A. , King E. , Tonidandel S. and Landis R. S. Big Data Recommendations for Industrial – Organizational Psychology ［J］. Industrial and Organizational Psychology: Perspectives on Science and Practice, 2015, 8 （4）: 491 –508.

［10］ Hansell S. Google's Answer to Filling Jobs is an Algorithm ［M］. New York, NY: The New York Times Online, 2007.

〔11〕 Huselid M. A. The Science and Practice of Workforce Analytics: Introduction to the HRM Special Issue 〔J〕. Human Resource Management, 2018, 57 (3): 679 – 684.

〔12〕 Huselid M. A., Becker B. E. and Beatty R. W. The Workforce Scorecard: Managing Human Capital to Execute Strategy 〔M〕. Boston, MA: Harvard Business School Press, 2005.

〔13〕 Illingworth A. J. Big Data in I – O Psychology: Privacy Considerations and Discriminatory Algorithms 〔J〕. Industrial and Organizational Psychology: Perspectives on Science and Practice, 2015, 8 (4): 567 – 575.

〔14〕 Kaplan R. S., Norton D. P. The Balanced Scorecard: Measures that Drive Performance 〔J〕. Harvard Business Review, January – February, 1992 (4): 71 – 79.

〔15〕 Kaplan R. S., Norton D. P. The Office of Strategy Management 〔J〕. Harvard Business Review, 2005, 83 (10): 72 – 80.

〔16〕 Karim M. N., Willford J. C. and Behrend T. S. Big Data, Little Individual: Considering the Human Side of Big Data 〔J〕. Industrial and Organizational Psychology: Perspectives on Science and Practice, 2015, 8 (4): 527 – 533.

〔17〕 Khoong C. M. An Integrated System Framework and Analysis Methodology for Manpower Planning 〔J〕. International Journal of Manpower, 1996, 17 (1): 26 – 46.

〔18〕 King E. B., Tonidandel S., Cortina J. M. and Fink A. A. Building Understanding of the Data Science Revolution and I – O Psychology 〔C〕//Tonidandel S., King E. B. and Cortina J. M. (Eds), Big Data at Work: The Data Science Revolution and Organizational Psychology, Routledge, New York, 2016: 1 – 15.

〔19〕 Kirkpatrick D. L. Evaluating Training Programs: The Four Levels 〔M〕. San Francisco, CA: Berrett – Koehler Publishers, 1998.

〔20〕 Kraut A. I. Organizational Surveys: Tools for Assessment and Change 〔M〕. San Francisco, CA: Jossey – Bass, 1996.

〔21〕 Kuhn P. and Shen K. Employers' Preferences for Gender, Age, Height and Beauty: Direct Evidence 〔R〕. NBER Working Paper Series, 2009.

〔22〕 Lawler E., Levenson A. and Boudreau J. W. HR Metrics and Analytics: Use and Impact 〔J〕. Human Resource Planning, 2004, 27 (4): 27 – 35.

〔23〕 Levenson A. Strategic Analytics: Advancing Strategy Execution and Organization Effectiveness ［M］. Oakland：Berrett – Koehler Publishers，2015.

［24］ Levenson A. Using Workforce Analytics to Improve Strategy Execution ［J］. Human Resource Management，2018，57（3）：685 – 700.

［25］ Levenson A. ，Fink A. Human Capital Analytics：Too Much Data and Analysis，not Enough Models and Business Insights ［J］. Journal of Organizational Effectiveness：People and Performance，2017，4（2）：159 – 170.

［26］ Marler J. H. ，Parry E. Human Resource Management，Strategic Involvement and e – HRM Technology ［J］. The International Journal of Human Resource Management，2015，27（19）：1 – 21.

［27］ McAfee A. ，Brynjolfsson E. Big Data：The Management Revolution ［J］. Harvard Business Review，2012（10）：59 – 68.

［28］ Pigni F. ，Piccoli G. and Watson R. Digital Data Streams：Creating Value from the Real – time flow of Big Data ［J］. California Management Review，2016，58（3）：5 – 25.

［29］ Salvatore V. F. ，Wendy L. C. The HR Analytics Cycle：A Seven – step Process for Building Evidence – based and Ethical HR Analytics Capabilities ［J］. Journal of Work – Applied Management Emerald Publishing Limited，2020（6）：2205 – 2062.

［30］ Shenkar O. Copycats：How Smart Companies Use Imitation to Gain a Strategic Edge ［M］. Boston，MA：Harvard Business School Press，2010.

［31］ Silverman R. E. Bosses Tap outside Firms to Predict which Workers Might Get Sick ［EB/OL］. The Wall Street Journal，https：//www. wsj. com/articles/bosses – harness – big – data – to – predict – which – workers – might – get – sick – 1455664940.

［32］ Strohmeier S. Analysen der Human Resource Intelligence and Analytics ［C］// Strohmeier S. ，Piazza F. Human Resource Intelligence and Analytics：Grundlagen，Anbieter，Erfahrungen und Trends，Springer Fachmedien Wiesbaden，2015：3 – 48，339 – 367.

［33］ Su Z. Chinese Online Unemployment – related Searches and Macroeconomic Indicators ［J］. Frontiers of Economics in China，2014，9（4）：573 – 605.

［34］ Tursunbayeva A. ，Di Lauro S. and Pagliari C. People analytics A Scoping Review of Conceptual Boundaries and Value Propositions ［J］. International Journal of Information Management，2018（43）：224 – 247.

〔35〕 Ulrich D. and Dulebohn J. H. Are We there Yet? What next for HR? 〔J〕. Human Resource Management Review, 2015（25）: 188 – 204.

〔36〕 Van den Heuvel S., Bondarouk T. The Rise（and fall?）of HR Analytics: A Study into the Future Application, Value, Structure, and System Support 〔J〕. Journal of Organizational Effectiveness: People and Performance, 2017, 4（2）: 127 – 148.

〔37〕 Waclawski J., Church, A. H. Organization Development: A Data – Driven Approach to Organizational Change 〔M〕. San Francisco, CA: Jossey – Bass, 2002.

〔38〕 Waller M. A., Fawcett S. E. Click Here for a Data Scientist: Big Data, Predictive Analytics, and Theory Development in the Era of A Maker Movement Supply Chain 〔J〕. Journal of Business Logistics, 2013, 34（4）: 249 – 252.

〔39〕 Wang H., Tan D., Liu W. Electronic Human Resource Management Survey Enabled by Big Data Analysis 〔C〕// IEEE International Conference on E – business Engineering. IEEE Computer Society, 2018.

〔40〕 Ward J., Barker A. Undefined by Data: A Survey of Big Data Definitions 〔D〕. University of St Andrews, St Andrews, 2013.

〔41〕 Waters S. D., Streets V. N., McFarlane L. and Johnson – Murray R. The Practical Guide to HR Analytics: Using Data to Inform 〔M〕. Alexandria, VA: Transform, and Empower HR Decisions, SHRM, 2018.

〔42〕 Welbourne T. M. Data – driven Storytelling: The Missing Link in HR Data Analytics 〔J〕. Employment Relations Today, 2015, 41（4）: 27 – 33.

〔43〕 Young M. A., Phillips P. Big Data does Mean Big Brother? 〔R〕. The Conference Board, Report.

〔44〕 曹洁, 孙玉胜. 大数据技术 〔M〕. 北京: 清华大学出版社, 2020.

〔45〕 董倩. 基于招聘网站访问活跃度的失业率变化趋势 〔J〕. 调研世界, 2017（2）: 40 – 43.

〔46〕 方志军. 数据科学与大数据技术导论 〔M〕. 武汉: 华中科技大学出版社, 2019.

〔47〕 耿亚涛. 大数据时代面临的信息安全机遇与挑战 〔J〕. 石河子科技, 2020（5）: 10 – 11.

〔48〕 郭清溥, 张功富. 大数据基础 〔M〕. 北京: 电子工业出版社, 2020.

［49］何畅，华先胜．大数据的特征、应用及挑战概述［J］．智富时代，2017（8）：43-44.

［50］李东兴．大数据的特征和相关技术分析与趋势研究［J］．中国教育技术装备，2015（12）：10-12.

［51］李良志．虚拟现实技术及其应用探究［J］．中国科技纵横，2019（3）：30-31.

［52］刘凡平．大数据时代的算法：机器学习、人工智能及其典型实例［M］．北京：电子工业出版社，2017.

［53］刘善仕，孙博，葛淳棉，彭秋萍，周怀康．组织人力资源大数据研究框架与文献述评［J］．管理学报，2018，15（7）：1098-1106.

［54］石宇航．浅谈虚拟现实的发展现状及应用［J］．中文信息，2019（1）：20.

［55］宋旭东．大数据技术基础［M］．北京：清华大学出版社，2020.

［56］王宏志．大数据算法［M］．北京：机械工业出版社，2015.

［57］王宇新，齐恒，张霞．大数据分析技术与实践教程［M］．北京：科学出版社，2019.

［58］谢邦昌，朱建平，李毅．文本挖掘技术及其应用［M］．厦门：厦门大学出版社，2016.

［59］薛薇．基于SPSS Modeler的数据挖掘（第2版）［M］．北京：中国人民大学出版社，2014.

［60］姚凯，桂弘诣．大数据人力资源管理：变革与挑战［J］．复旦大学学报（社会科学版），2018，60（3）：146-155.

［61］岳晓宁，赵宏伟．统计分析与数据挖掘技术［M］．北京：清华大学出版社，2019.

［62］张文彤，钟云飞．IBM SPSS数据分析与挖掘实战案例精粹［M］．北京：清华大学出版社，2013.

［63］张延松，徐新哲．数据分析与数据可视化实战［M］．北京：电子工业出版社，2020.

［64］张义祯．大数据带来的四种思维［N］．学习时报，2015-01-26（4）.

［65］张重生．大数据分析：数据挖掘必备算法示例详解［M］．北京：机械工业出版社，2017.

［66］赵曙明，张敏，赵宜萱．人力资源管理百年：演变与发展［J］．外

国经济与管理，2019，41（12）：50－73.

［67］赵志升．大数据挖掘［M］．北京：清华大学出版社，2019.

［68］中国互联网络信息中心（CNNIC）．中国互联网络发展状况统计报告［R］.2021.

［69］周中元，王菁．数据挖掘技术与应用［M］．北京：电子工业出版社，2019.

［70］朱颢东．文本挖掘中若干核心技术研究［M］．北京：北京理工大学出版社，2017.

［71］朱利华．云时代的大数据技术与应用实践［M］．沈阳：辽宁大学出版社，2019.